Fe-Male

Hannah Winkler

Fe-Male

Hinein in den richtigen Körper

SCHWARZKOPF & SCHWARZKOPF

Inhalt

Liebe Leserinnen und Leser!

Warum habe ich ein Buch geschrieben? Woher kommt der Wunsch, meine Lebensgeschichte niederzuschreiben? Bedeutsame Fragen, die ich mir bereits gestellt habe, bevor ich meine gesammelten Tagebucheintragungen in ein einschlägiges Gewand verpackte.

Zum einen war es für mich wichtig, nach der Geschlechtsangleichung die vergangenen Jahre noch einmal Revue passieren zu lassen, um meine zum Teil erschreckenden Erfahrungen mit den Behörden, aber auch mit meinen Mitmenschen zu verarbeiten. Dafür waren meine schriftlichen Aufzeichnungen, die während meiner Angleichung entstanden sind, eine wichtige Grundlage. Das Schreiben des Buches war somit ein Mittel für mich, um das Geschehene zu verarbeiten. Zum anderen möchte ich mit meinem Buch all denjenigen Mut machen, die ihren Weg im Leben suchen und sich aufgrund ihrer »Andersartigkeit« nicht in ein Muster pressen lassen, in das sie nicht gehören.

Im Sommer 2009, ein gutes Jahr nach der geschlechtsangleichenden Operation, erlebte ich noch einmal eine Sinnkrise, die mein weiteres Leben von Grund auf änderte.

Eine Geschlechtsangleichung ist ein anstrengender und langjähriger Prozess, und als ich diesen mit 18 Jahren endlich abschließen konnte, stand die Frage im Raum, wie es nun mit mir weitergehen sollte. In den ganzen Jahren war mein einziges Ziel gewesen, ein Leben als Frau, also mein wahres Geschlecht, leben zu können. Wie mein beruflicher Weg aussehen könnte, dafür gab es keinen Platz in meinem Kopf. Zu sehr war ich damit beschäftigt, mich gegen Psychologen, von denen viele das Phänomen fälschlicherweise als eine psychische Entwicklungsstörung abtun, und pubertierende Schulkameraden durchzusetzen.

Vor der Angleichung war ich stets darauf bedacht, mein Geheimnis zu wahren, das kostete meine ganze Energie. Dadurch habe ich mich von Freunden und Familie distanziert und letztlich auch von mir selbst, das wurde mir zu diesem Zeitpunkt bewusst. Nach der OP wusste ich, dass ich mich nicht länger verstecken wollte, und so machte ich mich auf die Reise in eine spannende, wenn auch ungewisse Zukunft ohne Lügen und Geheimnisse, um schließlich zu mir selbst zu finden.

Ein Teil dieser Reise ist dieses Buch, das mir sehr am Herzen liegt und von dem ich noch gar nicht richtig glauben kann, dass es jetzt tatsächlich gedruckt vor mir liegt. Ich habe mich mit der Aussage, ich sei krank, logischerweise nie abgefunden. Darum bin ich froh, dass ich doch immer wieder Ärzte und Therapeuten getroffen habe, die meine besondere Situation verstanden haben und mich nicht für krank hielten. Ich beschäftigte mich im Laufe der Zeit auch mit Artikeln von Hirnforschern und Neurobiologen, die in zahlreichen Studien belegen, dass es sich bei Transsexualität um eine angeborene Normabweichung handelt. Laut Experten entsteht Transsexualität in den ersten Schwangerschaftswochen. In meinem Fall bin ich als weiblicher Mensch geboren, also mein Gehirn, mein Tun und Denken wurden vorgeburtlich weiblich geprägt, während sich »falsche« Geschlechtsmerkmale wie Penis und Hoden entwickelten. Diese Studien der Wissenschaftler haben mir sehr geholfen, mich selbst zu verstehen und mich zu akzeptieren.

Ich wünsche allen, die auf der Suche nach sich selbst sind, viel Mut, Kraft, Ausdauer und Neugierde. Ihr werdet einiges erleben und viele Facetten von euch kennenlernen, die euch bisher unbekannt waren.

In *Fe-Male* lasse ich euch an meinem Weg der Selbstfindung teilnehmen, ganz in eurem Lesetempo, und ich freue mich, wenn ich euch mit meinem Buch in irgendeiner Weise inspirieren kann. Danke, dass ich euch ein kurzes oder auch ein weites Stückchen begleiten darf.

Habt viel Spaß beim Lesen, beim Lachen, vielleicht auch beim Träumen!

Alles Liebe
Hannah Winkler

KAPITEL 1

Perugia

AUFBRUCH NACH ITALIEN

»Warte einen Augenblick! Ich zieh die Sachen schnell an.«

Es ist das erste Mal, dass ich mich vor meiner besten Freundin und Klassenkameradin in Mädchensachen zeige.

Lisa bringt mir die Tüten mit den Jeans und Oberteilen in ihr Zimmer, die wir am Mittag in der Stadt gekauft hatten, und schließt die Tür hinter sich, damit ich mich in Ruhe umziehen kann.

Wir haben so ziemlich den gleichen Geschmack. Schlicht und doch etwas verspielt. Lisa trägt stets ihre grünen All Stars. Selbst beim Sportunterricht verzichtet sie nur ungern darauf. Ihre langen gewellten blonden Haare machen mich an so manchen Tagen ein bisschen eifersüchtig. Aber mittlerweile haben meine auch endlich eine beachtliche Länge erreicht. In einem Punkt bin ich aber wirklich glücklich, denn Lisa ist 1,80 Meter groß und extrem schlank. Ich bin zwar auch dünn, aber mit meinen 14 Jahren gerade mal 1,65 Meter groß.

Ich durchstöbere die vielen erworbenen Tüten. Es ist ein ungewohntes und ergreifendes Erlebnis, meine ersten Mädchensachen gekauft zu haben. Weil ich mich nicht getraut habe, die verschiedenen, zur Auswahl stehenden Oberteile in den Geschäften anzuprobieren, hoffe ich jetzt, dass die Sachen passen.

Als Erstes nehme ich einen gelben BH aus der Tüte, den ich mir etwas unbeholfen anzuziehen versuche. Etwas Toilettenpapier zum Ausstopfen hat mir Lisa vorsorglich auf den Schreibtisch gestellt. Dann streife ich den eng anliegenden roten Baumwollpullover über, der sich ganz angenehm und weich auf meiner Haut anfühlt. Meine getragene Jungenhose tausche ich gegen eine graue Röhrenjeans ein. Sie sitzt zu meiner Zufriedenheit perfekt und betont die richtigen Stellen. Als Letztes lege ich mir das Armband um, das mit den vielen kleinen Ballerinas und Feenfiguren. Es ist mir im Schmuckladen gleich aufgefallen.

Ich schütte die kleine silberne Tüte mit der Schminke auf der Kommode aus und tusche mir, wie Lisa es mir schon öfter in der Vergangenheit gezeigt hat, sorgfältig die Wimpern. Den Puder verteile ich großzügig und gleichmäßig auf meinem Gesicht. Etwas Rouge trage ich ein wenig ungeschickt auf die Wangenpartie auf. Zum Schluss tunke ich den blassen roséfarbenen Lipgloss mehrmals in das Fläschchen und streiche ihn über meine Lippen, um ihnen leichten Glanz zu geben.

Ich packe die Sachen wieder zurück in die Tüte und atme zur Entspannung einmal tief aus.

»Lisa, du kannst reinkommen«, rufe ich nach draußen durch das Zimmer und hoffe, dass sie mich hören kann.

Langsam öffnet sich die Tür. Lisa ist mindestens so aufgeregt, wie ich es bin. Ungläubig starrt sie mich an.

»Was ist los?« Nervös schaue ich zu ihr hinüber.

»Komm mit.« Sie nimmt mich an der Hand und führt mich zu dem großen Ganzkörperspiegel am Ende des Flurs. Ich bin erstaunt, als ich mich im Spiegel betrachte. Ich habe es nicht für möglich gehalten, aber ich sehe sehr weiblich aus.

»Bin das wirklich ich?«, frage ich mich ungläubig und fasse mir ins Gesicht, um mich selbst zu überzeugen, dass es wahr ist. Mir kommen schon fast die Tränen. Ich bin überwältigt. Aber dennoch steht mir heute noch ein weiterer und wichtiger Schritt bevor, dem ich ziemlich panisch gegenüberstehe. Ich will mich zum ersten Mal alleine als Mädchen in die Öffentlichkeit wagen.

Lisa drückt mich ganz fest, und ich erwidere ihre Zuneigung.

»Danke für deine Hilfe!«

»Das mache ich doch gern. Glaubst du, dass du dich traust, als Mädchen nach Hause zu gehen?«

Ich überlege kurz.

»Ich glaube schon.« Unsicher streiche ich mir durch meine glatten Haare und wickle eine Strähne nervös um meinen Zeigefinger.

»Ich würde dich gerne noch ein Stück bringen, aber meine Eltern kommen gleich und ich soll schon mal den Tisch decken.«

»Kein Problem. Es ist ja auch schon spät.«

»Okay. Dann mach's gut.«

Sie bringt mich noch zur Tür. Ich danke ihr erneut für ihre Unterstützung und ihr Verständnis, das sie mir entgegengebracht hat. Wir umarmen uns ein letztes Mal.

»Meld dich ganz bald mal.«

Ich nicke ihr zu und drücke die Haustür hinter mir fest zu.

*

Es ist früher Abend. Die Laternen haben ihre Lichter bereits eingeschaltet und die Partyfreudigen sind schon unterwegs. Ich gehe mit gesenktem Kopf zügig zur Bahnhaltestelle, weil ich Angst vor den Reaktionen der Mitmenschen habe, die den Jungen in mir erkennen könnten. Ich setze mich auf eine Bank und bin froh darüber, dass ich auf dem Weg zur Haltestelle nicht aufgefallen bin.

Ich bin wahnsinnig aufgeregt, weil ich mich so wohl wie lange nicht mehr fühle. Es ist einfach richtig. Das spüre ich.

In der Bahn setze ich mich neben einen Mann, der ungefähr 30 Jahre alt sein muss. Ich schlage die Beine übereinander und halte mich bewusst bedeckt. Er schaut mich kurz an, dann ein weiteres Mal. Sein dritter Blick ist vernichtend. Er starrt, als ob ich nicht zur menschlichen Spezies gehören würde. Wie eine unentdeckte Lebensform, bei der man nicht weiß, ob man Angst oder Ekel haben soll. In seinen Augen sehe ich beides. Es ist ein Schock.

Ich weiß nicht, was ich tun soll. Mir wird ganz heiß, und ich habe das Gefühl, mich kaum bewegen zu können. Ich senke meinen Kopf etwas mehr und schaue auf den Boden, um den Blicken des Mannes auszuweichen und die mehr als unangenehme Situation halbwegs zu überstehen.

Mir ist zum Heulen zumute. Aber ich unterdrücke die Tränen.

Als die Bahn endlich an der Haltestelle in der Nähe unserer Wohnung anhält und ich hastig aussteige, denke ich, es ist vorbei.

Ich bin auf dem Nachhauseweg. Ich habe nur noch zwei Straßen vor mir, als eine Clique Hip-Hopper meinen Weg kreuzt. Ich senke den Kopf wieder und weiche an den Rand des Fußgängerweges aus. Vielleicht gehen sie einfach an mir vorbei? Einer der Jungs fängt an zu lachen. Dann verläuft alles wie eine Kettenreaktion. Kurz darauf haben sich alle gegenseitig zum Lachen angestachelt. Kichernd gehen sie dicht an mir vorbei. Als ich einige Meter entfernt von ihnen bin, lachen sie noch lauter, fast schon hysterisch.

»Transe! Mannsweib!«, rufen sie mir schimpfend nach. Ich laufe, so schnell mich meine Beine tragen können. Ich will nur noch zu Hause ankommen und meine zurückgehaltenen Tränen zulassen.

In der Vierzimmerwohnung, die ich mir mit meinem Vater teile, werfe ich mich auf mein Bett und schluchze ausgiebig. Mein Vater ist mal wieder arbeiten und wird nicht allzu bald, sondern erst am späten Abend nach Hause kommen. Ich würde mich gerne für den Rest des angebrochenen Abends im Bett verkriechen, aber das geht nicht. Ich muss meinen Koffer packen, denn morgen geht es nach Italien, und das vielleicht für immer.

Ich suche mir die Sachen zusammen. Ich stopfe meine alten, weit geschnittenen Hosen und Pullover allesamt in eine große Mülltüte. Die würde ich niemals wieder anziehen. Stattdessen packe ich alle Tops und Jeanshosen, die ich mir bislang zugelegt habe, auf einen Stapel, um diese anschließend geordnet in den Koffer zu legen.

Mein Vater bringt mir hin und wieder ein paar Klamotten seiner Arbeitskolleginnen mit, die sie nicht mehr anziehen, deshalb dauert es Stunden, bis ich alle Sachen eingepackt habe.

Ich will gerade den Koffer angestrengt schließen, als mir einfällt, dass ich etwas Wichtiges vergessen habe.

Ich suche meine zwei Silikon-BHs. Ich war es leid, die an meiner Brust flach anliegenden BHs mit Toilettenpapier auszustopfen. Ein Silikon-BH hat diese natürliche Wölbung eingebaut. Das

13

heißt, kein Papier mehr. Ich hebe den Deckel vom Wäschekorb und durchwühle ihn. Gefunden. Zwar nicht mehr ganz sauber, dafür aber funktionell. Ich ziehe das Toilettenpapier aus dem gelben BH, das langsam anfängt zu jucken, und ziehe den Silikon-BH an. Jetzt kann man, von außen betrachtet, keine Auffälligkeiten wegen der kantigen Form, welche das Toilettenpapier verursacht, mehr erkennen.

Hannes, mein Vater, hat den Verlauf meiner Transsexualität bisher passiv beobachtet. Er ist nicht dagegen, ist aber dennoch besorgt und etwas skeptisch. Schließlich kennt er sich mit der Materie überhaupt nicht aus. Und es ist wenig hilfreich, dass wir in den wenigen Artikeln, die es über Transsexualität gibt, als gestört und krank bezeichnet werden.

Na ja, immerhin konnte ich meinen Vater im Sommer 2003 dazu überreden, mit mir shoppen zu gehen. Denn ich hatte letztes Jahr noch nicht so viele Sachen, die mir passten.

Ich war 13 Jahre alt gewesen. Mit einer ausschweifenden Argumentation überzeugte ich ihn, denn ich wollte etwas ganz Besonderes. Meine eigenen Mädchensachen. Wir kauften ein paar Röcke und Oberteile sowie die äußerst wichtigen Silikon-BHs. Fürs Erste war ich ausgestattet …

Der Koffer ist gepackt, und ich habe immer noch das ungute Gefühl, etwas vergessen zu haben. Aber auch nach mehrmaligem Nachsehen kann ich nichts finden, was ich vergessen haben sollte. Vielleicht bin ich auch einfach nur wahnsinnig aufgeregt. Immerhin beginnt morgen ein ganz neuer Lebensabschnitt. Ich werde nie mehr etwas Jungenhaftes anziehen. Das habe ich mir geschworen.

Ich lege mich nach getaner Arbeit ins Bett und frage mich, ob Hannes auch pünktlich kommt und wir den Flieger morgen früh nicht verpassen.

Ich höre den Schlüssel in der Tür. Das muss er sein. Stöhnend hieve ich mich aus dem Bett und gehe über den Flur in die Diele.

»Hast du deine Sachen gepackt?«, fragt er mich. Ich nicke.
»Wann fahren wir los?«

»In drei Stunden um ein Uhr.«

Ich sehe ihn mit großen Augen an. Am besten gehe ich heute gar nicht erst schlafen. Ich schlendere zurück in mein Zimmer und schalte den Fernseher ein. Nichts Interessantes läuft, aber jede Ablenkung ist besser als gar keine.

*

Die Situation zu Hause ist sehr angespannt. Mein Vater bemüht sich, mich zu verstehen, aber wir kommen nicht miteinander klar. Die ganze Situation ist viel zu heikel. Deshalb ziehe ich morgen auch zu einer Pflegefamilie in Perugia, die mir das Jugendamt vermittelt hat.

Seit einem guten Jahr werden mein Vater und ich schon von einem Sozialarbeiter betreut und unterstützt. Dreimal die Woche besucht er uns und führt Gespräche, um das Verhältnis zwischen uns zu verbessern. Leider ohne Erfolg. Mir geht es psychisch immer schlechter.

Nach dem Tod meiner Mutter vor zwei Jahren litt ich immer stärker an Depressionen. Durch meine Mitschüler, die meine Transsexualität bemerkt haben, bekomme ich ständig diese Angstzustände. Mein Puls erhöht sich stark, ich fange an zu schwitzen, mir wird ganz heiß, und ich habe dann immer dieses Gefühl, mich nicht bewegen zu können. Dazu kommt noch die Auseinandersetzung mit meiner Transsexualität. Ich sollte sogar ins LKH aufgenommen werden, aber ich habe mich dagegen gewehrt. Ich will nicht weggesperrt werden.

Dank dem Sozialarbeiter fand ich einen sehr renommierten Therapeuten ganz in meiner Nähe, der sich auf das Gebiet der Transsexualität spezialisiert hatte. Als ich ein halbes Jahr in Therapie war, beschloss er, die Einwilligung für die pubertätshemmende

Medikation zu bewilligen, um die Pubertät zu verhindern. Als er mir dies sagte, war ich wahnsinnig glücklich. Das konnte ich gar nicht in Worte fassen. Mein Körper würde niemals männlich werden. Ich würde meine hohe Stimme behalten, meinen durchaus weiblichen Körperbau. Ich weiß noch, wie Lisa über meine weibliche Figur staunte. »Du hast mehr Taille als ich«, sagte sie.

Ich schmunzle, trinke einen großen Schluck aus der lauwarmen Wasserflasche neben meinem Bett.

In einer Woche beginnt ein neues Schuljahr. Nur nicht für mich. Meine Noten hatten sich innerhalb des letzten halben Jahres gravierend verschlechtert. In Französisch hatte ich im ersten Halbjahr noch eine Eins gehabt, war immer bemüht gewesen. Doch jetzt stehe ich nicht nur in Französisch mit einer Fünf da. Ich muss die 9. Klasse wiederholen. Am schlimmsten war jedoch, dass ich von der damaligen 8. Klasse gemobbt wurde und in genau diese Klasse sollte ich im neuen Schuljahr kommen. Ich wusste, dass ich das nicht kann. Außerdem habe ich mich entschieden, nie wieder in Jungenklamotten aufzutreten. Ich weiß genau, wie sie reagieren würden. Und das kann ich nicht ertragen. Manchmal, wenn ich nach der Schule in Mädchensachen in unserem Ort spazieren ging, traf ich Schüler aus dieser Klasse. Die lachten mich dann aus und fingen an zu lästern.

Nein, dem will ich mich nicht erneut aussetzen.

Schließlich kam vor wenigen Tagen die rettende Lösung des Jugendamts. Eine Auslandsmaßnahme, weit weg von meinem gewohnten Umfeld, sehen sie als die einzige Möglichkeit, damit ich wieder in ein geregeltes Leben zurückfinden kann. Die medikamentöse Behandlung würde ich auch in Italien erhalten. Das haben sie mir gesagt …

Zwei Jahre nach meinem Outing soll ich in Italien einen Neuanfang als Mädchen beginnen können …

*

»Wir müssen los«, sagt mein Vater, der gerade mein Zimmer betritt. Ich bejahe und bitte ihn, mir mit dem schweren Koffer zu helfen. Die Reisetasche trage ich.

Stillschweigend, denn wir haben uns nicht viel zu sagen, fahren wir zwei Stunden durch die Nacht. Das Radio ist leise eingeschaltet, und ich lausche dem Moderator. Auch wenn es nicht meine Themen sind, die er anspricht, so ist es die einzige Unterhaltung, die mich wach hält. Denn ich wüsste gar nicht, worüber ich mit Hannes reden sollte. Und letztlich ist es besser, nichts zu sagen, bevor einer von uns wieder etwas Falsches sagt.

Es ist 3.30 Uhr in der Früh, als mein Vater und ich am Frankfurter Flughafen ankommen. Mit meinem vollgepackten Koffer und der schweren Reisetasche folge ich meinem Vater müde zum Check-in-Schalter. Ich hätte doch etwas schlafen sollen.

Spätestens bei der Kontrolle der Reiseunterlagen und meines Personalausweises bin ich hellwach. Weil mein Jungenname darauf steht, dauert es eine Weile, bis ich mich mit rot angelaufenem Gesicht verständlich machen kann. Es ist eine furchtbare Situation. Hinter mir in der Reihe stehen wartende, urlaubsreife Familien und Pärchen, die nun alle, spätestens nachdem das Wort »transsexuell« gefallen ist, aufhorchen. Ich habe das Gefühl, einen ganzen Ozean aus mir herauszuschwitzen. Hannes erklärt der älteren Frau am Schalter meinen Wandel und verabschiedet sich händeschüttelnd von mir, denn nach Italien fliege ich alleine.

Der Umgang ist kühl und distanziert. Obwohl ich mir bewusst bin, dass dies durchaus ein Abschied für eine ungewiss lange Zeit sein kann, überwiegt die Vorfreude auf ein neues Leben.

Wir hatten jahrelang keinen Kontakt zueinander gehabt, und die letzten beiden Jahre haben nicht nur sein Leben völlig umgekrempelt. Nein, in der letzten Zeit hatten wir wahrlich kein gutes Verhältnis. Ich hatte keine Ahnung, wie ich mit mir und all den Veränderungen umgehen sollte. Schließlich ließ ich mein Unbehagen an ihm aus. Deshalb ist es das Beste, erst einmal auf Abstand zu gehen. Dass ich gleich ins Ausland komme, ist vielleicht ein bisschen übertrieben, aber mit Italien als neue Heimat bin ich voll und ganz einverstanden.

Da ich noch eine Dreiviertelstunde Zeit habe, mache ich einen ausgiebigen Zwischenstopp auf der Flughafentoilette. Nachdem sich die Dame neben mir am Spiegel die Hände gewaschen, sie ausgiebig trocken gerubbelt und die Toilette verlassen hat, nutze ich die ungestörte Zeit, um mich noch einmal frisch zu machen. Ich tusche meine Wimpern nach und lege noch etwas Make-up auf. Heute Nacht bin ich beim Schminken kurz eingenickt und hatte dementsprechend wenig Zeit, mich fertig zu machen, nachdem ich wieder wach wurde.

Die Haare bürste ich schnell durch und ziehe den Lipgloss nach. Ich betrachte mein Spiegelbild ganz genau. Durch das grelle Licht und die ungleichmäßige Verspiegelung nehme ich mich überaus männlich wahr. Vielleicht sehe ich aber auch tatsächlich so aus? Augenblicklich fühle ich mich alles andere als wohl. Dieser dämliche Spiegel, denke ich mir und verlasse, mich unsicher umblickend, die Toiletten.

Die neugierigen Blicke der an mir vorbeilaufenden Menschen kann ich nur schwer einordnen. Schauen sie mich an, weil sie mich durchschauen?

Eilig ziehe ich mein Gepäck hinter mir her und bin froh, im Flugzeug endlich etwas Ruhe zu bekommen. Ich sitze am Fenster, abgewandt von den anderen Passagieren, und beobachte die immer wieder aufreißende Wolkendecke unter uns.

Mit einer 15-minütigen Verspätung landet die Maschine nach zwei Stunden auf italienischem Boden, und ich suche mir einen Weg durch die Menschenmassen zum Terminal. Wieder eine Passkontrolle. Mir dreht sich der Magen um. Ich stelle mich widerwillig in die Schlange und warte nervös, bis ich drankomme.

Ich werde von einem jungen Mann in typischer Flughafenuniform nach meinem Ausweis gefragt. Ich lege ihn auf den Tresen, schaue abwartend an ihm vorbei und hoffe, dass es nicht noch einmal zu einer ähnlichen Situation kommt wie in Frankfurt. Die Passagiere hinter mir räuspern sich schon ungeduldig.

Der Mann am Schalter betrachtet mich ausgiebig. »This is me«, bestätige ich seine fragenden Blicke. Zögerlich gibt er mir den Ausweis zurück und lässt mich weitergehen.

Mit suchenden Augen stehe ich vor der großen Eingangstür des Mailänder Flughafens und warte ungeduldig. Auf wen, das weiß ich selbst nicht genau.

»Maja«, das ist der Name, den ich bei einem Gespräch mit meinem Vater und dem Jugendamt aufschnappte, würde mich hier abholen. Ich befürchtete, wir könnten einander verpassen, doch die Sozialarbeiterin versicherte mir, die Akte rechtzeitig zur italienischen Zentrale geschickt zu haben.

Abrupt werde ich aus meinen Gedanken gerissen, als eine kleine Frau mittleren Alters auf mich zukommt und mit heller Stimme fragt: »Hannah? Hallo, ich bin Maja.«

Die Begrüßung ist distanziert, aber dennoch freundlich. Ich beantworte die Frage mit einem zurückhaltenden Lächeln und folge Maja zum Parkplatz.

＊

Die Sonne brennt und in dem kleinen schwarzen Auto scheint die Hitze noch unerträglicher zu sein, als sie ohnehin schon ist.

Nachdenklich lehne ich meine Stirn an die warme Fensterscheibe und lasse meine Gedanken, wie die Landstraße, auf der wir nun schon eine geschlagene Stunde fahren, an mir vorbeiziehen. Ich erinnere mich an den regnerischen Novembertag, als ich meinem Vater sagte, ich wolle eine Geschlechtsangleichung: Mein Vater hielt das Lenkrad fest in seinen Händen, seine Aufmerksamkeit auf die Autobahn gerichtet, und sagte schließlich mit nüchterner Stimme: »Aha, und warum?«

»Weil ich ein Mädchen bin.«

»Aaaaha.«

Mehr gab es dazu während der Fahrt von Kevelaer nach Bonn, wo wir meinen Bruder besucht hatten, offenbar nicht zu sagen.

Ich war 13, mein Bruder 15, als unsere Mutter aus unserem Leben gerissen wurde. Ich zog zu meinem Vater, den ich kaum zu kennen schien, und damit in eine fremde Stadt. Mein Bruder lebte nach dem Tod unserer Mutter bei einer Pflegefamilie nahe der niederländischen Grenze.

Mein Bruder wollte auch später nicht mit zu unserem Vater ziehen, denn er hatte sich ein Leben aufgebaut. Er hatte viele Freunde und gewann regelmäßig die regionalen Tennisturniere, die von seinem Verein organisiert wurden. Ich hingegen hatte dies alles nicht, und so fiel es mir nicht schwer, den Wunsch meiner Mutter zu beherzigen, zu meinem Vater zu ziehen.

Meine Eltern hatten sich getrennt, als ich fünf Jahre alt war. Für mich und meinen Bruder war dies kein tragischer Einschnitt gewesen. Zum einen waren wir viel zu jung, und zum anderen kann man sich als Kleinkind sehr gut auf Veränderungen einstellen. Des Weiteren hatten wir beide wenig Erinnerungen an das gemeinsame Leben als Familie.

Dennoch war mein Vater nicht aus unserem Leben verschwunden. In der Schule war ich immer stolz, sagen zu können, dass er bei einer renommierten Bank arbeitete. Außerdem kam er uns alle zwei Wochen besuchen.

Doch mit den Jahren wurde die Situation für uns schwieriger. Ich weinte immer heimlich im Auto, wenn er uns abholte und wir zu ihm fuhren. Er war mittlerweile nach Bonn umgezogen, und die Autofahrt war dementsprechend lang. Ich verkraftete es nicht, alle zwei Wochen aus meinem gewohnten Umfeld gerissen zu werden und von meiner Mutter getrennt zu sein. Mir fehlte eine weibliche Bezugsperson bei meinem Vater. Er und mein Bruder spielten leidenschaftlich Tennis und taten typische Jungensachen, die ich ganz und gar nicht mochte. Ich dagegen wollte lieber Mädchenfilme im

Kino sehen, mit meinen Barbies spielen oder sonst etwas, worauf die beiden verständlicherweise selten Lust hatten.

Mit acht Jahren rebellierten mein Bruder und ich. Wir hielten das aufreibende Hin-und-Her-Wechseln nicht länger aus. Unsere Eltern reagierten und vereinbarten eine neue Regelung. Mein Vater kam nun alle ein bis zwei Wochen zu uns und verbrachte den Tag mit meinem Bruder. Ich wollte nicht mehr. Ich hatte meinen Vater lieb, aber ich hatte keinen Bezug zu den männlichen Sachen, die ich mit ihm verband.

Deshalb blieb ich bei meiner Mutter. Ihr schaute ich gebannt dabei zu, wie sie gekonnt ihr Make-up auflegte und sich die Haare mit der Rundbürste föhnte. Dies waren die Dinge, die ich machen wollte. Lange Zeit habe ich meine Haare wachsen lassen, damit ich diese hinters Ohr legen konnte wie die anderen Mädchen auch. Da dies ein ziemlich langer Prozess war, legte ich mir fast täglich ein Handtuch so auf meinen Kopf, dass es mit viel Fantasie danach aussah, als ob ich lange Haare hätte. Einmal hatte ich sogar ein T-Shirt in spaghettiartige Streifen zerschnitten und das Kopfloch auf meine Haare gelegt. So hatte ich eine Art Perücke gebastelt, die nicht so schnell herunterfallen konnte wie die Handtücher. Glücklich lief ich mit dieser durchs Haus.

Mit den Jahren waren meine Haare erstaunlich lang geworden … Ein verhängnisvoller Tag machte die mühselige Arbeit jedoch schließlich zunichte. Ich war bereits in der vierten Klasse, als unsere ziemlich strenge und Angst einflößende Deutschlehrerin mir vor versammelter Klasse sagte, dass ich wie ein Mädchen aussähe und mir gefälligst die Haare abschneiden solle. An sich war dies keine Beleidigung für mich, aber ihr missbilligender Tonfall setzte mir sehr zu. Also tat ich, was sie sagte, und ließ mir die Haare wieder auf Ohrlänge abschneiden. Ich war froh, dass ich die gebastelte Perücke, welche ich als Haarpracht betrachtete, in meinem Kleiderschrank deponiert hatte und diese nach der Schule tragen konnte, um den Verlust meiner echten Haare ein wenig auszugleichen.

Doch nun kann ich Mädchen sein, in einem schönen Land, in dem keiner mich kennt. Und nach zwei Jahren des Kampfes noch einmal von Neuem beginnen … Jedenfalls wurde mir diese vielversprechende Zukunft vom Jugendamt zugesichert.

Wehmütig bin ich nicht, denn ich habe nichts in Deutschland aufgeben müssen, was ich hätte vermissen können. Von meinem Therapeuten hatte ich mich verabschiedet, Freunde habe ich nicht.

*

Geräuschvoll kommt der kleine Kombi-Wagen zum Stehen.

»Wir sind da!« Maja lächelt mir ermutigend zu.

»Wo sind wir hier?«, fragend schaue ich mich um.

»Ich weiß, dein neues Zuhause liegt ein bisschen außerhalb.«

»Ha, ein bisschen??!! Wir sind mitten auf einem Berg. Das nächste Dorf ist 'ne halbe Stunde entfernt!« Theatralisch wirbele ich meine mittelblonden, langen, glatten Haare über die Schultern und steige mürrisch aus dem Wagen. Mit einem gespielt dramatischen Blick schaue ich Maja an, die wenig Mitleid zeigt.

»Jetzt lass doch erst einmal alles auf dich wirken«, lenkt sie schließlich ein und versucht, mich zu besänftigen. Doch ich beginne, alles um mich herum zu verfluchen. So habe ich mir meinen Neuanfang nicht vorgestellt.

Aus dem kleinen Steinhaus tritt ein stämmiger älterer Mann mit Vollbart hervor.

»Sie sind da«, ruft er über seine breiten Schultern ins Haus und trabt schwerfällig auf uns beide zu. Mit einem kraftvollen Händeschütteln begrüßt er Maja, dann mich. Mit Kaffee und Kuchen in den Händen kommt seine deutlich kleinere Frau hinter ihm zum Vorschein. Sie hat dichtes schwarzes Haar, fast so lang wie ihr schmaler Körper. Sie geleitet uns höflich auf die Veranda, wo der Tisch schon mit Tellern, Kaffeetassen und Kuchenbesteck gedeckt ist. Ich setze mich neben Maja, sodass ich Veronika und Richard gegenübersitze. Hinter ihnen erheben sich Weizenfelder und riesige Weinberge, wie ich es nur von Bildern oder Postkarten kenne. Veronika und Maja unterhalten sich angeregt. Mir fällt auf, dass Veronika immer wieder den Kontakt zu ihrem Mann sucht und er ihren Aussagen über das schöne mediterrane Wetter zustimmt.

Nachdem der Kaffee ausgetrunken und der trockene Kuchen aus Höflichkeit aufgegessen ist, verabschiedet sich Maja schließlich am späten Mittag und lässt mich bei meinen neuen Pflegeeltern Richard und Veronika zurück.

Ich gehe ins Zimmer, das mir zugewiesen wurde. Ein Holzbett, ein Holztisch mit passendem Holzstuhl und ein Holzschrank, allesamt farblich auf den gleichen dunklen Ton abgestimmt, sind die Einrichtung meines Zimmers. Ich fühle mich unbehaglich.

Beim Rundgang durch das kühl wirkende Haus erzählt mir Richard, dass zwei Jungs aus Deutschland mit zur Familie gehören und morgen von einer Klassenreise wiederkommen.

Er mahnt mich, bis dahin mit der Mädchenverkleidung aufzuhören. Es sei beschämend für die Familie und vollkommen inakzeptabel, fügt Viktoria mit ernster Stimme hinzu und vergewissert sich, mit einem durchdringenden Blick, dass sie auch verstanden wird.

Mit zitternder Stimme, darauf bedacht, die Tränen zurückzuhalten, entgegne ich, dass mir eine Hormontherapie vom Jugendamt zugesichert wurde.

Lachend schütteln Richard und seine Frau ihre Köpfe. »Du bist hier, damit du wieder auf den richtigen Weg kommst. Das ist unsere Aufgabe vom Jugendamt: Verhaltensauffällige Jugendliche zurück ins normale Leben zu führen, und jetzt geh auf dein Zimmer und zieh dir endlich ein paar vernünftige Sachen an.«

Um die einseitige Konversation zu beenden, fügt Veronika abschließend hinzu: »Du bist ein Junge, also hast du dich auch so zu geben.«

Tränennah drehe ich mich um und verschwinde in dem kalten, dunklen Zimmer. Mit einem lauten Stöhnen sacke ich aufs Bett und weine … Beim Weinen vergeht wenigstens die Zeit, denke ich, raffe mich auf und weiß plötzlich, was zu tun ist.

Die Zimmertür quietscht beim Öffnen, und ich folge den klangvollen italienischen Stimmen, die ich von unten höre, zur Treppe.

»Ich werd jetzt duschen gehen. Wird etwas länger dauern«, rufe ich, bedacht darauf, meine Stimme ruhig zu halten.

»Jaja, Handtücher sind im Bad«, antwortet Richard. Seine Stimme klingt leicht genervt.

Die beiden schauen wohl eine italienische Seifenoper.

*

Ich eile zurück ins Zimmer. Gepusht durch das Adrenalin, nehme ich den voll beladenen Koffer in die eine und die Reisetasche in die andere Hand. Angespannt schleiche ich aus dem Haus. Ich renne los, stolpere mehrmals über den steinigen Kiesweg, versuche jedoch, die Schmerzen der Abschürfungen nicht zu spüren. Keuchend laufe ich die Hänge hinab, dann über den riesigen Acker, bis ich schließlich nach Luft schnappend eine ruhige Landstraße erreiche.

Ich atme einige Male tief durch, bis mein Atem sich beruhigt hat. Nachdem dies geschehen ist, mache ich mich auf den Weg, die örtliche Polizeistation ausfindig zu machen, in der Hoffnung, jemanden anzutreffen, der mir aus dem Desaster heraushelfen kann.

Hinter mir die abendliche Dämmerung, die über die weiten Weinfelder und Straßen hereinbricht und den Horizont wie ein dunkles Ölbild färbt. Die Zeit verstreicht.

Der Mascara hat sich vom vielen Weinen schon lange von meinen Wimpern gelöst und verteilt sich ungleichmäßig auf meinem Gesicht. Ich muss furchtbar aussehen. Der Hunger macht sich bemerkbar, und eine gewisse Orientierungslosigkeit habe ich mir bereits eingestanden.

Erschöpft lasse ich mich am Fahrbahnrand nieder. Wie soll es bloß weitergehen? Ich habe mich verlaufen. Das Dorf ist unauffindbar, und Panik überkommt mich. Wo soll ich die Nacht verbringen? Wie soll ich jemals wieder die Zivilisation finden?

Ich bin verloren.

Nachdenklich bemühe ich mich um eine Lösung. Irgendetwas muss mir einfallen. Ein lautes Scheppern lässt mich aufhorchen. Aus der Ferne sehe ich nach Stunden das erste Auto herannahen. Reflexartig richte ich mich auf, bemüht, die getrocknete Brühe aus meinem Gesicht zu wischen, und tappe mit letztem Mut auf die Fahrbahn.

Wie ich es aus manchen Filmen kenne, hebe ich den Daumen deutlich sichtbar in Richtung Auto. Noch wenige Hundert Meter. Werden sie anhalten? Ihr Fahrtempo verrät, dass sie an mir vorbeifahren werden. Und so ist es auch. Hoffnungslos blicke ich auf die weiten Weizenfelder und suche provisorisch nach einer den Umständen entsprechenden sicheren Schlafstelle, als mich plötzlich ein schrilles Hupen aufschrecken lässt. Sie haben doch noch angehalten. Ein junger Mann mit Dreitagebart blinzelt aus dem Fenster seines verstaubten Kleinwagens und winkt mich mit einer ausschweifenden Handbewegung ins Auto.

Der einst rot lackierte Wagen hat seine beste Zeit schon lange hinter sich. Er hat sich bereits mit den allgegenwärtigen Zeichen der Zeit vermischt und verrostet jämmerlich.

Im Auto ist nur wenig Platz. Die Rücksitze sind beinahe gänzlich vollgestellt mit Kartons und Kleinkram. Den Platz hinter dem dünnen Mann teile ich mir mit einer erheblichen Menge Bierdosen. Mein Gepäck verstaue ich zwangsläufig auf dem praktisch nicht vorhandenen Platz zwischen einem Karton und mir. Ein mulmiges Gefühl habe ich schon, als die Fahrt ins Ungewisse beginnt. War es ein Fehler einzusteigen? Wenigstens macht die schöne Frau auf dem Beifahrersitz einen vertrauenerweckenden Eindruck.

Ihr blondes Haar reicht ihr bis zur Hüfte. Sie trägt ein langes, tief ausgeschnittenes Blumenkleid. Um ihre Stirn hat sie sich ein weißes Tuch gewickelt. Als sie mir die Hand reicht und sich mit dem

Namen Olivia vorstellt, bemerke ich ein Peace-Tattoo, das ihren gesamten Unterarm ziert. Der Stil, der mir sehr gefällt, erinnert mich an die Hippie-Bewegung der späten 60er, frühen 70er.

»I'm Hannah.«

»Hi, I'm Tony.« Er blickt kurz in den Rückspiegel und lächelt mir zu.

Tony und Olivia beginnen, in ihrer temperamentvollen Muttersprache mit mir zu kommunizieren. Dass ich kein Wort verstehe, bemerken sie schnell. Sie verstummen und schauen mich fragend an. Erneute Panik kommt auf. Wie soll ich mich verständlich machen?

»Do you speak English?«

»A little«, antwortet mir Tony. »Where are you from?«

»Germany.«

»How can we help you?«, fragt mich Olivia.

Da muss ich erst einmal überlegen. »Can you drive me to the next village?«

»Village?«

Ich nicke ihr zu.

»Yes.«

Erleichtert lehne ich mich in den Sitz. Ich hoffe, dass das kommende Dorf dasselbe ist, durch das Maja und ich am Morgen gefahren sind. Denn ich hatte mir wichtige Anhaltspunkte wie den örtlichen Supermarkt und die Feuerwache gemerkt. Und die Polizei würde nicht unweit der Feuerwehr sein. Zumindest hoffe ich das.

Ich schaue aus dem Fenster. Nach jeder Abbiegung und Einmündung scheint alles wieder gleich auszusehen. Und nichts kommt mir bekannt vor.

Tony nimmt eine scharfe Linkskurve und ich rutsche trotz Sicherheitsgurt leicht gegen meine Reisetasche rechts neben mir. Die nächste Kreuzung führt zu einer idyllischen, ruhigen Wohngegend. Tony drückt die Bremse durch.

»You want out here?«, fragt er in gebrochenem Englisch.

Ich bejahe seine Frage. Ich will die beiden nicht noch länger von ihrer eigentlichen Route abbringen.

Während ich mein Gepäck aus dem Wagen hieve, bedanke ich mich etliche Male für die Mitfahrt. Der Auspuff zischt noch einmal ordentlich auf, als Tony und Olivia zurück auf die Hauptstraße fahren.

Allein mit meinen Gedanken, streife ich in der unbekannten Nachbarschaft umher. In der Hoffnung, jemand Hilfsbereiten zu finden. Ich biege in die dritte Häuserreihe ein. Bereits am Anfang der Straße kann ich zu meiner Erleichterung eine Familie in ihrem Hintergarten sitzen sehen. Ich setze meine Schritte länger. Nur noch zwei Gärten, dann bin ich da.

»Hello, excuse me«, rufe ich keuchend.

Neugierig kommen sie auf mich zu. Ein großer, breit gebauter Mann schaut erst mich an, dann zu seiner Frau. Er redet mit ihr. Dann verschwindet sie im Haus.

»Do you speak English?«, frage ich nervös.

»No, no.« Den Rest seiner Worte kann ich nicht mehr verstehen.

»Police«, versuche ich es erneut. Doch er zuckt nur ahnungslos mit den Schultern.

Ich bin kurz vor einem Nervenzusammenbruch. Der Fluchtversuch scheint ausnahmslos missglückt. Krampfhaft suche ich nach den wenigen Worten, die ich auf Italienisch sagen kann, als seine Frau wiederkommt und mir eine dick belegte Schinkenstulle durch den Zaun reicht.

Ich bin überrascht. Mit einer solch netten Geste habe ich nicht gerechnet. Da ich kein Fleisch esse, schiebe ich den Schinken in einem unbeobachteten Moment in die Mitte des Brotes und beiße hungrig in die Butterstulle. Noch nie schmeckte mir ein einfaches Graubrot mit warmer Butter so gut wie in diesem Moment. Um meine Dankbarkeit zu zeigen, halte ich ihr den Daumen hin. »Gracie.«

Wieder reden sie mit mir, aber es ist zwecklos. Nachdem mein Magen etwas gefüllt ist und meine Aufregung sich langsam legt, überlege ich, ob mir nicht doch noch ein helfendes Wort einfallen würde.

»Polizia«, sage ich fragend und zeige in alle Richtungen. Vielleicht verstehen sie.

»Polizia?«, fragt sie zurück.

»Polizia«, wiederhole ich, um mich unmissverständlich auszudrücken.

»Ah, Polizia«, sein Tonfall ist wissend. Zusammen zeigen sie mir die Richtung an, in die ich zu gehen habe.

»Bella Gracie.«

*

Meine Augen werden leicht feucht. Es ist fast geschafft. Die aufgestaute Anspannung und auch die Angst vor dem ungewissen Ende meiner ungeplanten Flucht weichen.

Die Polizei muss mir einfach aus diesem Dilemma helfen!

Es ist ziemlich dunkel auf den Straßen. Die Laternen bieten nur gedämpftes Licht, und ich muss aufpassen, dass ich nicht über einen losen Pflasterstein stolpere.

Es dauert noch eine kleine Weile, bis ich einen großflächigen Platz in der beschaulichen Ortschaft erreiche. Ein paar Autos parken, und in der Mitte steht ein kleiner, mit Klee bewachsener Brunnen, den ein paar Jugendliche belagern.

Von der geraumen Distanz aus sehe ich das Gebäude an der angrenzenden Straße mit der Beschilderung »Polizia«. Endlich. Ich bin da.

Ich öffne die veraltete Tür der Zentrale. Ein Mann in Uniform kommt auf mich zu.

»Buona sera.«

»Bona sierra«, versuche ich mich in seiner Sprache. Er versteht und fragt, was er für mich tun kann. Seine tenorangehauchte Stimme und sein italienischer Akzent lassen ihn sehr attraktiv klingen.

Leider kann ich die weiteren Fragen nicht mehr verstehen, und so bitte ich ihn, Englisch zu sprechen.

Agente Milano, so stellt er sich mir vor, führt mich in sein Büro. Es ist überschaubar eingerichtet, aber es weist alles auf, was ein Polizist benötigt.

»Do you like a tea?« Sein italienischer Akzent kommt im Englischen richtig zur Geltung. Ich nicke. Als er mir den Kamillentee einschenkt, fragt er nach meinem Namen.

»My name is Hannah.«

»Wait a minute, please.« Er durchstöbert einen Stapel Unterlagen, bis er schließlich eine dünne Akte herauszieht. Ich bin etwas nervös. Warum gibt es offensichtlich eine Akte über mich?

»Your stepfamily called two hours ago. They are very frightened, because you run away.«

Es bleibt mir nichts anderes übrig, als ihm meine prekäre Situation zu erklären, auch wenn es im Englischen deutlich schwieriger werden würde. Ich versuche mich in meinem besten Schulenglisch.

Auch meine Transsexualität muss ich preisgeben. Dies ist für mich eine Überwindung. Denn ich habe noch nicht vielen fremden Leuten davon erzählen müssen. Doch er nickt verständnisvoll.

Agente Milano will gerade den Hörer nehmen und Richard anrufen, aber ich bitte ihn, dies nicht zu tun. Er schaut mich fragend an, legt den Hörer aber dann doch in die Schale zurück. »How can I help you?«

Ich schnappe nach Luft und freue mich, dass er mir seine Hilfe anbietet. Ich warte nicht lange. »I need to go back to Germany«, beginne ich und erkläre ihm, dass ich unter falschen Versprechungen des Jugendamtes hierher gelockt wurde und in Italien keine medizinische Hilfe erwarten kann.

Ich mache deutlich, dass ich nur in Deutschland die notwendige Medikation einfordern könne. Nach italienischem Recht, so Agente Milano, gibt es in seinem Land erst mit der Vollendung des 18. Lebensjahres eine medizinische Begleitung. Da kommt die Hilfe für viele Menschen zu spät … Zu meiner Überraschung stimmt er meinen Schilderungen zu und verspricht mir, eine Lösung zu finden.

Die nächsten 20 Minuten telefoniert er abwechselnd erst mit Richard und seiner Frau, anschließend mit Maja. Ich bin sichtlich nervös, wahrscheinlich ist dies der Grund, dass er mir eine weitere Tasse beruhigenden Kamillentee einschenkt und mir eine Zigarette aus seiner Zigarettenschachtel anbietet.

Während Agente Milano angestrengt ins Telefon spricht, paffe ich angesichts der angespannten Lage die eine oder andere Zigarette. Abgesehen von einer aufkommenden Übelkeit, kann ich keine beruhigenden Veränderungen feststellen. Deshalb lasse ich ihm die letzten Zigaretten.

Endlich. Er legt auf. Er streicht sich mit seinen markanten Händen mehrmals durch die schwarzen, vollen Haare. Italiener sind offensichtlich mit einer Fülle an Kopfhaaren gesegnet.

»I talked to Maja, and we finally came to a result.« Nun nimmt er sich eine Zigarette aus der Schachtel und zündet sich diese genüsslich an. Tief inhaliert er den blauen Dunst und erzählt mir, was nun passieren würde.

⁎

Eine halbe Stunde später sind sie da. Maja begrüßt mit ihrer freundlichen Art den Polizisten. Ich bedanke mich noch einmal bei ihm für seine Hilfe, denn ohne ihn müsste ich wieder zurück zu Richard und Viktoria.

Wir gehen die engen Steintreppen zum Parkplatz hinunter und steigen in Majas Wagen. Die Fahrt ist sehr ruhig. Ich überlege, ob ich mich für mein Ausreißen entschuldigen sollte. Aber ich weiß, dass ich im Recht bin und nichts falsch gemacht habe. Immerhin muss ich doch für meine Rechte kämpfen. Draußen ist es schon ziemlich dunkel. In der Ferne funkelt etwas. Ich schaue genauer hin, kann aber nichts Genaues erkennen.

»Das ist ein Badesee. Wir können gerne mal dorthin, wenn du magst.«

Ich bin verwirrt. Warum ist sie so nett zu mir? Müsste sie nicht sauer auf mich sein, wegen des ganzen Trubels, den ich veranstaltet hatte? Ich schweige.

»Ich muss mich bei dir entschuldigen«, sagt sie mit gedämpfter Stimme.

Ratlosigkeit ist förmlich in mein Gesicht gemeißelt.

»Warum?«, frage ich sie und blicke ziemlich ungläubig drein.

»Agente Milano hat mir erzählt, was passiert ist. Warum du weggelaufen bist.« Maja konzentriert sich auf den entgegenkommenden Verkehr. »Ich habe nicht gewusst, dass du mit falschen Versprechungen nach Italien gekommen bist. Ich hatte zwar deine Akte, aber es wird nur mit den Pflegeeltern besprochen, was die Ziele dieses Aufenthaltes sind. Dass dir eine Hormontherapie zugesagt wurde, dass man dir diese nicht gewähren wollte und auch überhaupt nicht konnte, weil in Italien die gesetzlichen Regelungen ganz anders sind als in Deutschland, wusste ich nicht. Vermutlich hat man dich deshalb nach Italien gebracht, denn hier hättest du kein Anrecht auf Hilfe in deinem Alter. Dass du dich derartig zur Wehr setzen würdest, damit hatte wahrscheinlich keiner gerechnet.«

Als es anfängt, in Strömen zu regnen, verlangsamt sie das Tempo und schaltet die Scheibenwischer ein, damit die Sicht etwas klarer wird.

»Vermutlich hatten das Jugendamt und dein Vater gedacht, deine Transsexualität sei nur eine Phase und würde sich von selbst regeln, wenn du nicht mehr die Möglichkeit hast, dich damit auseinanderzusetzen.«

Ich nicke ihr zu, auch wenn sie es wahrscheinlich nicht bemerkt.

»Wie gesagt, es tut mir leid.« Ihre Entschuldigung klingt aufrichtig.

Mit einem heftigen Ruck lenkt sie den Wagen in eine Abzweigung. Der Weg ist mit seinen vielen Schlaglöchern mehr als holprig.

Aber Maja geht nicht vom Gaspedal herunter. Vermutlich ist sie an diese unebene Einfahrt schon gewöhnt. Vor einem ansehnlichen Haus kommen wir zum Stehen.

»Da wohnen wir«, sagt sie und nimmt den Schlüssel aus dem Zünder. Ich folge ihr über den beleuchteten Hof, der mit reichlich Topfpflanzen geschmückt ist. Sie führt mich auf die im Souterrain gelegene Veranda und öffnet die quietschende Holztür.

»Ich werde dir noch kurz alles zeigen«, sagt sie und weist auf ein offen stehendes Zimmer. »Das ist Stefans Zimmer. Direkt daneben wohnt Torben.«

Ich höre ihr aufmerksam zu und folge ihr den Flur entlang.

»Hier ist das Badezimmer.«

Sie öffnet die Tür einen Spalt, sodass ich hineinschauen kann. Es ist sehr groß, mit Fliesen ausgelegt und mit dem Nötigsten ausgestattet. Mir gefällt die italienische Lebensweise. Die Steinhäuser, die Weiten der Natur mit ihren abwechslungsreichen Landschaften, das mediterrane Wetter und natürlich die Menschen mit ihrer Lebensfreude.

»Das hier wird dein Zimmer für die nächste Zeit sein.«

Es ist kleiner als die Zimmer zuvor, dennoch ist es ein sehr schön eingerichteter Raum. Eine mit geschnitzten Handarbeiten verzierte Kommode steht rechts vor der Tür. Dort kann ich meine Klamotten verstauen. Darüber hängt ein antiker, runder Spiegel. Überrascht stelle ich fest, dass dies der erste Spiegel ist, in den ich gerne hineinschaue. Denn ich kann keine männlichen Züge an mir wiederfinden.

Die Holztreppe, die Majas Mann selbst angefertigt hatte, erzählt sie mir, führt zu einer weiteren Etage, in der das Bett und ein Schreibtisch stehen.

»Komm, ich mach dir etwas zu essen. Du musst am Verhungern sein nach dem anstrengenden Tag.«

Sie hat nicht unrecht. Ich folge ihr die Stufen hinunter in die Küche. Dort sitzen bereits drei fremde Männer.

»Das ist Ruben, mein Mann.« Er kommt auf mich zu, gibt mir die Hand, wie man das so tut, und lächelt mich einladend an. »Setz dich zu uns.«

Ruben wirkt sehr sympathisch. Seine Haare haben an Fülle verloren, aber das lässt ihn nicht alt aussehen. Ich schätze ihn um die 40 Jahre.

»Das sind unsere beiden Pflegekinder aus Deutschland. Sie sind mittlerweile über ein Jahr bei uns. Torben …«, er zeigt auf einen schmächtigen, langen, brünetten Jungen, »… er wird nächste Woche in seine eigene Wohnung unten im Dorf ziehen«, verkündet er stolz.

»Stefan ist unser Jüngster.« Auch ihn begrüße ich und setze mich etwas unbeholfen zu den anderen an den großflächigen Tisch. Ich schätze Stefan so um die 14 Jahre. Sein lang gewachsenes, blondes Haar lässt er vermutlich kontinuierlich wachsen. Als er mich verschüchtert anlächelt, bemerke ich erst die Zahnspange in seinem Mund, und ich frage mich, ob ich seine Haare schon des Längeren anstarre.

»Junger Mann, es ist Zeit, schlafen zu gehen. Morgen ist Schule«, sagt Ruben zu ihm.

»Ich will nicht ins Bett. Ich bin noch gar nicht müde«, antwortet er gähnend.

»Komm.« Widerwillig geht Stefan mit Ruben mit.

Torben ist in irgendwelche Unterlagen vertieft.

»Was machst du?«, frage ich ihn.

»Ich lerne Italienisch.« Und schon ist er wieder in seine Vokabeln vertieft.

»Ich mache dir Ciabatta, ist das okay?«

Maja sieht mich, mit dem scharfen Küchenmesser in der Hand, abwartend an.

»Ja, klar«, antworte ich schnell.

Von meinem Tisch aus sehe ich ihr beim Schnippeln zu. Ein ungewohntes, aber schönes Gefühl der Geborgenheit überkommt mich. Als sie mir das wohlriechende Ciabatta serviert und ich dankend anfange zu essen, merke ich, wie groß mein Hunger tatsächlich ist.

Maja setzt sich zu mir an den Tisch. »Ich werde morgen mit dem Jugendamt reden und klären, dass du wieder nach Deutschland fliegen kannst.«

»Danke«, sage ich zwischen zerkauten Tomaten und Weizenbrot. »Was glaubst du, wann ich zurück darf?«

Maja runzelt die Stirn. »Das kann ich dir nicht sagen. Letztlich liegt es an deiner Sachbearbeiterin, ob und wann du darfst.«

Mir bleibt das Ciabatta beinahe im Hals stecken. »Ob?« Meine Stimme rutscht zwei Oktaven hinauf.

»Ich habe Angst«, gebe ich schließlich von mir.

»Angst wovor?« Sie sieht mich mitfühlend an.

»Ich bin schon 14 Jahre alt. Die Pubertät, also Stimmbruch, Körperbehaarung und das alles kann jederzeit losgehen. Und ich hab das Gefühl, dass mir einfach keiner helfen will.« Ich kämpfe mit den Tränen.

»Mach dir keine Sorgen«, versucht sie, mich zu besänftigen. »Ich werde alles dafür tun, dass du nach Deutschland zurückkommst, um die Hilfe einzufordern, die dir zusteht.«

Sanft streicht sie mir über den Rücken. Ein effektiver Versuch, mir Trost zu spenden. »Morgen wissen wir mehr.«

Sie begleitet mich zu meinem Zimmer auf Zeit. »Jetzt schlaf dich erst einmal richtig aus. Heute war ein anstrengender Tag.«

*

Skeptisch betrachte ich mich im Spiegel. Meine Haare sind zu einem Zopf zusammengebunden. Ich habe mich dezent geschminkt und bin mit dem Ergebnis zufrieden. Mein gelbes Sommerkleid, das ich so mag, habe ich übergezogen. Es ist mein erstes Kleid, das ich mir in Deutschland gekauft hatte. Ich löse mich vom Spiegel und tappe barfüßig über den kühlenden Steinboden nach draußen auf die Veranda.

Nachdem ich mir die Flip-Flops angezogen habe, eile ich hastig zu Maja und Stefan zum Auto. Die morgendliche Wärme lässt erahnen, wie heiß der bevorstehende Tag noch werden würde.

»Warte mal«, sagt Maja. »Dein BH guckt an der Seite etwas heraus. Bin gleich wieder da.« Lange lässt sie nicht auf sich warten. »Darf ich?«, fragt sie und hält mir die Klammer auf Augenhöhe hin.

Ich nicke.

Gekonnt klemmt sie das Kleid unter meinem Arm über den BH und fixiert es, sodass der BH nicht länger zum Vorschein kommt. »Fertig. Komm, steig ein, wir sind spät dran.«

Wir steigen ins Auto.

»Wohin fahren wir?«, frage ich.

»Nach Perugia.«

»Und was machen wir in Perugia?«

»Wir bringen Stefan zur Schule. Wenn du magst, kannst du dir den Unterricht anschauen.«

»Was wäre denn die Alternative?«

Maja überlegt kurz. »Ein ausgiebiger Stadtbummel.«

»Und da fragst du noch!«

Ich lehne mich entspannt zurück in den Sitz und betrachte den atemberaubenden Ausblick, der mir geboten wird. Erst jetzt sehe ich die prachtvolle Landschaft, die sich vor mir entfaltet.

Wir fahren auf einer eng gebauten Straße, die von gewaltigen Bergen gesäumt wird. Ich erkenne den See von gestern Abend. Ein so großes Gewässer hatte ich in Deutschland noch nie zuvor gesehen. Und wie es funkelt. Herrlich, denke ich.

»Italien ist wirklich wunderschön«, schwärme ich vor mich hin.

Maja stimmt mir zu, und selbst Stefan kann seine Zuneigung zu diesem Land nicht verbergen. Vielleicht will er es auch gar nicht?

»Mach mal das Radio an«, höre ich bestimmend von hinten.

»Hast du nicht etwas vergessen?«, hakt Maja nach.

Stefan stöhnt leicht auf. »Bitte.«

Ein Sender, den es wohl nur in Italien gibt, wird eingeschaltet. Neben italienischer Popmusik spielen sie offenbar auch international bekannte Songs. Mein derzeitiges Lieblingslied!

»Darf ich lauter machen?«

Maja nickt.

»Wer ist die Sängerin?«, fragt sie nach dem ersten Chorus.

»Du kennst Britney Spears nicht?« Stefan und ich staunen nicht schlecht, als Maja den Kopf schüttelt.

»Klingt gut.«

Gemeinsam genießen wir die gute Musik des mir unbekannten Radiosenders, bis wir um kurz nach acht Uhr an der Schule ankommen und Stefan rauslassen.

»Bis später. Und mach keinen Ärger«, ruft Maja ihm nach.

»Jaja.« Stefan läuft zu seinen Schulkameraden und verschwindet als einer der Kleinsten von ihnen schnell in der Masse.

»Und wir machen uns einen schönen Tag.« Lächelnd lässt sie den Motor anspringen und fährt noch ein gutes Stück, bis sie stadtnah einen geeigneten Parkplatz findet.

Wir schlendern gemütlich durch eine schmale Gasse.

»Maja?«

»Ja.«

»Wissen Stefan, Torben und dein Mann eigentlich über mich Bescheid? Also, ich mein…«

»Ja, ich habe es ihnen erzählt.« Sie wartet kurz, bis ich dicht neben ihr hergehe. »Wir sind eine Familie, und du gehörst jetzt auch dazu. Und in einer Familie gibt es keine Geheimnisse. Sollte es zumindest nicht. Ich wollte, dass du dich bei uns wohl und sicher fühlst, ohne Angst, dich frei zu bewegen. Bei uns kannst du sein, wer du bist.« Sie schaut mich an. »Ist das okay für dich?«

»Natürlich ist das okay für mich.« Schließlich kann ich daran auch nichts mehr ändern.

Ich richte meinen Blick wieder nach vorn und sehe unweit von uns den ersten interessanten Laden. »Können wir hier vorne kurz reingehen?«, frage ich und zeige auf den Laden an der Ecke.

Maja hat nichts dagegen, und ich kann mich in Ruhe umsehen. Er ist angefüllt mit diversem Schmuck und massenweise Klamotten. Es ist schwierig, den Überblick nicht zu verlieren, aber ich durchstöbere gekonnt die schier endlose Warenfülle. Bis ich vor einem Paar Kreolen aufmerksam stehen bleibe.

»Sieh mal, wie schön die sind.«

Maja durchforstet gerade einen Berg Jeans. »Ja, die sind sehr schön. Möchtest du sie haben?«

Ich nicke ihr zu.

»Schau mal auf den Preis.«

»3,99 Euro.«

Sie kommt zum Stand mit den vielen Ohrringen und betrachtet das ansehnliche Exemplar in meiner Hand. »Dann werden wir die mitnehmen. Die stehen dir bestimmt richtig gut.«

Ich freue mich und bedanke mich sofort bei ihr.

Mit der kleinen Tüte des italienischen Labels in der Hand gehen wir durch eine weitere Gasse, die mit ihrer antiken Bauart nicht nur die Touristen beeindruckt. Als wir schließlich deren Ende erreichen und an einem großen Marktplatz ankommen, fragt Maja, worauf ich Lust hätte. Ich überlege. Vermutlich etwas zu lang, denn Maja hat bereits eine Idee.

»Wie wäre es, wenn wir zur besten Eisdiele überhaupt gehen und ich dir auf dem Weg dorthin ein bisschen von der Stadt zeige?«

Da ich mit ihrem Vorschlag einverstanden bin, führt sie mich quer über den sonnenbeschienenen Marktplatz, weiter in die Altstadt, wie Maja mir erzählt. Schon gleich am Anfang fallen mir die vielen engen Gassen auf, die wir zusammen entlanggehen.

Ein paar Bäume bieten etwas Schutz vor den knallenden Sonnenstrahlen. Dennoch habe ich die Befürchtung, einen Sonnenbrand zu bekommen, auch wenn die hochgezogenen Steinfassaden der

Häuser die Strahlen abdämpfen und die heiße Luft angenehm abkühlen.

Maja und ich schweigen eine Weile und betrachten die Häuser und Geschäfte der Altstadt von Perugia. Die meisten von ihnen stammen wahrscheinlich noch aus Jahrzehnten, wenn nicht sogar Jahrhunderten vor meiner Zeit und werden durch regelmäßige Sanierungsarbeiten gut erhalten. An einigen Gebäuden sind noch die Gerüste der zuständigen Firma angebracht und vermutlich weiterhin in Betrieb. Denn die Arbeit gegen die Zeit verlangt Kontinuität.

»Sieh mal«, sagt sie schließlich. »Das ist der Fontana Maggiore. Der schönste Brunnen der Welt, wie die Perugianer sagen.«

Ich bin beeindruckt. »Wann wurde der Brunnen erbaut?«, frage ich, denn ich will mehr über ihn erfahren. Maja braucht nicht lange, um mir ihr Wissen mitzuteilen.

»Er wurde 1278 fertiggestellt und war für die Bürger sehr bedeutsam.«

»Aus welchem Grund?«

»Na ja, damals war Trinkwasser eine Rarität. Es wurde vom drei Kilometer entfernten Monte Paccino in die Stadt geleitet, um die Menschen hier mit ausreichend Wasser zu versorgen.«

Ich betrachte den anmutigen Brunnen mit großem Interesse. Er ist dreigeschossig und wird von unzähligen Säulen am Rand getragen. Auf der obersten, bronzenen Schale zieren drei Grazien das Kunstwerk und tragen eine Wasser spendende Amphore. Seine alte Fassade wirkt edel, und ich habe das Gefühl, dass ein kleiner Teil dieser einzigartigen Geschichte Perugias, die Maja mir begeisternd vorträgt, vor meinem inneren Auge lebendig wird – auch wenn diese Vergangenheit bereits verfallen ist und lediglich in den Fantasien der Menschen in Erinnerung bleibt. Doch für einen kurzen Augenblick ist es so, als ob die Gegenwart mit der Vergangenheit verschmilzt und sich eine neue Realität bildet: Ich sehe die Bürger vor mir, die vor Hunderten von Jahren zum Brunnen kamen, um Trinkwasser in ihre Eimer zu füllen. Wie sie hier saßen und sich unterhielten, sich austauschten und vorbeifahrenden Kutschen Platz machten und deren Kutscher grüßten. Doch nun ist dieser Brunnen eines der Denkmäler, die der Zeit standhalten und aus der Vergangenheit fortbestehen.

»Kommst du?« Maja ist bereits einige Meter weiter gegangen und wartet am Ende der Gasse auf mich. Eilig schließe ich zu ihr auf.

»Wir gehen zum Corso Vannucci.«

»Was ist das?«, frage ich.

»Das ist eine Einkaufspassage mit vielen Cafés. Wir wollten doch ein Eis essen gehen«, erinnert Maja mich. Ich habe es wegen der vielen neuen Eindrücke ganz vergessen. Doch nun freue ich mich umso mehr, in der warmen Mittagssonne ein kühles Eis zu genießen. Wenn es der Sonne standhalten würde …

»Und das ist die beste Eisdiele, die es weit und breit gibt.«

Mit leichten Beinschmerzen kommt unsere Besichtigungstour bei der zu Anfang versprochenen Eisdiele zu einem genussvollen Abschluss. Maja und ich setzen uns an einen ruhig gelegenen Tisch in den Schatten. Lange müssen wir nicht auf den Kellner warten, und wir bestellen zwei sahneüberhäufte Schokoladenbecher.

Erwartungsvoll lasse ich die kalte Schokolade meine trockene Mundhöhle erfrischen. Auch wenn ich es nicht für möglich gehalten habe, so muss ich Maja eingestehen, dass dies eine der leckersten Eisdielen ist, die ich je besucht habe.

»Eine der leckersten?«, fragt Maja neugierig. »Welche ist denn die leckerste?«

Da muss ich nicht lange überlegen. »Nur eine ist besser.« Ich lasse einen weiteren Löffel in meinem Mund zergehen. »Eine ganz bestimmte in Düsseldorf.« Mit einem Lächeln denke ich an diese Zeit zurück.

Maja hebt skeptisch eine Braue. »Das Eis will ich mal probieren.«

Schweigsam genießen wir das schokoladige Geschmackserlebnis. Nach dem kulturellen Vormittag haben wir uns dieses mehr als verdient.

»Wollen wir uns eine Cola bestellen?«, fragt mich Maja.

»Ja, gerne. Ich mach schon.« Sachte schiebe ich den Stuhl über den gepflasterten Boden zurück, um die anwesenden Gäste nicht zu stören. Die Theke ist schnell erreicht. Ich bin angenehm überrascht, wie gemütlich die Eisdiele von innen eingerichtet ist. Es gibt viele Sitzmöglichkeiten, sogar mehrere Palmen und ein Kicker sind aufgestellt. Vermutlich um die richtige Atmosphäre zum Entspannen und Erholen zu schaffen. Durchaus gelungen.

Nun ist der Kellner da. Was ich nicht bedacht habe, er spricht natürlich italienisch. Und ich kann kein Wort verstehen, oder auch nur irgendwie sinnvoll ableiten. Aber ich kann mir schon denken, dass er nach der Bestellung gefragt hat.

»Cola, por favor.« Ups. Das ist spanisch. Schnell forme ich aus meinen Fingern eine Zwei. Hoffentlich hat er mich verstanden.

Er lächelt mich unverhohlen an, während ich schüchtern meinen Kopf senke. Zu meiner Erleichterung schenkt er zwei Gläser mit dem richtigen Softgetränk ein. Als er die großzügig gefüllten Gläser vor mir auf die Theke stellt, schwenkt er seinen modern geschnittenen, langen Pony grazil zur Seite. Abgelenkt von seinen fallenden Haaren, nehme ich die Gläser und will gerade gehen, als er mich mit einem starken Griff am Arm festhält. »Un momento.«

Schnell greift er zu einem Stift und einem vergessenen Kassenbon und schreibt seine Telefonnummer hastig darauf. Als er damit fertig ist, faltet er den Bon zusammen und zieht mich leicht zu sich über die Theke. Er manövriert mir seine Nummer vorsichtig in die Hand, beugt sich zu mir rüber und haucht leise in mein Ohr: »Bella Chica.«

Mensch, bin ich nervös. Meint er das ernst?

Bemüht, auch im Hinausgehen eine gute Figur zu machen, lasse ich meine Hüfte beim Gehen angemessen von rechts nach links gleiten.

»Was ist los?« Maja bemerkt wohl das Grinsen, welches sich über mein gesamtes Gesicht ausbreitet. Ich zeige ihr das Stück Papier mit der Nummer des Kellners.

»Sieh mal einer an.«

»Meinst du nicht, dass er *das* erkannt hat?« Unsicher sehe ich sie an.

»Hannah, du bist ein sehr hübsches Mädchen und siehst überhaupt nicht männlich aus«, redet sie mir lieb zu. »Aber ein bisschen zunehmen könntest du noch.« Augenzwinkernd gibt sie meine erste Eroberung zurück. »Apropos flirten, warst du eigentlich schon mal verliebt?«

»Ja.« Nachdem ich den letzten Löffel des bereits geschmolzenen Eises gegessen habe, erzähle ich ihr von ihm.

»Er hieß Elias und ging in die Parallelklasse. Er war supersüß, braune Haare und grüne Augen. Ich schwärmte so vor mich hin, schrieb kleine Liebesgedichte über uns und kritzelte seinen Namen in schlecht gemalte Herzen in meinen Notizblock. Leider blieb meine Schwärmerei nicht unbemerkt. Als ich nach einer Pause zurück in die Klasse kam, flog mein Notizblock samt meiner Liebeleien in der Klasse und im Flur herum. Einige Blätter sind wohl auch in die Parallelklasse gelangt. Eine geglaubte Freundin hatte den Block aus meinem Ranzen genommen und stand vor der Klasse und las eines meiner Gedichte lachend vor. Seit dem Tag nannten mich dann alle Schwuchtel und mobbten mich vor, während und nach der Schule.«

»Das heißt, du bist damals noch als Junge aufgetreten?«

»Ich war 13 Jahre, kurz vor meiner äußerlichen Veränderung.«

»Wie bist du mit der Situation umgegangen?«

»Es war grausam. Ich hatte solche Angst, jeden Tag erneut in die Schule zu gehen. Meine Noten wurden immer schlechter, bis ich Magenkrämpfe bekam und solche Kopfschmerzen hatte, dass ich an manchen Tagen nicht aus dem Haus gehen konnte.«

»Dann hast du ja schon so einige schlimme Erfahrungen hinter dir.« Betrübt schaut Maja in die fernliegenden Felder und Berge, die von unserer Entfernung aus wie ein nostalgisches Ölgemälde aussehen.

»Ich würde gerne noch viel mehr erfahren.« Maja blickt auf die Uhr an ihrem Handgelenk. »Aber wir müssen jetzt los und Stefan abholen.«

*

Am Nachmittag kommen wir wieder zu Hause an. Stefan schmeißt seinen Schulranzen vor Freude, dass die Schule aus ist, auf die Wiese und rennt zum überdachten Abstellraum, den Ruben selbst aus einigen Holzbrettern erbaut hat. Er schiebt einen für mich unsicher aussehenden Roller zur grob ausgebauten Fahrbahn aus Sand und Wiese, die am Ende des Grundstücks liegt.

»Die haben die drei Männer eigenhändig ausgelegt«, erzählt mir Maja stolz.

Dennoch bin ich von dem Ganzen nicht überzeugt. Deshalb beobachte ich Stefans Tun aus sicherer Entfernung.

»Du kannst auch fahren, wenn du magst.«

»Ich kann das nicht.« Ich verschränke die Arme vor meiner Brust. Dies soll meine Abneigung dieser wackligen Angelegenheit gegenüber unterstreichen.

»Versuch's doch einfach mal.« Mit leichtem Druck schiebt sie mich vorwärts.

»Na gut.« Ich nähere mich dem rostigen Roller und lasse Stefan noch einige Runden drehen, bis er vor mir anhält und den Helm in meine Hand drückt.

»Wie funktioniert das?«, frage ich.

»Das ist ganz leicht.« Selbstbewusst und auch etwas stolz über seine technischen Kenntnisse weist er mich in die Kunst des Rollerfahrens ein.

»Das Wichtigste, was du wissen musst, ist, wo die Bremse ist.«

Seine rechte Hand drückt diese mehrmals kräftig, damit ich sie mir einprägen kann.

»Gas gibst du hier.« Er dreht am rechten Lenker.

»Mehr musst du erst mal nicht wissen.«

Es gibt wahrscheinlich mehr als genug Fragen, die ich ihm hätte stellen können, die mir in der aufkommenden Nervosität aber nicht einfallen. Den Helm schnalle ich fest unter meinem Hals zusammen. Unbeholfen steige ich auf. Wo war noch mal was?, frage ich mich im Stillen. Ich will nicht zeigen, wie schwer mir leichte Vorgehensweisen wie Gas geben fallen.

Na bitte. Nach längerem Suchen habe ich das Gas gefunden. Stockend komme ich ins Fahren.

»Du musst schneller fahren. Sonst kippst du um«, ruft Stefan mir nach.

Ich drehe das Gas ein wenig höher. Die erste Kurve. Geschafft. Zufrieden bemerke ich die Einfachheit des Fahrens. Gas geben, lenken, ab und an bremsen. Das ist nicht schwer. Ich drehe eine Runde nach der anderen und bekomme allmählich Spaß an der Sache. Lässig beschleunige ich die Maschine. Die nächste Kurve ist noch ein gutes Stück entfernt. Deshalb beschließe ich, noch einmal richtig Gas zu geben. Leider gebe ich in meinem Fahrrausch viel zu viel Gas. Die Kurve kommt schneller als gedacht. Ich muss schleunigst bremsen und lenken. Wo war noch gleich die Bremse? Es ist zu spät. Um nicht im Graben zu landen, springe ich wie die Actionhelden im Fernsehen vom Roller ab.

Vom Boden aus sehe ich das Geschoss in den Graben stürzen und bin sehr froh, dass ich nicht mehr drauf sitze. Stefan läuft direkt zum Roller. Mit seinen Händen umfasst er das Lenkrad und zieht es schwerfällig nach oben. Erschöpft lässt er es auf den Boden fallen und begutachtet den Schaden.

»Und wie sieht's aus?«, rufe ich ihm zu.

Seiner Beurteilung nach sind die Mängel behebbar. »Nur ein paar Schrammen und Schrauben locker. Und das Lenkrad ist ziemlich verbogen.« Er schaut mich an. »Wie geht es dir?«

Ich schüttle den Sand von meinem Kleid. »Alles okay.«

»Hannah«, ruft Maja von der Veranda aus. »Kommst du bitte mal.«

»Was gibt es?«

Sie schaut mich mit ernstem Blick an. Hat sie die kleine Panne mitbekommen?

»Ich habe gerade mit dem Jugendamt gesprochen.« Sie hält inne. »Lass uns hinsetzen.«

Ich nehme den Platz neben ihr ein und warte, dass sie berichtet.

»Die gute Nachricht«, beginnt sie, »du darfst in zwei Wochen wieder zurück nach Deutschland fliegen.«

Mir fallen zehn Zentner Geröll vom Herzen. Ich atme tief aus. »Was ist die schlechte Nachricht?«

Es dauert einen Moment, bis Maja die richtigen Worte findet. »Ist der Roller kaputt?«

Fragend schaue ich sie an. Ich folge ihrem Blick und sehe, dass sie Stefan beim Festziehen der Schrauben beobachtet. »Nur ein kleiner Unfall.«

»Ist jemand verletzt?«

»Nein. Ich habe die Bremse nicht gefunden … Aber was ist denn nun die schlechte Nachricht?« Ich will es wissen. Majas ungewohnt langsame Aussprache verheißt nichts Gutes.

»Dein Vater hat sich unter den gegebenen Umständen nicht bereit erklärt, dich wieder aufzunehmen.« Sie wartet auf meine Reaktion.

»Das verstehe ich.« Meine Stimme ist leise und ruhig.

Maja ist von meiner unerwarteten Antwort deutlich irritiert. »Warum?«

»Ach, Maja. Das ist alles nicht so einfach. Die letzten zwei Jahre waren sehr belastend für mich gewesen. Meine Mutter starb, dann der Umzug und die Auseinandersetzung mit meiner Transsexualität. Es hatte sich alles in kürzester Zeit verändert. Ich litt unter Depressionen, fühlte mich einsam.« Verständnisvoll neigt sie sich zu mir.

»Für meinen Vater war die Situation, ein Kind zu Hause zu haben, neu. Immerhin hatten wir seit Jahren keinen Kontakt gehabt.

Zu dieser Zeit hatte ich einige Probleme mit mir selbst, die ich an meinem Vater ausgelassen habe. Im Nachhinein tut es mir schrecklich leid, dass er meine Launen ertragen musste. Ich hatte mit dem Tod meiner Mutter zu kämpfen und mit der Misere, im falschen Körper zu stecken. Dazu saß mir die schreckliche Angst im Nacken, die Pubertät könne jeden Moment losgehen. Mein Vater hat sich bemüht und alles versucht, um zu mir durchzudringen. Doch ich hatte mich so von der Außenwelt abgeschottet, dass niemand mehr an mich rankam.

Egal, was mein Vater auch versucht hat, zum Beispiel gemeinsame Ausflüge oder einen gemeinsamen Familienabend – ich habe es stets abgelehnt, weil ich alleine sein wollte. Damit habe ich ihn sicher auch verletzt. Auch als ich ihm mein Leid zu erklären versuchte, zeigte er Verständnis und holte Hilfe mit ins Boot, in Form des Jugendamtes. Dass dieses meinem Wunsch, als Mädchen zu leben, deutlich hinderlich sein würde, konnten er und ich zu der Zeit ja noch nicht wissen. Geschickt haben die meinen Vater um den Finger gewickelt und ihm eingeredet, dass ich, wie sie behaupteten, unter einer schweren psychischen Krankheit leiden würde. Zugegeben, ich war alles andere als pflegeleicht, aber eine Auslandsmaßnahme wäre sicher nicht nötig gewesen.«

»Das klingt wirklich schwierig. Ich hoffe, du schaffst einen Neuanfang in Deutschland. Und das Verhältnis zu deinem Vater wird bestimmt auch wieder besser. Das braucht alles seine Zeit.« Nachdenklich schweift ihr Blick zu Stefan, der schnaubend die gelösten Schrauben des Rollers wieder festzuziehen versucht.

»Was gibt es heute eigentlich zu essen? Ich habe wahnsinnigen Hunger«, frage ich. Nun muss sie schmunzeln.

»Wir gehen heute Abend alle zusammen lecker essen.«

»Italienisch?«

»Natürlich!«

EIN TAG AM SEE

Wir sind an den See gefahren. Es ist elf Uhr und die Sonne brennt auf der Haut. Maja reicht mir die Sonnencreme, nachdem sie sich genug herausgedrückt hat, um ihrem Mann den Rücken einzucremen. Stefan und Torben sind schon im Wasser und schwimmen zu einer Aussichtsplattform, die sich nur wenige Zentimeter über der Wasseroberfläche auf und ab bewegt.

Auch ich würde gerne in den funkelnden See springen, doch ich möchte verhindern, dass einer meiner zwei Silikon-BHs nass wird und nach Seewasser riecht. Außerdem habe ich keinen Ersatz dabei. Mit T-Shirt und Rock habe ich sowieso kein gutes Badeoutfit zusammengestellt. Einen Badeanzug oder sogar einen Bikini werde ich erst nach der geschlechtsangleichenden Operation tragen können, und bis dahin ist es noch erschreckend lange hin. Also muss ich mich mit der Alternative zufrieden geben. Wenigstens kann ich am Ufer entlanggehen und meine nackten Füße in das Wasser tauchen.

Und das beschließe ich zu tun. Maja schließt sich mir an, und wir gehen ein Stück auf dem nassen Sand. Die auslaufenden Wellen schwappen ans Ufer und fließen über meine Zehen. Das Wasser ist angenehm warm, und es riecht so herrlich salzig wie am Meer.

»Sag mal, Maja«, frage ich schließlich, »wo werde ich dann eigentlich wohnen, wenn ich wieder in Deutschland bin?«

Eine unangenehme Stille macht sich breit, und es ist lediglich das Rauschen des Sees zu hören.

»Du wirst erst einmal in einer Notunterkunft untergebracht.«

»Was ist das genau?« Ich bin etwas beunruhigt.

»Dort werden Jugendliche mit dem Nötigsten versorgt. Sie kriegen eine Schlafmöglichkeit und Essen gestellt. Es ist immer ein Sozialarbeiter im Haus, der sich um die Jugendlichen kümmert. Zumindest ein bisschen.«

Ich muss heftig schlucken. Wie lange ich dort wohl bleiben muss? Wir setzen uns an eine trockene Stelle und beobachten, wie Ruben, Torben und Stefan um die Wette schwimmen. Insgeheim tippe ich auf Stefan. Denn er ist groß, schlank, fit und jung. Aber tatsächlich schafft es Torben als Erster von der Plattform zurück ans Ufer.

Auch wir gehen wieder zurück zu unseren Handtüchern und Taschen, die wir unbedacht einfach liegen gelassen haben. Aber der Abschnitt, an dem wir uns befinden, ist kaum besucht.

»Muss ich eigentlich wieder auf meine ehemalige Schule gehen? Ich will dort nicht hin.«

»Keine Sorge.«

»Wo gehe ich denn dann zur Schule?«

Maja nimmt sich mit der Antwort etwas zu viel Zeit.

»Das Jugendamt hat beschlossen, dass du eine Tagesklinik besuchen sollst.«

»Eine Tagesklinik?« Sprachlos sehe ich zu Maja.

Sie sagt nichts. Aber die bedrückende Stille lässt eine Antwort erahnen.

»Du wirst dort therapiert, beobachtet und in eine integrierte Schule gehen, bis die Ärzte entscheiden, wie es weitergeht.«

»Das heißt, dass ich eine medikamentöse Behandlung bekomme?«

»Richtig.«

»Dann ist es ja doch im Großen und Ganzen keine so schlechte Nachricht.« Ein müdes Lächeln gleitet über meine Lippen, und auch Maja bemüht sich, das aufwühlende Gespräch zu lockern.

Etwas verängstigt wegen der vielen Änderungen, die in Deutschland eintreten werden, lege ich mir ein Stück des warmen Handtuchs auf die Stirn und versuche, die bleibende Zeit am See weitestgehend zu genießen. Ich lasse meine Füße in den warmen Sand einsacken, bis sie unter den feinen gelben Körnern ganz verschwinden.

Torben baut nicht weit vom Ufer eine Sandburg, und Stefan schikaniert ihn, indem er vom Wasser aus mit Matschbällen auf ihn wirft. Dies lässt sich Torben nicht lange gefallen und fängt an, sich zu verteidigen. Maja ist in ihr Buch vertieft und knabbert gelegentlich an den Salzstangen, die wir mitgebracht haben. Nur Ruben tut es mir gleich und liegt ausgebreitet auf seinem Handtuch und schnarcht hin und wieder.

Mit Matsch beschmiert, kommen Torben und Stefan zu uns gelaufen. »Wir haben Hunger«, nörgeln sie und überreden Maja so lange, bis wir alle wieder nach Hause fahren.

Während Maja in der Küche ist und mit Torben zusammen Tomaten hackt, habe ich mich auf mein Zimmer zurückgezogen. Es gibt Spaghetti mit frischer Tomatensauce, auf die ich schon sehr gespannt bin, denn Ruben hat die Tomatensauce seiner Frau während der Autofahrt in den höchsten Tönen gelobt.

Ich schiebe die Schublade des Schreibtisches auf und zücke mein Tagebuch. Einen Stift nehme ich mir von der Ablage und lege mich auf mein Bett. Die Grillen, die man zur späten Mittagszeit am häufigsten zu hören glaubt, begleiten mein Schreiben über all den intensiven Eindrücken, die ich hier in Italien bekomme. Bis ich mit einem köstlichen Tomatengeruch in der Nase, müde von der Mittagshitze, die sich in meinem Zimmer jeden Tag erneut ausbreitet, in den Schlaf falle.

Sonntag, 12.09.2004
EIN GESPRÄCH UNTER VIER AUGEN

»Möchtest du noch einen Tee?«

»Ja, gerne.«

Maja nimmt die Teekanne in die Hand und schenkt uns noch eine Tasse ein. »Und wie war das damals für dich? Ich meine, als die Sache mit der Transsexualität losging?«

»Na ja, zuerst einmal musst du wissen, dass Transsexualität keine Krankheit ist und irgendwann ausbricht. Transsexualität ist angeboren und so alt wie das Leben selbst. Auch wenn das viele Ärzte noch nicht richtig verstehen wollen.«

»Und wie hat sich das bei dir bemerkbar gemacht?«

»Der Sportunterricht war am schlimmsten. Ich bin irgendwann auch nicht mehr hingegangen. Immer war ich mit den Mädchen zusammen, so oft es nur ging. Sobald die Geschlechter dann getrennt wurden, zum Beispiel beim Sportunterricht, hab ich mich so elendig gefühlt, mich bei den Jungs umziehen zu müssen. Als dann bei einigen die Pubertät losging und ich mitbekam, wie sich die Jungs veränderten, bekam ich Panik. Ich wollte auf keinen Fall so werden. Zu dem Zeitpunkt wusste ich noch nicht, dass ich transsexuell bin, aber meine absurden Ängste teilte ich ein paar wenigen Freundinnen mit. Sie antworteten mir, dass sie mich schon längst als ihresgleichen betrachteten und keinerlei Unterschied zwischen ihnen und mir bestehen würde. Als die Situationen gravierender wurden und ich von den Jungs immer mehr gehänselt wurde, weil ich mich so mädchenhaft verhielt, hielt ich es nicht mehr aus.

Eine Lehrerin sagte einmal zu mir, dass sie mit mir richtiges Gehen üben wolle, da ich wie ein Mädchen ginge.

In dieser Zeit recherchierte ich im Internet, da ich wusste, dass etwas nicht stimmt, ich aber auch wusste, dass ich nicht schwul war. Irgendwann bin ich dann auf einen Artikel über Transsexualität gestoßen, und mir wurde schlagartig klar, warum ich so bin, wie ich bin.«

»Es ist wirklich furchtbar, dass man so mit seinen Mitmenschen umgeht. Es kommt wahrscheinlich öfter vor, als man denkt.«

»Es passiert sehr häufig, nur dass sich viele nicht trauen, zu sich selbst zu stehen.«

»Da hast du wohl recht.« Nachdenklich schaut Maja aus dem Fenster. »Und du hast es dennoch durchgezogen!«

»Was hätte ich denn machen sollen? Wenn ich diesen Schritt nicht gegangen wäre, hätte ich nicht weiterleben können. Und da ich nicht in diesem Jungenkörper sterben wollte ...« Meine Stimme bricht ab.

Maja greift benommen nach meiner Hand. »Ich finde, du bist ein tolles, hübsches Mädchen.«

Ein schmales Lächeln gleitet über mein tränennasses Gesicht, und ich löse mich allmählich aus der Umarmung.

»Es tut mir so leid, wie das alles gelaufen ist. Hätte ich das vorher gewusst …« Maja sieht sehr mitgenommen aus. »Jetzt wird hoffentlich alles gut. Ich glaube an dich. Du bist ein sehr starkes und tapferes Mädchen. Ich bin sehr beeindruckt, wie du kämpfst und für deine Rechte, als Mädchen zu leben, eintrittst.«

»Danke, Maja. Für alles.«

Behutsam nimmt sie meine Hand. Sie sieht ein bisschen traurig aus. »Morgen geht es wieder zurück. Vergiss nicht, dich mal zu melden.«

»Bestimmt nicht.«

Wir trinken noch den mittlerweile kalt gewordenen Tee zu Ende, schließen die Haustür ab und wünschen uns eine gute Nacht.

KAPITEL 2

Die Tagesklinik

ZURÜCK IN DEUTSCHLAND

Im Vergleich zu Italien ist es bei meiner Ankunft in Deutschland am Flughafen Köln-Bonn unangenehm kühl. Das stelle ich draußen auf dem schlecht ausgeschilderten Weg zum Bustransfer fest.

Als ich mit meinem Gepäck darauf warte, dass der Bus endlich eintrifft, betrachte ich die an mir vorbeigehenden, mürrisch dreinblickenden Ex-Urlauber. Wahrscheinlich sind sie nach ihrem ausgiebigen Urlaub im Süden genauso betrübt wie ich, die dunklen Wolken am Himmel aufziehen zu sehen.

Langsam bildet sich eine Menschengruppe vor mir. Ein Zeichen, dass der Bus sicher gleich kommen wird. Ich stelle mich dazu. Langsam geht auch mir das Warten auf die Nerven. Zum Glück kommt der Bus, bevor die ersten Regenwolken aufbrechen und sich auf die Straßen ergießen.

Ich verstaue mein Gepäck unter den Sitzen und mache es mir auf dem Fensterplatz bequem. Der Regen plätschert wie eine ungleiche Melodie gegen die beschlagenen Scheiben. Nun habe ich etwas Zeit, um mir die Skizze noch einmal anzugucken, die mir Maja in der Hektik am Morgen mit Buntstiften gemalt hatte. Ich hoffe inständig, dass ich die Notunterkunft mit dieser groben Zeichnung finde. Weit ist die Notunterkunft nicht vom Bahnhof entfernt, dennoch sind die bunt gemalten Straßen etwas verwirrend.

Um 16 Uhr erreichen wir das Endziel der Fahrt. Der Regenschauer hat sich gelegt und große Pfützen hinterlassen. Ich folge der rot gemalten Straße auf der Skizze, die durch die Beschriftung »Start« eindeutig den Beginn meiner Suche bedeutet. Ich gehe an den etlichen Dönerbuden und Fast-Food-Ketten vorbei, biege dann in die gelbe Straße ein, um anschließend in die orangefarbene Gasse zu gehen. Obwohl ich schon zwei Jahre in dieser Stadt wohne, kommen mir die vielen Abzweigungen und Wege wenig vertraut vor. Hoffentlich habe ich mich nicht verlaufen …

Ich gehe noch ein langes Stück, bis ich mich erschöpft auf meinem Koffer niederlasse. Meine Arme schmerzen vom Ziehen und Tragen des Gepäcks, und ich bin nervlich ein Wrack. So viel Neues kommt auf mich zu. Doch ich weiß, wofür ich das alles auf mich nehme. Ich rapple mich wieder auf und betrachte die improvisierte Karte genau. Ich befinde mich auf der lila Straße. Laut Maja muss das Ziel in der Nähe sein. Ich schaue mich gründlich um, bis ich ein verwittertes Gebäude entdecke und mir sicher bin, die Notunterkunft gefunden zu haben. Die Schrift auf der Eingangstür ist schon ganz verblasst. Aber bei genauerem Hingucken ist der Name einigermaßen lesbar. Hier ist es. Bei näherer Betrachtung wirkt das Haus ziemlich renovierungsbedürftig. Die einst grün bemalten Wände sind mit Graffiti vollgesprüht, und die angrenzende Straße ist mit Zigarettenstummeln überhäuft. Mein erster Eindruck ist ernüchternd. Die Fassade lässt nichts Gutes vermuten. Egal wie sehr ich mich davor scheue, die Klingel zu betätigen, ich muss es tun.

Dreimal drücke ich sie, bis eine Betreuerin mir die Tür öffnet und mich hereinbittet. »Du bist bestimmt Hannah.«

Da steht sie nun, mit ihren langen braunen Haaren, und wartet darauf, dass ich etwas entgegne. Ich murmele ein Ja durch meine zusammengepressten Lippen und nehme einen aufdringlichen Duft wahr.

»Ich bin Gabi. Komm mit, wir gehen ins Büro.«

Ich gehe dicht hinter ihr die Treppe hoch. Weil sich der Geruch immer noch nicht verflüchtigt, vermute ich ein schlecht ausgesuchtes Parfüm, das Gabi mit Überzeugung trägt.

»Setz dich bitte.«

Das Büro ist violett gestrichen. Ein altes Ledersofa, auf das ich mich setze, steht neben dem Regal, welches mit zahlreichen Akten und Ordnern vollgestellt ist.

Gabi zieht einen heraus und setzt sich neben mich. Sie blättert einige Male darin, bis sie anscheinend die richtige Seite aufgeschlagen hat. Das Haar streicht sie sich hinters Ohr und überfliegt das Geschriebene.

»Also, Hannah«, sagt sie, »laut dem Bericht des Jugendamtes hast du morgen um neun Uhr ein Aufnahmegespräch in der Tagesklinik. Weißt du, wie du dort hinkommst?«

Da muss ich nicht lange überlegen. »Vom Bahnhof aus kenne ich den Weg.«

»Okay.« Sie klappt den Ordner zu. »Wenn du magst, zeige ich dir dein Zimmer. Dann kannst du schon mal ein paar deiner Sachen auspacken und dich etwas ausruhen.«

»Ja, gerne.«

Gabi steht auf, streift ihren braunen Cordrock etwas glatt und legt den Ordner auf den chaotischen Bürotisch. Ihre schwarzen Stöckelschuhe mit dem Pfennigabsatz beleben die ruhigen und wenig einladenden Korridore. Hin und wieder sind vereinzelte Bilder aufgehängt, die mit bunten Farben und Sonnenaufgängen von dem grauen Alltag hier ablenken sollen. Bei mir sorgt jedoch all das für ein Gefühl des Unbehagens.

Gabi führt mich am Waschraum vorbei und weist mich flüchtig dazu ein. Einmal in der Woche, sagt sie, habe ich die Gelegenheit, meine Wäsche hier zu waschen und zum Trocknen aufzuhängen. Wir gehen noch eine Treppe hinauf, die unter unseren Schritten beunruhigend quietscht, sodass ich Angst habe, dass sich diverse Holzkäfer im Geländer eingenistet haben.

Schließlich kommen wir in der Mitte eines Korridors im zweiten Stock an. Die rustikale Tür des Zimmers steht bereits weit offen. Zu meiner Erschütterung ist dies kein Einzelzimmer, sondern ein miefender Raum mit insgesamt vier Stahldoppelstockbetten. Die großzügig geschnittenen Fenster sind zum Teil mit Taubenkot beschmutzt und der Boden ist mit getrocknetem Kaugummi übersät. Wenigstens ist keines der acht Betten in Benutzung.

»Im Moment hast du das Zimmer ganz für dich.« Nachdem sich Gabi das Haar aus ihrem Gesicht gestrichen hat, fährt sie fort: »Es kann sein, dass wir morgen neue Jugendliche bekommen und wir eine andere Lösung finden müssen.«

Ich kann ihr nicht ganz folgen. Aber ich bin viel zu geschafft, um ihre Aussage zu hinterfragen, die mich zum Grübeln hätte bringen sollen …

»Mach es dir bequem, aber nicht zu bequem. Wir wollen ja nicht, dass du später nicht mehr ausziehen möchtest.«

Ich schaue sie verwirrt an, lächle ihr dennoch scheu zu.

»Sorry. Wenn man schon so lange hier arbeitet wie ich, dann entwickelt man zwangsläufig einen eigenwilligen Humor.«

Ich weiß nicht, was ich darauf sagen soll. Deshalb sage ich einfach nichts und schleppe mein Gepäck in den Raum.

»Um sechs gibt es Abendessen. Bis später.« Gabi lässt die Tür offen, und so kann ich sie noch zwei Stockwerke tiefer mit ihren Stöckelschuhen hören.

Ich begebe mich zum Fenster. Ein geräumiger Stadtparkplatz mit ein paar vereinzelt gepflanzten Bäumen ist zu sehen. Die größeren Gebäude der Innenstadt überragen die kleineren und sind allesamt mit grellem Licht beleuchtet. Ich wende mich vom Draußen ab und suche mir das am saubersten aussehende Bett aus.

Womit ich nach alldem nicht gerechnet habe, ist, dass jedes Bettzeug nach Rosenblütenwaschmittel duftet und wie in einem renommierten Hotel fast faltenlos auf den Betten zurechtgezupft liegt. Ich nehme das obere Bett am Fenster. So habe ich einen guten Blick auf das Zimmer, und in der Nacht würden die Lichter der Stadt wie Sterne in meine Richtung leuchten. Zumindest mit viel Fantasie …

Die Uhr links neben dem Schrank zeigt 17 Uhr. Also habe ich noch etwas Zeit, mich nach der anstrengenden Reise frisch zu machen.

Mit meinen Duschutensilien gehe ich über den Flur ins Badezimmer, mit dem festen Vorhaben, die Dusche zu benutzen. Ich ekele mich ein wenig, als ich barfüßig über die kalten und gerissenen Fliesen hüpfe und die Duschtür hinter mir zuziehe. Wer weiß, wie viele hier schon drin standen.

Ich ziehe den Hebel hoch und lasse das warm werdende Wasser meine vielen Gedanken wegspülen …

*

Nass und nur mit einem Handtuch bedeckt, husche ich schnell wieder in das Zimmer. Auch wenn die Wahrscheinlichkeit gering ist, so will ich es dennoch nicht darauf ankommen lassen, ohne Oberweite gesehen zu werden. Ich drücke die Tür fest hinter mir zu, setze mich auf das Bett unter meinem und mache mich trocken. Den Gel-Push-up-BH, der meine flache Brust wie einen vollen A-Cup aussehen lässt, ziehe ich hastig wieder an. Ohne diesen fühle ich mich einfach unwohl, oder anders ausgedrückt: unweiblich.

Aus meinem Koffer suche ich mir eine neue Jeans und einen Pullover aus leichtem Stoff, den ich mit Maja zusammen in Perugia gekauft habe, und stelle mich mit meinem noch immer nassen Haar vor den Spiegel. Weil die Haarspitzen etwas splissig sind, verzichte ich auf das Föhnen und rubble sie noch einige Zeit mit dem Handtuch weitestgehend trocken.

»Essen!«, hallt es durch das Treppenhaus.

Ich kämme meine Haare noch schnell durch und laufe geräuschvoll die Treppenstufen hinunter. Gabi sitzt bereits am gedeckten Tisch, der für zehn weitere Personen Platz bietet.

Ich setze mich auf den gegenüberstehenden Stuhl und blicke auf das nahrhafte Angebot.

»Greif zu«, sagt sie und hält mir den Brotkorb hin.

Die ersten Minuten vergehen schweigsam. Ich habe solch einen Hunger, dass ich mich ganz auf das Essen konzentriere.

Mmh, ein leckeres Nutellatoast, dazu ein kühles Glas Orangensaft und die Gesellschaft einer sympathischen Betreuerin.

»Du Gabi, sag mal, wie läuft das hier alles eigentlich?«

»Also, jeden Tag haben drei verschiedene Betreuer Dienst. Einer für die Morgenschicht, ein weiterer kommt am Mittag und bleibt

56

dann meistens bis zum Abendessen. Der dritte Betreuer hat dann Nachtdienst und wird am nächsten Tag vom Frühdienst abgelöst.«

»Das heißt, ihr schlaft auch hier?«, frage ich sie.

»Denkst du, wir lassen die Jugendlichen unbeaufsichtigt?«

»Und wie lang bleiben die meisten?« Eine Frage, die mich sehr beschäftigt.

»Viele bleiben nur wenige Wochen. Andere wohnen bis zu drei Monaten hier.«

Ich muss schlucken. »Drei Monate!« Meine Stimme klingt piepsig. Wie immer, wenn ich mir Sorgen mache. Ich stelle mir zwangsläufig vor, wie ich 90 Tage mit sieben womöglich komplizierten oder sogar aggressiven Persönlichkeiten auf engem Raum zusammenleben muss.

»Es kommt darauf an, wie schnell das Jugendamt einen passenden Heimplatz oder eine andere Unterbringung findet. Das geht mal schneller und mal nicht so schnell.«

Ist das wieder ihr »Humor«, der sich zwischen den Worten versteckt?

»Mach dir mal nicht so viele Gedanken«, sagt Gabi leicht tröstend.

»Ich möchte einfach, dass diese Herumschieberei aufhört. Ich bin kein Gepäckstück.« Meine Stimme ist gedrückt. »Ich möchte einfach einen Platz finden, an dem ich akzeptiert werde und so sein kann, wie ich bin.«

»Das kann ich gut nachvollziehen.« Gabi schaut mich lange an. »Weißt du was? Wie wäre es, wenn wir, nachdem wir den Tisch abgedeckt haben, eine Runde Karten spielen?«

»Klingt gut.«

»Dann packst du die Lebensmittel wieder in den Kühlschrank zurück und ich räume das Geschirr in den Geschirrspüler.«

Nachdem wir fertig zu Abend gegessen haben, erledigen wir die aufgeteilten Aufgaben. Während Gabi mit dem Einräumen beschäftigt ist, wische ich noch einem Lappen über den vollgekrümelten Tisch.

»Wie ist es eigentlich, in so einer Einrichtung zu arbeiten? Ich kann mir vorstellen, dass es nicht immer einfach ist.«

»Ich spiele regelmäßig Lotto. Wenn ich irgendwann nicht mehr komme, dann weißt du Bescheid«, sagt sie augenzwinkernd.

Weil ich früher als sie mit meinen Aufgaben fertig bin, bittet sie mich, ein Kartenspiel meiner Wahl aus der Regalschublade zu holen. Während ich das Mau-Mau-Kartenset austeile und Gabi dabei beobachte, wie sie auf den Geschirrspüler einzureden beginnt, fällt mir ihre kecke und aufgeschlossene Art immer mehr auf.

»Was ist dein Problem?«, raunzt sie die widerspenstige Maschine an. Sie ist ungewollt wirklich amüsant. Endlich hat sie es geschafft, die richtigen Knöpfe zu drücken.

»Bereit zu verlieren?«, fragt Gabi mit einem überdrehten Pokerface.

»Von wegen«, kontere ich und setze die erste Karte.

Ich warte auf ihren Zug und weiß, dass dies noch ein lustiger und spannender Abend werden wird ...

Montag, 27.09.2004

ERSTER TAG IN DER TAGESKLINIK

Gegen neun Uhr begrüßt mich Herr Eschelfeld vor der Eingangstür der Tagesklinik. Er scheint mir etwas klein gewachsen. Der Grund, warum er stets mit kerzengerader Brust und bemüht breitschultrig vor mir hergeht. Zumindest interpretiere ich seine Körpersprache so. Während er mir erklärt, dass die für mich zuständige Oberärztin Frau Kreuz das Erstgespräch um wenige Stunden verschieben muss, wendet er seine trüben blauen Augen kein einziges Mal ab. Wahrscheinlich versucht er, etwas Markantes, Männliches in meinem Gesicht zu finden. Als wir im Aufenthaltsraum ankommen, nimmt er seinen aufdringlichen Blick schließlich von mir. Es scheint, als hätte er nicht gefunden, wonach er gesucht hat.

»Das ist der Aufenthaltsraum.« Mit einer ausschweifenden Geste seiner Hände, die sich nur schwer beschreiben lässt, zeigt er mir alles Wichtige dieses Raumes. Es ist alles zur Beschäftigung vorhanden, um sich die freie Zeit zwischen Therapie und Essen zu vertreiben. Auch wenn ich bezweifle, dass sich jemand tatsächlich für diese fast schon antiken Bücher und Brettspiele interessiert. Die große, gut bepflanzte Terrasse ist das Nächste, in das mich Herr Eschelfeld explizit einweist.

»Versuch, sie zu öffnen!«, fordert er mich auf.

»Abgeschlossen«, stelle ich fest, nachdem ich den Türöffner in alle möglichen Richtungen gedrückt und vergeblich daran gezogen habe. Wissend nickt er. »Die Balkontür ist immer verschlossen und der Balkon für Patienten nicht betretbar.«

»Warum?«, frage ich ihn.

Prompt erhalte ich eine Antwort, und sein Tonfall verrät seine Verwunderung, dass ich nicht selbst darauf gekommen bin. »Wir haben viele Patienten, die suizidal sind und auch schon versucht haben, sich das Leben zu nehmen. Wenn die Terrasse für jedermann offen stünde, wäre es ja nur noch eine Frage der Zeit …« Vielsagend lässt er die letzten Worte unausgesprochen, und ich überlege, wie unglücklich man doch »stürzen« müsse, um bei einer schwindelerregenden Höhe von geschätzten 1,60 Meter zu sterben. Aber alles ist möglich …

Abrupt wendet er sich von der Aussicht ab, welche die Terrasse bietet, und begibt sich in den Essensraum, den ich auch ohne Einführung erkannt hätte. »Die Küche.« Ein kurzes, aber unangenehmes Schweigen, während er mich erwartungsvoll anschaut und sein grün kariertes Kragenhemd in seine schwarze und eng anliegende Hose steckt.

»Wirklich sehr schön. Sieht alles so neu aus.« Ich bereue die Aussage schnell.

Ein minutenlanger Vortrag beginnt, wie er zusammen mit den Patienten diesen Raum neu gestaltet hätte. Wie sie Schränke und

Stühle, Tische und alles Erwähnenswerte gekauft hätten, was eine moderne Küche seines Erachtens bieten solle. Auch auf die gezeichneten Bilder von ehemaligen Patienten weist er mich hin, die ausdrucksstark an den Wänden hängen und auf denen abstrakte Sommerwiesen und farbintensive Sonnenuntergänge abgebildet sind. Mit sorgsamem Abstand zueinander wurden sie angebracht, um die Individualität des Einzelnen nicht zu stören, und bilden nun einen angenehmen Kontrast zum zitrusfarbenen Tapetenstrich.

Lautes, näherkommendes Getuschel lässt uns aufhorchen. »Das sind die anderen Patienten. Die kommen gerade von der internen Förderschule.«

Etwas nervös bin ich schon, als acht Jugendliche, Mädchen und Jungen, durch den Aufenthaltsraum gehen und die Küche betreten. Mit auf mich gerichteten fragenden Blicken nimmt ein jeder seinen Platz ein.

»Habe ich einen Hunger«, höre ich ein Mädchen durch ihre zugepressten Lippen nuscheln. Ihre auffälligen Piercings im Nasen- und Mundbereich wecken meine Aufmerksamkeit, und ich merke schnell, dass meine neugierigen Blicke ihr unangenehm sind. Dennoch lässt mich die Frage nicht los, wie schmerzhaft jeder einzelne Stich durch Knorpel und Fleisch sein muss.

Ehe ich mich weiter mit interessanten Gesichtern und modischen Stilen beschäftigen kann, unterbricht Herr Eschelfeld meinen inneren Monolog und sagt: »Das ist Hannah, eine neue Patientin.«

Überflüssigerweise weist er dazu mit beiden Händen in meine Richtung und macht somit deutlich, dass ich die Neue bin. Die stechenden Blicke der anderen lassen einen kleinen Schauer über meinen Rücken laufen, und ich muss mir eingestehen, dass ich Angst habe. Was, wenn einer von den Jugendlichen einen Verdacht schöpft? Sehe ich männlich aus? Soll ich schüchtern lächeln oder einfach lieber den Mund halten und hoffen, dass niemand etwas sagen würde? Kein Spiegel ist angebracht worden, an dem ich hätte feststellen können, wie männlich ich in diesem Augenblick vielleicht ausschaue. Ein wichtiges Utensil, an das Herr Eschelfeld bei seiner Raumgestaltung nicht gedacht hatte.

Zu meiner Erleichterung höre ich ein im Kanon klingendes Hallo und ich erwidere es mit einer eher kleinlaut ausfallenden, etwas heiseren Begrüßung. Die Nervosität hatte mir sämtlichen Speichel geraubt.

»Setz dich am besten neben Annika. Macht bitte etwas Platz, damit er sich zu euch setzen kann.«

Ein Schauer, heiß und kalt, läuft mir erneut den Rücken runter. Hat Herr Eschelfeld tatsächlich »er« gesagt?

Ich schaue in die Gesichter der Mädchen und Jungen, die ungeachtet des kleinen grammatikalischen Unterschieds auf ihre Teller starren und auf die Ankunft des Mittagessens warten. Vielleicht habe ich noch einmal Glück gehabt? Dennoch, mir ist sehr mulmig zumute.

Ein lautes und unangenehmes Piepen wie das eines Feuermelders tönt durch den Raum. Ich sehe, wie Herr Eschelfeld ein viereckiges graues Elektrogerät aus seiner linken Hosentasche zieht und ausknipst, nach kurzem Draufschauen wieder an seinem vorgesehenen Platz verstaut und schließlich zu mir aufschaut.

»Das war Frau Kreuz. Sie hat mich gerade angepiepst. Sie hat jetzt Zeit.«

*

Er führt mich aus der Küche bis zum Ende des Flurs, wo ich am Morgen vergeblich auf sie wartete. Durch die Glastür zeigt er auf eine Tür und macht auf seine Art verständlich, dass dies Frau Dr. Kreuz' Büro ist. Bevor er zurück in die Küche geht, nehme ich all meinen Mut zusammen und sage leise, damit niemand anders mich hört, und gerade noch laut genug, um sein Gehör zu finden:

»Herr Eschelfeld.«

Er dreht sich wieder zu mir. Nur mühsam kann ich meine Aufregung unterdrücken und bemühe mich um ruhige Nüchternheit.

»Warum haben Sie in der Küche ›er‹ zu mir gesagt?«, frage ich und bin auf seine Antwort mehr als gespannt.

Meines Erachtens denkt er etwas zu lange über eine Antwort nach. Aber vielleicht muss er sich meiner Frage erst einmal bewusst werden.

»Das habe ich gar nicht bemerkt«, sagt er verwundert. »Ich werde darauf achten.«

Insgeheim habe ich eine Ahnung, dass dies nicht die letzte Auseinandersetzung zu diesem Thema sein würde. Dennoch will ich einfach glauben, von ihm von nun an als Mädchen gesehen zu werden.

Jetzt aber will ich mich auf das Gespräch mit Frau Kreuz einstellen und nicht mehr über den unangenehmen Vorfall nachdenken. Zaghaft klopfe ich dreimal an der Tür und warte, bis mir eine brünette und einen Kopf größere Frau vermutlich Ende 30 die Türe öffnet und mich freundlich hereinbittet.

»Setz dich, bitte«, sagt sie und rückt mir einen gut gepolsterten Stuhl zurecht.

Auch Frau Kreuz setzt sich, nachdem sie eine Akte von ihrem Schreibtisch genommen und vor sich auf dem runden Glastisch aufgeschlagen hat. Ein kurzes Schweigen. Dann blickt sie mich an. Ihr strenger Haarzopf regt sich kaum. Auch bleibt ihre Miene beim Sprechen weitestgehend regungslos.

»Wie dir wahrscheinlich bereits mitgeteilt wurde, wird eine dreiwöchige Beobachtungs- und Therapiezeit hier bei uns in der Tagesklinik stattfinden. Das heißt, sollten wir innerhalb dieser Zeit einen ausgeprägten Transsexualismus feststellen, so wird dir eine Behandlung mit pubertätshemmenden Medikamenten zugesagt. Das Jugendamt sowie dein Vater wurden von mir explizit darauf hingewiesen, dass, falls wir einer Behandlung zustimmen, diese auch zum Wohle des Kindes durchzuführen ist.«

»Okay«, sage ich kurz und leise. Offenbar habe ich meine Stimme noch nicht ganz wiedergefunden.

»Gut. Hast du irgendwelche Fragen?«

Ich schüttle verneinend den Kopf.

»Dann folge mir bitte ins Untersuchungszimmer.«

Irritiert gehe ich ihr durch eine Zwischentür in ihrem Büro nach. Inwiefern soll ich untersucht werden? Mir ist etwas flau im Magen, als sie mich bittet, auf der Liege Platz zu nehmen.

Frau Kreuz wendet sich von mir ab. Von dem Tisch vor ihr entnimmt sie Einweghandschuhe aus einer Verpackung und zieht diese über. Aus einer Schublade des Medizinschrankes nimmt sie sich einen Reflexhammer und dreht sich schließlich wieder zu mir.

»Ich werde deine Reflexe prüfen«, sagt sie zu mir und legt sich den Knüppel in ihrer Hand zurecht.

Beim ersten Schlag auf meinen rechten Knöchel passiert nichts. Erst als sie etwas fester dagegen klopft, springt mein Schienbein reflexartig auf und streift ihren weißen Arztkittel an der Schulter.

»Entschuldigung.« Verlegen schaue ich sie an.

»Das war eine gute Reaktion. Kein Grund, sich zu entschuldigen.« Sie lächelt mich durch ihren festen Gesichtsausdruck an und beginnt, die Übung am linken Knöchel zu wiederholen.

»Deine Reflexe scheinen alle intakt zu sein.« Frau Kreuz legt den Knüppel wieder zurück in die Schublade und präpariert etwas, was ich von der Liege aus nicht sehen kann.

»Welcher Arm?«

Ich schlucke.

»Muss das sein?«, frage ich sie, obwohl ich die Antwort bereits weiß.

Sie nickt etwas amüsiert. Womöglich hat sie öfter mit Patienten zu tun, die keine Lust haben, von ihr »ausgenommen« zu werden.

Mit verzerrtem Gesicht halte ich ihr meinen linken Arm hin und hoffe auf einen milden Einstich. »Bitte machen Sie schnell«, flehe ich wehleidig und verziehe mein Gesicht schmerzvoll, als die ungewöhnlich lange Nadel durch meine Haut und in eine der vielen Adern in meinem Arm eindringt.

»Schon vorbei. Bitte feste drücken.«

Während ich das Wattepad auf die Einstichstelle drücke, beschriftet Frau Kreuz fleißig die mit Blut gefüllten Röhrchen und legt sie in eine Schale. Anschließend entsorgt sie die benutzte Nadel ordnungsgemäß und wechselt die Handschuhe erneut, was mir recht in der Annahme gibt, dass die Untersuchung immer noch nicht vorbei ist.

»Dann kommen wir jetzt zur letzten Untersuchung.«

»Endlich«, flüstere ich leise und freue mich, dass ich gleich etwas essen kann, denn das Mittagessen müsste bereits aufgetischt worden sein.

»Zieh dich bitte einmal komplett aus.«

Was? Ist das ein Witz? Das ist ganz sicher ein Witz!? Zumindest hoffe ich, dass dies einer dieser humorlosen Ärztewitze ist.

»Das muss leider auch gemacht werden«, sagt Frau Dr. Kreuz zu mir.

Ich ziere mich ungemein.

»Es ist nicht angenehm, ich weiß. Aber es ist nun mal so.« Ihr Versuch, mir die Angst zu nehmen, bleibt erfolglos.

»Tut mir leid, das mache ich nicht«, gebe ich zur Antwort und stehe von der Liege auf.

»Warum nicht?«

Ich ringe mit mir. Fühle mich von mir selbst gehemmt, es auszusprechen. Dennoch, mir bleibt nichts anderes übrig. Ich fokussiere den Spiegel hinter ihr und schaue mich selbst dabei an, während ich die Worte ausspreche: »Ich ekele mich vor mir selbst. Ich ekele mich vor diesem Ding in meiner Hose. Ich ekele mich vor dem, was ich im Spiegel sehe.«

Mitfühlend legt Frau Kreuz ihre Hand auf meine Schulter, und ihr Gesicht lockert sich ein bisschen auf und lässt eine Regung zu. Die Worte stecken tief in meinem Hals fest und sind kaum auszusprechen.

»Ich sehe im Spiegel immer das Gesicht eines Jungen. Den Körper eines Jungen. Ich bin in diesem Körper, aber ich bin das nicht.

Ich merke die Blicke von Passanten, die mich anschauen, als ob ich ein Mensch zweiter Klasse bin. Ich fühle mich so ausgestoßen und unerwünscht.« Mehr kann ich nicht mehr ertragen. Die Tränen strömen nur so über mein Gesicht, und ich schluchze bitterlich.

»Das tut mir sehr leid.«

Ich versuche, mich langsam wieder zu beruhigen. »Darf ich für heute vielleicht wieder zurück in die Notunterkunft? Das ist alles heute einfach zu viel«, frage ich mit zittriger Stimme.

»Ausnahmsweise ja. Ruh dich etwas aus.« Verständnisvoll begleitet sie mich zur Tür und verabschiedet sich stillschweigend.

*

Ich klingele dreimal, bis Gabi mir die Tür öffnet. »Du bist schon da? Komm rein.« Beim Betreten der Treppe höre ich einige Stimmen wild durcheinanderreden. Ich wundere mich und spreche Gabi darauf an.

»Es sind heute Morgen vier neue Mädchen eingezogen. Deshalb bin ich auch noch hier. Eigentlich hätte ich schon seit einer halben Stunde Feierabend«, sagt sie, sichtlich müde vom Nachtdienst.

»Komm, weiter hoch.«

Ich bin irritiert, als ich im zweiten Stock, wo mein Zimmer ist, stehen bleibe und Gabi mich winkend weitere zwei Etagen bis zum Dachgeschoss führt. Leicht außer Atem öffnet sie die Tür eines Zimmers, welches das einzige hier oben zu sein scheint.

»Was machen wir hier?« Ich schaue mich ein wenig um.

»Und warum stehen mein Koffer und meine Tasche in diesem Zimmer?« Eigentlich kann ich mir die Antwort schon denken, aber ich warte auf die Gewissheit von Gabi.

Sie steht mit dem Rücken zu mir am Fenster, zieht die dunkel gestreiften Vorhänge auf und lässt die blendende Sonne herein.

»Wir mussten die Mädchen im großen Zimmer unterbringen, weil die Doppelzimmer im Moment nicht bezugsfertig sind.« Sie dreht sich zu mir, und ich nicke ihr zu.

»Aber ich hätte doch in dem Zimmer bleiben können. Mit den Mädels.«

Langsam tastet sich Gabi durch das kleine Zimmer und streicht mit ihrem Zeigefinger über eine der Regalplatten. »So hatten wir das auch geplant.«

»Aber …«, führe ich ihren Satz fort, denn es droht eine unbehagliche Unterbrechung, die ich zu verhindern versuche.

Schließlich fährt sie fort: »Aber unser Chef, Dieter, den wirst du übrigens auch noch im Laufe der Zeit kennenlernen, hielt es für unangebracht, euch zusammen in ein Zimmer zu lassen.«

Ich setze mich auf die unbenutzte Bettwäsche und drücke meine Hände fest hinein. Damit versuche ich, die aufkommende Traurigkeit abzuleiten. Denn ich weiß, dass Gabi noch nicht fertig mit ihrer Erklärung ist. Ich warte und klammere die aufkommende Unruhe aus meinen Gedanken. Jedenfalls bis sie das Zimmer verlassen würde.

»Mädchen und Jungen dürfen in dieser Notunterkunft nicht zusammen in einem Zimmer schlafen. Da du körperlich noch ein Junge bist, hielt Dieter es für das Beste, wenn du erst mal ein Einzelzimmer bekämest.« Gabi schaut mich an, und ich lächele ihr, so authentisch ich kann, zu. Leider nicht überzeugend genug, denn sie beginnt einen Aufmunterungsversuch.

»So schlecht ist ein Einzelzimmer gar nicht. Immerhin hast du deinen Freiraum und musst keine Rücksicht auf deine Zimmergenossen nehmen. Viele würden sich ein Zimmer für sich alleine wünschen.«

»Ich tausche gerne«, sage ich und halte dabei standhaft die Tränen zurück.

»Ich lass dich dann mal in Ruhe ankommen.« Gabi merkt, dass ein weiterer Versuch scheitern würde, und schließt die Tür leise hinter sich. Da sitze ich nun. Wieder einmal vollkommen isoliert und allein. Das Zimmer bietet nur spärlich Platz, und ich würde sicher nicht all meine Kosmetika und Klamotten in die dafür vorgesehene Kommode und in das Regal bekommen. Aber wie Gabi schon sagte, vielleicht ist es auch besser, mich nicht allzu heimisch zu fühlen, denke ich traurig.

Ich schlucke den Gefühlskloß in meinem Hals erneut hinunter und hoffe, dass die nächsten Tage und Wochen schnell vergehen würden und endlich der Tag kommt, an dem sich einiges ändern wird.

Samstag, 16.10.2004
ICH HABE ANGST

Nachdenklich sitze ich auf einer morschen Holzbank in einem Park außerhalb der Stadt und sehe den Blumen beim Wachsen zu.

Sie haben nur eine kurze Verweildauer, bis sie wieder verblühen, und ich hoffe, dass ich länger durchhalte. Die in mir aufsteigende Angst vor dem Einsetzen der männlichen Pubertät bringt mich an den Rand der Verzweiflung! Ich nippe an dem warmen Bier in meiner Hand, das ich mir mal wieder am Kiosk gekauft habe, und betrachte sie anschließend ausgiebig. Noch haben meine Hände eine akzeptable Größe. Doch bald werden auf den noch schmalen Handrücken Haare sprießen, und die Länge meiner Finger wird sicherlich enorm zunehmen. Wie soll ich denn damit zurechtkommen? Als Frau dicke, lange und behaarte Pranken zu haben. Eine Vorstellung, wie ich sie in meinen schlimmsten Träumen schon gesehen habe. Noch sind meine Hände weich und haarlos. Zumindest soweit mein allmählich trüber Blick dies noch erkennen kann. Warmes Bier in der Mittagshitze … verfehlt seine Wirkung nicht: Ich fühle mich so leicht wie ein Heliumballon, doch die seelische Last ist zu schwer, um mit dem warmen Wind mitzufliegen. Also genehmige ich mir noch einen Schluck und hoffe, mich durch den Alkohol etwas besser zu fühlen.

Es sind ja nicht nur die Hände, die mir Kopfzerbrechen bereiten. Betrachten wir die Füße. Verflixt, ich kriege Schluckauf vom zu schnellen Trinken.

Meine Füße: unauffällig, schmal, haarlos, weich, mit recht ansehnlichen Zehen. Noch, denn aus meiner Schuhgröße 38/39 werden durch das von mir gehasste Testosteron auf längere Sicht zwei dicke Klumpen entstehen, die in keine Damenschuhe mehr reinpassen. Verzweifelt genehmige ich mir einen weiteren Schluck Bier. Wie heißt es noch gleich? »Ein Schluck am Morgen vertreibt Kummer und Sorgen.«

Na ja, mittlerweile ist es Mittag und die Flasche halb leer …

Mit 14 Jahren trinke ich Bier, schon öfter mal. Am Kiosk um die Ecke kriegt man alles! Entweder bin ich richtig cool mit der Bierflasche an meinem Mund, oder zutiefst verzweifelt. Da ich noch nie zu den Coolen gehört habe, muss es wohl das Zweite sein. Ich lasse dem inneren Leid freien Lauf:

Ich will nicht männlich werden. Ich habe so furchtbare Angst! Angst, dass mir die Zeit davonläuft, als normales Mädchen durchzugehen. Dass mein Gesicht männliche Züge annimmt und ich, egal wie viele Operationen ich machen lassen würde, immer ein wenig zu männlich ausschaue. Im Moment wirke ich glücklicherweise noch ziemlich androgyn bis weiblich. Aber alles könnte sich schneller als gedacht verändern. Meine Figur wird durch den Hormonschub muskulöser, die Haut rauer, die Behaarung würde beginnen. Wie soll ich das als innerliches Mädchen ertragen? Ein normales Leben scheint nicht mehr möglich, falls meine schlimmsten Befürchtungen eintreffen würden. Die Stärke besitze ich nicht, um mein ganzes Leben mit dieser Last zu leben, nie ganz Frau werden zu können, mit diesem Körper!

Mir wird ganz schwindelig. Ob es am steigenden Alkoholpegel liegt oder an den überwältigenden Sorgen um meine Zukunft? Ich weiß es nicht …

In einem großen Zug trinke ich den Rest Bier aus. Ich schließe die Augen, und alles um mich herum wird dunkel. Alles um mich herum ist still. So stelle ich mir die Zukunft vor. Ein endloses, schwarzes Nichts, gefüllt mit Selbsthass, Diskriminierung,

Hoffnungslosigkeit, Einsamkeit, Nichts. Aber vielleicht ist es nur ein böser Traum, aus dem ich bald aufwache, und alles wendet sich noch zum Guten. Doch werde ich dann nicht bereits am Abgrund stehen und wird es dann nicht zu spät für mich sein? Ich kann nicht anders, ich muss weinen.

Sonntag, 17.10.2004

WENN ES DUNKEL IST

Ich sitze am Fenster meines Zimmers und meine Situation erscheint mir nahezu aussichtslos. Ich schreibe über die Angst, dass ich mein Ziel niemals erreichen werde, und über den Verlust meiner Mutter, der noch immer so wehtut.

Wenn das Licht aus ist
Und du nicht hier bist
Wart ich auf dich
Dass du heut Nacht kommst

Deine Herzlichkeit
Deine Ehrlichkeit
Gibt mir die Kraft
All das durchzustehen

Wo ich auch bin
Alles, was ich weiß
Hilft mir nicht
Mich selbst zu finden

Ich bin wieder hier
An diesem fremden Ort

Ich bin hier
Aber du bist längst schon fort

Die Wände steil hinauf
Halt mich niemals auf
Du bist ein Teil des Glücks
Doch du kommst niemals mehr zurück

Du lässt mich traurig sein
Ich fühl mich ganz allein
Oh mein Herz
Will nur zurück zu dir

Wo ich auch bin
Alles, was ich kenn
Hilft mir nicht
Mich zu verstehn

Montag, 18.10.2004
ICH BEKOMME DIE SPRITZE

Es ist früh am Morgen. Ich liege in meinem Bett, die Augen gebannt auf die Funkuhr gerichtet. Mit einem lauten Piepen reißt sie mich aus der Starre, und ich kneife meine Augenlider fest zusammen. Noch etwas verschlafen trample ich ungeschickt über benutzte Socken und farbenfrohe Oberteile, die ich in den vergangenen Tagen anhatte, bis ich schließlich den Kleiderschrank erreiche.

Groß ist mein Zimmer nicht, doch mit all den Sachen auf dem Boden dauert alles etwas länger. Mit einem flüchtigen Blick auf die Uhr greife ich nach einem sauberen Pullover und einer mittlerweile verblassten Jeans, ziehe mich hastig an und binde meine Haare zu einem Zopf zusammen. Schnell noch Zähne putzen.

Nachdem ich mich für einen neuen Tag zurechtgemacht habe, ziehe ich die besprayte Tür der Notunterkunft hinter mir fest zu und gehe eilig zur U-Bahn-Station. Drei Haltestellen später steige ich aus, genieße auf dem Weg zur Klinik die wenigen warmen Sonnenstrahlen und atme zur Entspannung tief ein und wieder aus. Heute ist der große Tag. Ich bekomme nun endlich meine erste Injektion zur Hemmung der Pubertät.

Ich gehe die Treppen hoch ins zweite Obergeschoss, melde mich im Sekretariat an und setze mich auf Wunsch der Sekretärin in das menschenleere Wartezimmer. Meinen Kopf lehne ich an die kahle Wand, die Augen noch schwer vom Schlaf. Ganz in Gedanken sinne ich über die vergangenen Wochen nach.

Seit meiner Rückkehr aus Italien besuche ich nun jeden Tag die Tagesklinik mit integrierter Schule. Nach einer elendig langen dreiwöchigen Beobachtungszeit und Verhaltenstherapie befürwortete Frau Dr. Kreuz endlich eine Medikation. Zuvor musste sie noch meinen Vater überzeugen, der dem weiteren Therapieverlauf sehr skeptisch gegenüberstand. Aber Frau Dr. Kreuz machte ihm unmissverständlich klar, dass dies der einzig richtige Weg war. Schließlich willigte er mit leichtem Restunbehagen ein, denn er wollte nichts falsch machen. Somit stand der Behandlung nichts mehr im Wege, und die schreckliche Angst vor der Vermännlichung würde nun endlich von mir abfallen.

Mit einem etwas zu festen Händedruck begrüßt mich Dr. Meier, Urologe und der für die noch selten eingesetzte Behandlung mit pubertätshemmenden Mitteln bei Kindern und Jugendlichen zuständige Arzt. Mein Therapeut hatte mir den Arzt empfohlen, da er viel Erfahrung im medizinischen Bereich der Transsexualität hat und schon viele transsexuelle Erwachsene behandelt hat. Ich bin allerdings die erste Patientin, bei der er die Pubertät stoppen würde, bevor sie überhaupt beginnt. Aber in meiner näheren Umgebung gibt es niemand anderen, der sich mit dieser Materie zumindest theoretisch einhundertprozentig auskennen würde. Also vertraue ich ihm, denn er hat mir versichert, dass er sich im Laufe seiner bislang zehnjährigen Karriere als Arzt und Urologe genug Wissen angeeignet hätte. Ich erwidere die Begrüßung des Arztes und folge ihm in den Behandlungsraum. Als der Arzt sich kurz abwendet, puste ich auf meine leicht pulsierende Handoberfläche. Sein Händedruck bestärkt meine Annahme, dass er äußerst selbstbewusst ist.

»Bitte einmal die Hüfte frei machen.«

Ein wenig gehemmt öffne ich die Knöpfe der Jeanshose und lege mich auf die Liege. Mein Blick ist von der Spritze abgewandt. Ich habe schon immer ein schwieriges Verhältnis zu Spritzen gehabt und würde dieses sicher nicht allzu schnell ablegen. Denn Stiche bleiben Stiche, und die schmerzen nun einmal immer.

Als die Nadel in die Haut eindringt, zucke ich kurz zusammen.

Die Flüssigkeit dringt durch den Muskel und bahnt sich einen Weg zu den Testosteronhormonen, um diese daran zu hindern, meinen Körper zu vermännlichen. Ich spüre einen unangenehmen Druck an der Einstichstelle. Ich bin sichtlich erleichtert, als der Arzt die Stelle mit einem Pflaster abdeckt und ich die Hose wieder anziehen darf.

»Dann sehen wir uns in vier Wochen wieder.« Mit einem erneut festen Händedruck verabschiedet sich Dr. Meier und führt mich aus dem nach Desinfektionsspray riechenden Behandlungsraum.

Ich fühle mich etwas abgefertigt. Der Termin, auf den ich so viel Hoffnung setzte, ist in weniger als drei Minuten vorbei gewesen. Er hat mich nicht einmal gefragt, wie es mir geht, oder wenigstens Interesse gezeigt. Auf dem Weg nach draußen begutachte ich leicht benommen meine Hand und muss feststellen, dass ich nicht weiß, ob die Injektion oder meine Hand mehr schmerzt.

*

Ich mache mich auf den Weg zur Schule. Ich habe vier Stunden Unterricht an diesem Tag. Heute jeweils zwei Doppelstunden Mathematik und Geschichte. Ich bin keine große Mathematikerin, deshalb freue ich mich, als die lästigen Algebrastunden sich dem Ende nähern und der Geschichtsunterricht wenig später beginnt.

Das Tagebuch der Anne Frank. Diesen Film schauen wir heute und ich sehe gebannt auf den Bildschirm, verfolge die Geschehnisse und mache mir hin und wieder ein paar Notizen in mein Heft, das auf meinem Tisch ausgebreitet darauf wartet, beschrieben zu werden.

Als die schrillen Glockentöne das Ende des Schultages einläuten, packe ich meine Sachen in die Schultasche zurück und beschließe, einen kleinen Umweg durch den Klinikpark zu machen. So habe ich Gelegenheit, in Ruhe über die bewegenden Eindrücke des Films nachzudenken.

Die massive Glastür der Tagesklinik fällt mit einem dumpfen Laut zurück ins Schloss, der durch den ganzen Flur hallt. Ich lege meine Tasche ab, hänge die schwarze Daunenjacke an den vorgesehenen Haken und eile etwas verspätet in den Speiseraum.

Die Patienten der Tagesgruppe haben mit dem Mittagessen längst begonnen, und ich setze mich so geräuschlos wie nur möglich auf meinen Platz, um die anderen nicht unnötig zu stören.

Es gibt Gemüselasagne. Eigentlich eines meiner Lieblingsgerichte, doch die kross gebackenen Lasagneplatten und die versalzene Sauce verderben nicht nur mir den Appetit. Wieder mal ein Mittag, der mit einem Hungergefühl im Bauch vergeht.

Es ist gegen 14 Uhr, als eine Frau mit langen roten Haaren den Aufenthaltsraum betritt.

»Hat jemand von euch einen Dennis gesehen? Ich suche einen Dennis. Wenn er hier auftauchen sollte, sagt ihm bitte, dass auch er am Sportunterricht teilnehmen muss. Danke.« Schwungvoll wirbelt sie ihre rote Mähne herum und verschwindet wieder, so schnell wie sie gekommen ist.

»Wer ist dieser Dennis? Gestern hat die auch schon nach dem gefragt. Wer ist das?« Melanie, ein etwas extrovertiertes Mädchen in meinem Alter, schaut fragend in die Runde.

»Keine Ahnung, Mann«, gibt Gregor, ein ruhiger und sehr muskulöser Junge mit Getto-Slang, zur Antwort.

Melanie springt ruckartig von der Couch. »Dann werde ich mal den Herrn Eschelfeld fragen. Der muss es ja wissen.«

Unbemerkt folge ich ihr und halte sie kurz vor dem Büro der Sozialpädagogen zurück. »Warte mal.«

Ich vergewissere mich, dass niemand anders uns hören kann. »Bitte frag nicht.«

»Warum nicht? Ich will wissen, wer dieser Dennis ist.« Melanies Stimme füllt die Leere des Flurs.

»Okay, okay. Ich sage es dir. Ich bin Dennis, zumindest im weitesten Sinne.« Nervös blicke ich auf den Boden und warte auf eine Reaktion.

»Oh. Das versteh ich nicht. Du bist doch ein Mädchen.«

»Ein transsexuelles Mädchen, um genau zu sein. Aber ich erklär dir alles gleich beim Ausflug, einverstanden?« Meine Stimme ist nicht lauter als ein Flüstern.

Mit einem großen Fragezeichen im Gesicht nickt Melanie mir schließlich zu.

*

Der späte Nachmittag bricht an. Die Sonne scheint sich allmählich vom Tage zu verabschieden, und die Gruppe der Tagesklinik macht sich auf den Rückweg.

Während des Ausflugs im nahe gelegenen Park genießen wir die Natur mit ihren stämmigen Bäumen und deren prächtigen Kronen, die stolz den Weg säumen. Zwischen den Wurzeln der Bäume blühen die verschiedensten Blumenarten, und ich rieche das Gras, das frisch geschnitten sein muss.

»Also, wie war das vorhin? Du bist transsexuell?«

»Ja, richtig.«

»Und was soll das bedeuten?«

Meine Augen suchen in den Blumen, an denen wir gerade entlanggehen, nach einer Antwort. Vergebens. Ich wende meinen Blick von ihnen ab und lausche den Gesängen der Amseln, um meine Gedanken zu ordnen. Schließlich beginne ich zu erzählen:

»Ich bin mit einem Jungenkörper geboren, bin aber von meinem Wesen her ein Mädchen.«

»Das ist jetzt ein Witz, oder?«

Doch ich schüttle nur den Kopf, und meine langen Haare bewegen sich dazu.

»Wahnsinn. Und wie hast du das gemerkt?«

»Na ja, seit ich klein war, habe ich mich als Mädchen gefühlt, aber damals war mir das nicht bewusst. Ich habe mit Barbies gespielt, hatte immer nur Freundinnen und fand alles doof, was mit Jungs zu tun hatte.

Meiner Mama habe ich immer beim Schminken zugesehen, ihre Klamotten anprobiert … Einmal hat sie mir sogar ein altes Kleid aus ihrer Kindheit geschenkt. Das hat mich sehr gefreut. Sie hat mir den Freiraum gegeben, mich auszuprobieren.

In der Grundschule gab es eine Lehrerin, die immer sagte, ich sei wie ein Mädchen und ich solle mir die Haare kurz schneiden. An sich war dies keine Beleidigung, doch der Ton ihrer Stimme klang abwertend.

Ich weiß noch, dass ich mir oft ein Handtuch als Perücke auf den Kopf gelegt habe. Dann war ich immer glücklich und bin lachend durch das Haus gelaufen. Ich habe mich immer mit Mädchen identifiziert.

Als wir in der Schule Karneval feierten, habe ich mich als Jessie vom Team Rocket verkleidet. Kennst ja bestimmt Pokemon. Es kam für mich nie infrage, dass ich als James gehe oder Ash … Das war einfach intuitiv da.

Beim Schwimmunterricht habe ich mich immer geschämt, in die Jungenkabine gehen zu müssen, genauso war es auch beim Sportunterricht. Wie ein Häufchen Elend saß ich in der Umkleidekabine und war froh, als ich endlich wieder bei den Mädchen sein durfte. Jedes Mal, wenn die Mädchen und Jungen aufgeteilt wurden, hat es sich einfach falsch angefühlt, zu den Jungs zu müssen, und irgendwann habe ich es auch nicht mehr ausgehalten.

Ich weiß noch, dass mein Vater, mein Bruder und ich vor etlichen Jahren im Urlaub auf Korsika gewesen sind. Es war so schön dort. Wir wohnten in einem kleinen Mietshaus am Strand. Unweit von unserem stand das Nachbarhaus, das auch von einer deutschen Familie bewohnt wurde. Eines Tages habe ich den Mittagstisch gedeckt. Ich sah auf der Veranda der Nachbarn den Felix. Das ist der Sohn gewesen, er war in meinem Alter. So ungefähr zehn. Also, ich habe den Tisch gedeckt und war immer darauf aus, dass er mich beachtet.

Ich wollte, dass er sieht, wie schön ich den Tisch decke und mich um alles kümmere. Hin und wieder waren wir zusammen am Strand oder haben Verstecken gespielt und so. Ich wollte seine Aufmerksamkeit, aber nicht die eines Jungen für einen Jungen, sondern die eines Jungen für ein Mädchen. Und so habe ich mich auch unbewusst verhalten, wie ein Mädchen, das verliebt ist. Na ja, am Ende des Urlaubs hab ich erfahren, dass er mich für schwul hielt. Ich war traurig und konnte damit überhaupt nichts anfangen.

Ich will dir einfach sagen, dass ich nicht erst ein Junge war, der ein Mädchen sein wollte. Ich bin immer ein Mädchen gewesen, nur leider im falschen Körper. Ich habe mich nie als Junge gefühlt. Verstehst du das?«

»Irgendwie schon. Ich versuche es zumindest. Aber wie kannst du so weiblich aussehen?«

»Na ja, die Körper von Jungen und Mädchen sind bis zur Pubertät sehr ähnlich. Wenn ein transsexuelles Kind also vor dem Einsetzen der Pubertät Hilfe bekommt, kann sich der Körper auf die Veränderung durch Hormone sehr gut einstellen.«

»Da hattest du ja noch mal Glück gehabt. Ich mein, du siehst überhaupt nicht männlich aus und hast eine hohe Stimme.«

»Ja, ich habe aber auch schwer dafür kämpfen müssen. Seit wenigen Wochen bekomme ich erst pubertätshemmende Medikamente. Ich hatte Glück, dass bei mir die Pubertät nicht einsetzte. Aber ich hätte mir gewünscht, mit 13 die Hilfe bekommen zu haben, die ich gebraucht hätte, nicht erst zwei Jahre später. In den Niederlanden werden auch schon Kinder behandelt. Ich wünschte, auch hier hätte diese Möglichkeit bestanden.«

»Ich bin auf deiner Seite. Wenn ich dir helfen kann, sag Bescheid.«

»Danke, das ist lieb von dir. Wenn du also das Gespräch für dich …«

»Na klar, mach dir darüber mal keine Sorgen. Jetzt versteh ich auch, warum Herr Eschelfeld von dir ständig als ›er‹ spricht. Das ist aber fies von dem.«

»Ich glaub, der ist mit dem Thema einfach überfordert.«

Kichernd suchen wir den Anschluss an die Gruppe.

Wenig später wird der Ausflug für beendet erklärt, und ich mache mich auf den Weg in die Notunterkunft. Unterwegs hoffe ich, dass Melanie ihr Wort halten würde.

Der angebrochene Abend vergeht ruhig. Ich kann beim Abendessen endlich meinen Hunger stillen und schreibe anschließend, mit gefülltem Magen, einen Aufsatz über Anne Frank für den Geschichtsunterricht. Den Rest des Abends verbringe ich mit den anderen Jugendlichen vor dem Fernseher. Auch wenn sie sich nicht auf einen Sender einigen können, so genieße ich es doch, nicht alleine zu sein.

*

»Gibst du mir bitte die Marmelade … Danke.« Markus, der diensthabende Betreuer, ein schmächtiger und hochgewachsener Mann Mitte 30, reicht die vor seinem Frühstücksteller stehende Erdbeermarmelade an mich weiter.

»Ich muss los. Bin so um zwölf wieder zurück.« Lara, ein Punkmädchen, das vor einigen Wochen die Notunterkunft aufsuchte, greift mit einer flüchtigen Handbewegung nach ihrem frisch belegten Wurstbrötchen und stößt quietschend den Stuhl beim Aufstehen vom Tisch. Lässig schnappt sie sich die schwarze Lederjacke, die sie über der Stuhllehne abgelegt hatte, und zieht sie über. Die mit etlichen Buttons verzierte Jacke betont ihre aggressive Art. Mit dem Brötchen in der Hand winkt sie verabschiedend über die Schulter.

Herzhaft beiße ich in den Marmeladentoast und schmatze genüsslich. Noch etwas erschöpft vom Nachtdienst isst auch Markus sein mit Bedacht ausgesuchtes Mehrkornbrötchen.

»Sag mal, Markus, hat einer der Jugendlichen dich oder einen anderen Betreuer schon mal angesprochen, wegen … Na du weißt schon.«

»… Ach so, nein. Ich glaub nicht, dass hier jemand Verdacht schöpft wegen … Na du weißt schon.« Amüsiert über seinen Scherz schmunzelt er mir zu.

»Da bin ich aber froh.« Erleichtert über seine Antwort, erwidere ich sein Schmunzeln.

Mit einem Blick auf die Uhr stecke ich das letzte Stück des Marmeladentoasts in den Mund und weiß, dass ich zügig losgehen muss. Heute will ich nicht zu spät zur Gestaltungstherapie kommen. Denn ich habe mit der Seidenmalerei begonnen und freue mich, an meinem Bild weiterzuarbeiten.

Der Weg zur Tagesklinik kommt mir an diesem Freitag besonders lang vor. Obwohl es einer der seltenen Tage ist, an denen die U-Bahn pünktlich einfährt und der morgendliche Trubel ausfällt. Endlich angekommen, öffne ich mühselig die Eingangstür des Therapiezentrums und laufe die Treppen zum Gestaltungstherapieraum hinauf.

Auf den letzten Stufen komme ich ins Stolpern und muss mich an dem verrosteten Geländer, das mir nicht besonders sicher vorkommt, festhalten. Nachdem mein Puls wieder gleichmäßig schlägt, klopfe ich etwas zu laut gegen die Tür, und der dumpfe Schlag hallt durch die Flure.

»Na, wieder mal zu spät?«, fragt Frau Schäfer mit einem falschen Lächeln auf den penetrant rot geschminkten Lippen.

»Tut mir leid. Ich hab mich wirklich beeilt.«

Ich gehe zu meinem Bild, das auf der Fensterleiste liegt, und besorge mir einige Pinsel und Farben, die ich für die weitere Arbeit benötigen würde. Ein Glas mit Wasser teile ich mir mit meiner Sitznachbarin Melanie, die mir schon ungeduldig zuwinkt.

»Da bist du ja.« Melanie stupst mir den Pinsel in die Taille und kann sich ein Kichern nicht verkneifen.

»Hey.« Ich nehme einen feuchten Pinsel aus dem Wasserglas und spritze Melanie zur Revanche das leicht gefärbte Wasser, mit dem der Pinsel vollgesogen ist, ins Gesicht.

»Uups.«

Wir müssen lachen. Dass wir den Versuch wagen, uns gegenseitig zu kitzeln, ist für die Konzentration nicht sonderlich förderlich.

»Schluss jetzt. Arbeitet leise. Und fangt überhaupt endlich an zu malen.«

Wir verkneifen uns ein weiteres Lachen, was uns richtig schwerfällt. Die weiteren Patienten der Gestaltungsgruppe schauen uns tadelnd an, und wir entschließen uns, unsere Konzentration auf die Bilder zu lenken.

Ein Strich hier. Ein Klecks da ...

»Und fertig.«

Zwar kann ich kein konkretes Motiv auf dem Bild ausmachen, doch ich bin zufrieden mit meinem Werk. Auch wenn Frau Schäfer nur schwer die richtigen Worte findet, das Bild zu beschreiben, und Melanie nicht sehr überzeugend ein »Oh« und »Ah, interessant« aufbringt. Den Pinsel, mit dem Melanie vorwiegend malt, hält sie dabei gespielt nachdenklich an den Mundwinkel.

»Die Stunde ist vorbei. Räumt bitte eure Plätze auf.« Frau Schäfer klatscht zweimal in die Hände, in der Hoffnung, das Tempo der

Jugendlichen zu beschleunigen. Die anderen und ich waschen die Pinsel sauber, kippen die verfärbte Brühe in unseren Wassergläsern ins Waschbecken und legen die noch feuchten Bildwerke zurück auf die Fensterleiste.

»Können wir jetzt gehen? Wir kommen sonst zu spät zum Unterricht.« Maik, ein kleiner und zierlicher Junge, schaut schüchtern auf den befleckten Boden des Raumes und wartet auf eine Antwort.

»Ja ja, geht schon. Bis nächste Woche. Ach Hannah, du wartest noch kurz.«

Verwundert blicke ich drein … Ob ich nun Ärger wegen meines missglückten Bildes bekomme? Ich versuche, mir eine passende Antwort zurechtzulegen. Auch wenn mir eigentlich keine plausible Erklärung einfällt. Die Tür schließt sich, nachdem auch Gregor den Raum verlassen hat.

»Sollte ich noch einmal mitkriegen, dass du der Melanie oder einem anderen Mädchen zu nahe kommst, dann werde ich dein kleines Geheimnis auffliegen lassen. Ist das klar?« Ihre Stimme ist zornig.

»Aber, was habe ich denn …« Meine Stimme klingt verzweifelt, und ich gestikuliere verwirrt mit den Händen.

»Du hast mich schon verstanden. Und jetzt geh zum Unterricht, oder willst du auch da wieder zu spät kommen?« Ohne ein weiteres Wort reißt sie die Tür auf und schickt mich nach draußen.

Mit glasigen Augen schlendere ich betroffen zum Schulgelände. Vor der Klassentür halte ich einen Moment inne und versuche, mich zu beruhigen. Ich schlucke die Tränen hinunter und versuche, den Schmerz während der kommenden Stunden zu verdrängen.

Mein Aufsatz über das Leben der Anne Frank, den ich im Unterricht vortrage, wird mit Beifall aufgenommen und Herr Nichte benotet mein Bemühen mit einer glatten Eins. Leider kann auch diese meine Stimmung nicht bessern.

Die fragwürdige Linsensuppe am Mittag lehne ich dankend ab und verbringe den Rest des Kliniktages allein.

Ich bin froh, als das Wochenende um 16.30 Uhr offiziell beginnt. Entnervt von den Vorkommnissen des Tages und weil die Bahnen wieder mal Verspätung hatten, knalle ich meine Zimmertür zu. Suchend begebe ich mich in ein Durcheinander, das mein Zimmer zu sein scheint. Irgendwo muss doch mein Tagebuch sein … Erstaunt über meine selbst vollbrachte Unordnung, begebe ich mich über den blumenbemalten Flur Richtung Fernsehzimmer.

»Hallo Lola, hallo Tim.« Ich trete in den frisch renovierten Raum.

»Was liest du da?« Neugierig lehne ich mich über das Sofa, um einen Blick in das Buch zu erhaschen.

Als Lola mich hinter sich bemerkt, springt sie euphorisch vom IKEA-Sofa und rezitiert amüsiert eine Stelle aus dem Buch: »›Liebes Tagebuch, heute war vielleicht wieder ein furchtbarer Tag. Als ich mich am Nachmittag als Mädchen in der Öffentlichkeit zeigte, wurde ich von Schulkameraden gesehen. Sie haben mich als Transe beschimpft und einer von ihnen hat mir ins Haar gespuckt …‹ Buhu, arme Hannah. Haha, du bist also 'ne Transe. Bah.«

»Gib mir sofort mein Tagebuch zurück.«

»Hol's dir doch.« Lola wirft das Buch auf den Teppichboden.

Ich bücke mich, um es aufzuheben, als ich einen dumpfen Schlag spüre. Tim steht mit einem höhnischen Grinsen hinter mir und schlägt mit dem Holzbesen auf mich ein. Keuchend versuche ich aufzustehen, doch der Schmerz lässt es nicht zu. Ich krümme mich. Lola holt mit einem Bein aus, um mir einen Tritt in den Magen zu versetzen. Ich schreie und halte die Hände vor den Magen.

»Da kommt jemand die Treppe hoch. Lass uns abhauen.« Lola und Tim schleichen aus dem Zimmer und lassen mich mit quälenden Schmerzen auf dem Boden zurück.

KAPITEL 3

Ein neuer Anfang?

1. HEIMGRUPPE – GEREGELTES WOHNEN

»Das ist dein neues Zuhause«, sagt Frau Plung, meine Sachbearbeiterin vom Jugendamt, die mich eine Stunde lang mit dem Auto in einen Vorort von Bonn gefahren hat. Ich schaue mich verschüchtert um, während sie sich mit einem Betreuer der Wohngruppe unterhält.

Wir stehen zu dritt im engen Eingangsbereich, der mit lauter Schuhpaaren zugestellt ist. Das Mobiliar ist einfach gehalten, und vieles erkenne ich aus diversen Möbelkatalogen wieder, die ich von Zeit zu Zeit gerne durchstöbere. Aus dem Keller, der gegenüber von mir durch eine steile Treppe zu erreichen ist, höre ich jemanden fluchen und etwas zu Boden werfen. Überrascht gucke ich zu dem Betreuer, der seine blauen Augen auf mich richtet.

»Das sind Manuel und Alex. Die spielen im Keller Tischtennis«, beantwortet er meine Frage, die ich gar nicht gestellt hatte. Ich will mehr über die beiden wissen, aber ich traue mich nicht, das Gespräch zu unterbrechen.

»Mara, kommst du mal bitte«, ruft Karl, der Gruppenleiter, wie ich aus der angeregten Unterhaltung zwischen ihm und Frau Plung herausfiltern konnte. Ein Stuhl quietscht. Wenig später kommt Mara, die etwa um einen Kopf größer ist als ich und eine ausgeprägt weibliche Figur hat, um die Ecke. Ihr grünes T-Shirt hat sie in ihre Jeans gesteckt und an einer Seite guckt es lässig hervor.

»Zeigst du Hannah ihr Zimmer, bitte.«

Mara und ich steigen die Treppen hinauf, während Frau Plung und Karl in einem Raum verschwinden. Ich folge Mara über den engen Flur. Der Boden ist aus hellem, älterem Holz, denn er knirscht bei jedem Schritt, den wir machen.

»Hier ist übrigens das Bad«, sagt sie und dreht den Türknopf, um den Raum zu öffnen. Ich staune nicht schlecht. Das Badezimmer bietet viel Platz. Es sind zwei große Waschbecken an der gefliesten

Wand angebracht, und eine sauber aussehende Toilette und Dusche befinden sich ebenfalls hier drin. Alle sanitären Anlagen sind vorhanden. Nur leider fehlt nicht nur dem Bad etwas Wärme. Das ganze Haus wirkt so unpersönlich, irgendwie kühl. Als ob nicht genug Wärme in diesem Haus zu finden ist. Ich fühle mich etwas unwohl. Ich ziehe den Türknopf zu und lasse mich von Mara weiter herumführen.

»Hier ist mein Zimmer.« Ihre Tür steht offen und ich schaue kurz hinein. Sie hat ein Hochbett. Den Platz darunter nutzt sie, um einen großen Kleiderschrank und ihren Schreibtisch unterzubringen. Denn ihr Zimmer bietet nicht viele Stellmöglichkeiten. Die roten Gardinen an den Fenstern sind zugezogen, und auf dem Tisch in der Mitte des Raumes liegen viele Jugendzeitschriften. Mich erinnert der kleine Rundgang irgendwie an die Notunterkunft. Alles ist sauber und ordentlich, aber total unpersönlich und kahl.

»Zeigst du mir mein Zimmer, bitte?«, frage ich Mara höflich. Wir gehen noch ein Stück über den Flur, bis wir am Ende ankommen und auf der linken Seite ein freies Zimmer betreten.

»Das ist deins.«

Es ist ganz im Stil des Hauses gehalten. Die Wände sind hell gestrichen und haben kleinere Vertiefungen und Löcher. Ein großer brauner Holztisch steht in der rechten Ecke, nahe dem einzigen Fenster in diesem Raum. Der Holzboden ist rissig, und in den Rillen zwischen den einzelnen Platten hat sich der Dreck angehäuft. Mir graust es. Ich drehe mich einmal um meine eigene Achse und sehe mich um. Es ist wirklich nicht schön, und ich weiß, dass ich noch eine Menge Arbeit in dieses Zimmer stecken muss, um es halbwegs gemütlich einzurichten.

»Karl hat gesagt, dass ein Junge einzieht.« Mara setzt sich auf mein neues Bett an der Wand.

»Hat er das?«, frage ich zurück und tue ahnungslos.

Sie nickt und streicht mit ihrer Hand über meine bunt gepunktete Bettdecke.

»Wie alt bist du?«, versuche ich, sie von ihrer Frage abzulenken, denn es ist mir unangenehm.

»Ich bin 14, und du?« Es scheint zu funktionieren.

»Ich bin 15.« Eine kurze und unangenehme Pause bahnt sich an. »Hast du einen Freund?«

Ich verneine ihre Frage und spare mir die Gegenfrage, denn es interessiert mich nicht.

Die Sicht aus dem Fenster ist recht schön. Man blickt auf die Bahngleise, die sich in angemessener Distanz befinden und so die Nachtruhe nicht stören. Schaut man etwas weiter, dann sieht man viele Hügel. Große und kleine, die wie eine Kette einmal ringsum liegen.

»Hast du vielleicht Lust, morgen mit mir Kekse zu backen?« Mit erwartungsvollen Augen schaut sie mich an, und ich verkneife mir ein Nein, denn Lust habe ich nicht. Aber es ist wichtig, dass ich mich als Neue der Gruppe schnell und unkompliziert eingliedere.

»Wofür?«, frage ich lediglich.

»Wir haben so eine Art Punkteliste.«

»Ich versteh nicht ganz«, sage ich und wende mich von den schneebedeckten Hügelspitzen ab.

»Das ist ein Belohnungs- und Bestrafungssystem, das uns motivieren soll, unseren Aufgaben in der Gruppe nachzugehen und uns anständig zu benehmen. Na ja, nur mit wenig Erfolg«, zwinkert sie mir zu. »Die blauen Punkte sind für gutes Benehmen. Die gelben, die es sehr selten gibt, stehen für äußerst gute Leistung, und die roten Punkte, die ich fleißig gesammelt habe … verstehen sich von selbst. Ich brauche unbedingt einen gelben Punkt, damit ich doch noch mit in den Erlebnispark darf. Weißt du, einmal im Monat machen wir einen tollen Ausflug. Leider dürfen nur diejenigen mit, die genug blaue und gelbe Punkt gesammelt haben.«

Ich bin irritiert. »Ist das normal?«, frage ich.

»Glaub mir, hier ist nichts normal.« Mara verdreht die Augen und lässt sich in mein Bett plumpsen.

»Was für Aufgaben meinst du eigentlich?«, hake ich nach.

»Wir kriegen jede Woche eine andere Aufgabe zugeteilt, die wir erledigen müssen. Ich muss diese Woche das Bad reinigen, Manuel muss den Hof kehren und Alex hat die Küche sauber zu halten«, erklärt sie mir.

»Wer sind die beiden?«

»Manuel ist total süß. Er ist 16 und echt cool«, schwärmt sie und vergisst, Alex zu erwähnen. Also frage ich nach ihm und reiße sie aus ihrer Schwärmerei.

»Der ist der Jüngste. Gerade mal zwölf. Wir ärgern ihn manchmal.«

»Warum?«

»An irgendjemandem muss man doch seine Wut über den ganzen Mist hier auslassen.«

Ich ziehe meine Augenbrauen hoch. Mara bemerkt mein Unbehagen.

»Wir werden an einer ziemlich kurzen Leine gehalten, und das führt oftmals zu lautstarken Auseinandersetzungen mit den Betreuern.«

Ich bin fassungslos und muss mich räuspern.

»Keine Sorge«, sagt sie. »Wir piesacken ihn nur ein bisschen.«

»Da bin ich aber erleichtert!« Verständnislos schüttle ich den Kopf und muss erst einmal die neuen Eindrücke verdauen.

»Lässt du mich bitte allein? Ich möchte in Ruhe auspacken.«

»Na klar, kein Problem«, sagt sie, bevor sie die Tür schließt. »Und vergiss nicht. Wir müssen später noch die Backsachen kaufen.«

»Alles klar«, rufe ich ihr hinterher.

Ich setze mich auf das Bett, dessen Bettdecke Mara zerknittert zurücklässt. Ihre gelb getönte Brille ist mir die ganze Zeit besonders aufgefallen. Ich streife mir durch die Haare, schaue die leere Kommode neben meinem Bett an und frage mich, wie ich meine Klamotten dort reinkriegen soll. Mir bleibt nichts anderes übrig, als es herauszufinden. Meine wichtigsten Sachen, wie die Silikon-BHs,

verstaue ich in der obersten Schublade, damit ich sie jederzeit griff-
bereit vorfinde. Die Socken und Slips packe ich ebenfalls dazu. Da
noch reichlich Platz vorhanden ist, bringe ich meine Winterpullover
ebenfalls mit unter. Die vielen Tops verteile ich in die unteren Schub-
laden, denn die brauche ich in den kommenden Monaten nicht.

Während ich meine Taschen entleere und die Kommode mit
ihrem Inhalt fülle, denke ich über Maras Worte nach, die mich ins
Grübeln bringen.

Was meint sie damit, dass wir an einer ziemlich kurzen Leine
gehalten werden? Und was hat es mit diesem komischen Punkte-
system auf sich? Frau Plung hatte mir auf der Autofahrt erzählt, dass
es viele strikte Regeln gibt, die ich zu befolgen habe. Die Tagesabläu-
fe sind strukturiert und geplant, und jede selbstständige Handlung
wie Duschen oder Spazierengehen muss mit den diensthabenden
Betreuern abgesprochen werden. So ganz hatte ich es ihr nicht
abgekauft, aber nachdem Mara Frau Plungs Aussagen unbewusst
bestärkt hat, muss auch ich zugeben, dass es durchaus schlimmer
werden kann als bisher gedacht.

*

Es klopft an der Tür. Bevor ich etwas sagen kann, steht auch schon
Mara in der Tür.

»Komm, wir wollen los.«

»Wir?«

»Ja, Manuel und Alex kommen mit. Karl will das so, damit du
uns alle kennenlernst.« Sie verdreht die Augen und winkt mir, ihr
nachzukommen.

Von der Treppe aus sehe ich, wie Karl Manuel Geld gibt, den
Zeigefinger hebt und das ganze Rückgeld mit Beleg verlangt. Karl
ist wirklich sehr groß. Ich würde auf mindestens zwei Meter tippen,
bin mir aber nicht ganz sicher. Seine steil nach oben frisierten Haare
lassen ihn jedenfalls riesig ausschauen. Sein Körper ist breit und

schwer wie der eines Grizzlybären. Also eine ordentliche Ladung Muskelmasse, gegen die Manuel nicht widerspricht und das Geld schnell einsteckt.

»In einer halben Stunde seid ihr wieder zurück. Spätestens. Sonst gibt es Hausarrest.«

»Karl scheint ziemlich streng zu sein«, sage ich, als wir uns auf den Weg zum Supermarkt machen, und ziehe den Schal etwas höher, denn mir ist kalt.

»Den findest du schon streng?«, wirft Alex ein. »Dann wart mal ab, bis du die anderen kennenlernst. Die Jacqueline ist 'ne richtige Zicke.« Wir lachen gehemmt.

Mit durchnässten Schuhen laufen wir zügig über den Kundenparkplatz des Discounters und schütteln uns in der Eingangszone den Schnee von den Schuhen.

Mara zieht eine Einkaufsliste aus ihrer karogemusterten Manteltasche. Jeden spannt sie zum Suchen der Lebensmittel mit ein, und wir teilen uns auf, um rechtzeitig in 15 Minuten wieder zurück zu sein. Meine Aufgabe, das Mehl, ein 10er-Paket Eier und die groben Mandelstücke zu finden, ist nach kurzem Orientieren und Stöbern erfolgreich erledigt. Deshalb stelle ich mich schon zu den Kassen und warte, bis auch Mara, Alex und Manuel eintreffen. Die Kasse ist leer, und Manuel zahlt die verlangten 8,95 Euro und fragt nach dem Kassenbon, nachdem die Kassiererin das Geld in die Kasse gelegt hat.

»Frohe Weihnachtstage«, wünscht sie uns noch, und wir wünschen es ihr ebenfalls.

»Sag mal, Hannah.« Manuel kommt mir sehr nah und streift meine Jacke.

»Wie sieht's aus. Bist du noch zu haben?«, flirtbereit leckt er sich die Lippen und schaut mich eindringlich an.

Ich komme in Verlegenheit. »Ähm.«

»Baby, komm schon. Ich erschüttere deine Welt.« Er legt seine Hand auf meinen Rücken und lässt sie langsam und beständig hinuntergleiten.

Mara muss lachen, schaut mich aber mit einem Blick an, als ob ich ihre neue Konkurrentin wäre. Alex dagegen hält sich beschämt die Augen zu und rennt zum Haus vor.

»Lass mal lieber«, sage ich schließlich und nehme seine Hand von meinem Becken.

Manuel streicht sich durch sein dichtes blond gesträhntes Haar, das mich an die kalifornischen Surfer erinnert. Seine cremefarbene Haut und die tiefbraunen Augen bilden dazu einen perfekten Kontrast. Seiner Ausstrahlung auf Mädchen ist er sich bewusst. Das kann ich an seiner selbstbewussten Körperhaltung erkennen. Und natürlich an seinen peinlichen Versuchen, Mädchen anzubaggern. Wenn der wüsste …

Ich beobachte ihn noch ein bisschen, als er sich Mara an den Hals wirft und sie küssen will. Doch sie drückt ihn von sich weg. Sie scheint genervt zu sein. Ich hoffe, dass sie ein anderes Ventil für ihren Stressabbau findet als Alex oder sogar mich.

Wir sind auf die Minute pünktlich, als Karl uns die Tür öffnet und wir durchgefroren unsere Jacken und Schuhe ablegen.

»Hannah, kommst du bitte mit.« Ich folge ihm durch die rustikale Küche zum Wohnzimmer, das mit einem Fernseher und einer großzügig geschnittenen Couch sowie einem Regal mit Brettspielen ausgestattet ist. Er bittet mich, Platz zu nehmen. Offensichtlich möchte er mir noch einiges über das geregelte Leben der Wohngruppe erzählen. Morgens um genau sieben Uhr frühstücken alle gemeinsam, erklärt mir Karl. Anschließend geht es in die Schule.

»Ab wann kann ich in die Schule gehen? Und auf welche?«, frage ich ihn, denn ich bin seit einer Woche keine Patientin der Klinik mehr und deshalb nicht mehr berechtigt, die Schule dort zu besuchen. Die Aufgabe, zu prüfen, ob ich transsexuell bin, wurde positiv erfüllt, und deshalb gab es keinen Grund mehr, mich noch länger dortzubehalten.

»Du wirst nach den Winterferien mit Mara zusammen auf das örtliche Gymnasium gehen.«

»Okay«, sage ich und höre ihm weiter zu.

»Um 14 Uhr gibt es täglich Mittagessen, das in der Woche von unserer Haushaltshilfe Dagmar zubereitet wird. Am Wochenende kochen wir alle gemeinsam. Anschließend folgt eine einstündige Mittagspause, die ihr alleine in euren Zimmern verbringt und euch dabei leise beschäftigt.« Die Betonung liegt auf »alleine« und »leise«.

»Um 15.30 Uhr ist Hausaufgabenzeit. Manchmal, wenn der Nachmittag noch etwas Zeit bietet, machen wir Ausflüge in die Innenstadt oder an Orte, die Bonn für die Freizeit so anbietet. Gegen 18 Uhr essen wir dann zu Abend, und ihr erledigt im Anschluss die euch zugewiesenen Aufgaben im Haushalt, die von Woche zu Woche variieren. Von den Aufgaben bist du für die erste Woche freigestellt, damit du dich eingewöhnen kannst.«

Das nennt man dann also »Geregeltes Wohnen«, denke ich und mir wird die Bedeutung der Wortgruppe jetzt erst so richtig klar.

Mit ihm seien es sechs Betreuer, die in der Wohngruppe arbeiten und die ich alle im Laufe der Zeit noch kennenlernen würde, so Karl.

»Wie willst du die Sache mit deinem Geschlechterwechsel in der Gruppe handhaben? Ich halte derartige Geheimnisse bei einer so kleinen Gruppe nicht für sinnvoll«, sagt Karl etwas leiser zu mir, damit uns die anderen nicht hören können.

»Ich möchte nicht, dass es irgendjemand erfährt. Ich bin gerade eingezogen und möchte erst mal jeden kennenlernen«, gebe ich harsch zur Antwort, denn es ist ganz allein meine Entscheidung, wie ich mit aller Deutlichkeit unterstreiche.

»Ich meine ja nur. Irgendwann wird das Ganze sowieso auffliegen. Vielleicht hast du nächsten Monat keine Lust mehr, ein Mädchen zu sein!« Mit einem leichten Grinsen verlässt Karl den Raum.

Ich bin verärgert und von seinen Worten überrumpelt. Wie dreist er doch ist. Ich kann es nicht fassen, dass er dies gesagt hat.

Vielleicht hast du nächsten Monat keine Lust mehr, ein Mädchen zu sein?!, wiederholen meine Gedanken wie eine hängende CD.

Als ob ich mir das so ausgesucht hätte! Ich glaube, er verwechselt Travestiekunst mit Transsexualismus. Meine Wut ihm gegenüber staut sich auf. Ich stapfe durch die Küche die Treppen hinauf und verkrieche mich in meinem Zimmer, um etwas Ruhe zu finden. Ich stöhne leicht auf. Zwar bin ich froh, nicht mehr in der Notunterkunft zu wohnen und die ständigen Mobbingattacken wegen meiner Transsexualität von Tim und Lola ertragen zu müssen, aber wird es hier wirklich besser?

Weil das ganze Grübeln sowieso nichts bringt, beschließe ich schließlich, duschen zu gehen. Ohne Absprache ...

Dienstag, 21.12.2004
DIE VORWEIHNACHTSPARTY

»Komm, beeil dich«, ruft Mara, während sie die Tür der Straßenbahn aufhält und damit einige Fahrgäste verärgert. Unbeeindruckt von deren Aufstöhnen springe ich in die Bahn, wo wir uns auf einen freien Viererplatz setzen.

»Wie weit müssen wir ungefähr fahren?«

»Knapp zehn Minuten«, antwortet sie mir, als die Bahn endlich losfährt.

Ich erzähle Mara, dass ich noch nie in einem Jugendzentrum war und mich frage, was man dort so macht.

Ungläubig sieht sie mich an. »Ist das dein Ernst?« Ich nicke und sie erklärt mir den Sinn eines solchen Zentrums.

»Wir können dort süße Jungs kennenlernen«, sagt sie, und ich höre in ihrer Stimme, dass sie eigentlich nur deshalb dorthin will.

»Bist du nicht irgendwie mit Manuel zusammen?« Jetzt hatte ich ihr etwas zum Nachdenken gegeben.

»Nee, bin ich nicht.« Ein wenig traurig schaut sie auf die Schneelandschaft, die an uns vorbeisaust. Oder wir an ihr.

»Aber das wärst du gern?«, frage ich nach.

»Ja, schon. Aber der baggert jedes Mädchen an, und das nervt mich.«

Das kann ich verstehen und hake nicht weiter nach. Stattdessen frage ich sie, was wir im Jugendzentrum noch machen können.

»Ähm, ich weiß nicht. Da gibt es einen Billardtisch, eine kleine Diskothek und heute steigt dort eine Vorweihnachtsparty.«

Der eigentliche Grund, warum wir heute dorthin fahren.

An der Endstation steigen wir mit den übrig gebliebenen Fahrgästen aus und waten durch den Schneematsch. Es ist sehr abgeschieden hier. Vereinzelt sehe ich ein paar stattliche Häuser, die von bestimmt wohlhabenden Familien bewohnt werden. Ansonsten Natur so weit das Auge reicht. Es ist erschreckend kalt geworden. Und dunkel ist es, obwohl wir es gerade mal kurz nach vier haben.

»Sind wir gleich da?«, frage ich bibbernd und ziehe mir den Schal bis zu den Wangen.

»Ja, gleich.«

Wir biegen von der Hauptstraße ab und gehen einen kaum beleuchteten, menschenleeren Fußweg entlang. Ziemlich unheimlich. Ich schaue mich öfter um. Sehe nach hinten, dann zur Seite und hoffe, dass uns nichts passieren wird.

»Geh nicht so schnell«, sagt Mara und zieht mich zurück auf ihr Tempo.

»Aber es ist so dunkel.«

»Sag bloß, du hast Angst im Dunkeln?« Mara grinst, und ich gehe darauf lieber nicht ein.

Wir stapfen weiter durchs Dunkle. Ich höre ein Rascheln und horche auf.

»Was ist?«

»Hast du das nicht gehört?« Sie schüttelt den Kopf. Wir gehen weiter, und ich verringere den Abstand unauffällig zwischen uns. Besorgt schaue ich mich um. Wieder ein Rascheln. Viel lauter als das davor.

Ich gucke Mara durchdringend an. Aber sie winkt nur ab und nimmt mich an die Hand. »Du bist echt ein Baby.« Der Weg wird allmählich schmaler. Wir biegen auf einen angrenzenden Pfad, der nur von den Lichtern der Parallelstraße schwach beleuchtet wird. Ich kann kaum noch erkennen, wo ich hintrete. Doch Mara scheint den Weg zu kennen.

Wieder ein Knistern. Laut und quietschend. »Okay, jetzt habe ich es auch gehört«, gibt Mara zu, und wir schauen uns ängstlich an. Wir hören Schritte. Zögernd drehen wir unsere Köpfe. Nahezu gleichzeitig entweicht uns ein spitzer Schrei in einem so hohen Ton, dass ich mich fast darüber wundere.

»Lauf«, schreit Mara und rennt los. Als das Phantom am Anfang der Kreuzung auf uns zukommt, kriege ich es mit der nackten Angst zu tun und laufe Mara hinterher.

»Schneller«, rufen wir uns zu. Wir keuchen und unsere Atmung wird flach und ungleichmäßig. Wie in einem typischen Horrorstreifen stolpern wir über unsere eigenen Füße und fallen auf den mit groben Steinen bedeckten Weg.

»Verdammt!« Mara hält sich das Knie. »Hast du dich verletzt?«, frage ich sie und sehe kurz darauf, dass sie sich das Bein aufgerissen hat. »Er ist immer noch hinter uns«, flüstere ich ihr zu, denn ich konnte ihn aufstöhnen hören.

»Kannst du noch gehen?«, frage ich, aber sie schüttelt nur den Kopf. Vorsichtig packe ich sie unter der Schulter und schiebe sie wenige Meter unters Dickicht, wo wir uns vielleicht in Sicherheit wiegen können. Wir sehen ihn. Er ist groß und breitschultrig. Uns stockt der Atem. Er kommt näher, sieht sich in Ruhe um, und ich weiß, dass er es auf uns abgesehen hat. Wäre es nicht so kalt, würde mir der Angstschweiß augenblicklich den Rücken runterlaufen.

»Hab ich euch!«, ruft er in die Stille des Abends und bückt sich zu uns.

»Was willst du von uns?«, schreie ich hysterisch und bin den Tränen nah. Noch nie war ich in der Situation, verfolgt zu werden.

Mein Herz pocht wie verrückt, und ich würde mir am liebsten ein Loch zum Verstecken graben …

Die dunkle Männergestalt lacht gehässig auf. »Mach dir mal nicht ins Hemd.«

»Cristiano?« fragt Mara verdutzt und reibt sich ihr schmerzendes Knie. Wieder muss er lachen. »Wen hast du denn erwartet? Habt ihr gedacht, ich will euch etwas antun oder was?« Mara und ich gucken sich ertappt an, und es ist, als ob wir uns gedanklich abgesprochen hätten. »Nein«, sagen wir beide, als ob dies ein völlig abwegiger Gedanke sei. »So ein Unsinn«, meint Mara noch, um vor Cristiano nicht wie ein ängstlicher Teenager rüberzukommen, was sie allerdings nicht ganz schafft.

Cristiano bleibt Maras Verletzung am Knie nicht verborgen, und er bietet uns seine Hilfe an, da er gleich um die Ecke wohnt. Wir nehmen diese gerne an. Gentlemanlike stützt er sie das Stück zu sich nach Hause und bettet sie auf die Couch. »Komme gleich wieder«, sagt er und steigt die Treppen hinab in den Keller.

»Woher kennst du ihn?«, flüstere ich Mara zu, damit Cristiano uns nicht hört. »Er ist ein alter Kumpel von mir. Wir kennen uns schon ziemlich lange.«

Damit gebe ich mich fürs Erste zufrieden. Denn kurz darauf ist Cristiano wieder bei uns und verarztet Maras Wunde mit Bepanthenol und einer Mullbinde.

»Was macht ihr denn Schönes hier?«, fragt er, während er die Enden der Binde zusammenknotet.

»Wir wollten auf die Weihnachtsparty im Jugendzentrum. Wir haben extra Ausgang dafür bekommen.«

»Ihr wollt auf diese lahme Party? Da gibt es noch nicht mal Alkohol!«

»Was?!«, sage ich entsetzt und halte mir meinen vorlauten Mund mit beiden Händen zu. Denn es kommt so rüber, als könne ich nur mit Alkohol Spaß haben. Doch Mara und Cristiano lachen nur und denken, es ist ein Witz. Und in diesem Glauben lasse ich sie auch.

»Also wenn ihr Bock auf 'ne Party habt«, sagt er und stützt sich von der Couch ab, sodass sein enormer Bizeps durch seinen schwarzen Pullover zum Vorschein kommt, »dann bleibt doch einfach hier. Meine Eltern sind zu einem Essen eingeladen worden und kommen erst heute Nacht zurück. Ich lade ein paar Freunde ein, und keine Bange, ich habe auch noch Kekse da, die für ausreichend Weihnachtsstimmung sorgen müssten«, zwinkert er uns mit seinen glänzenden grünen Augen zu.

»Wie sieht's mit Punsch aus?«, frage ich, und beide gucken mich an. »Ich meine, was ist eine Weihnachtsparty ohne Punsch?« Skeptisch schaue ich einen nach dem anderen an. »Na seht ihr.«

Der eigentliche Grund, warum ich trinken möchte, ist ein ganz anderer: Zur Weihnachtszeit werde ich immer melancholisch und denke an die vielen schönen Weihnachtsfeste, die wir noch als Familie gefeiert haben. Jetzt, wo meine Mutter tot ist, ist Weihnachten nicht mehr das, was es einmal war. Um die Schmerzen der Erinnerung etwas zu betäuben, versuche ich es mit Alkohol. Bei vielen anderen scheint diese Methode ja zu funktionieren …

Cristiano geht in die offene, amerikanisch gestaltete Küche und öffnet den Kühlschrank. »Punsch ist nicht da. Aber wir haben noch reichlich Wodka und Red Bull.« Mit einem gekonnten Hüftschwung à la Ricky Martin dreht er sich mit den Flaschen zu uns und grinst breit über sein ganzes Gesicht.

Ich freue mich, eine der Flaschen in den Händen zu halten, und muss direkt daran riechen. Mmh, riecht das gut. Schon als Kind mochte ich den Geruch von Alkohol besonders gerne. Ein Kribbeln geht durch meinen Kiefer. Jetzt kann die Party beginnen.

Ich hebe die Flasche und genehmige mir großzügig den ersten Schluck.

»Krass. Nicht schlecht«, lobt mich Cristiano und tut es mir gleich. Ich verziehe mein Gesicht wegen des extremen Nachgeschmacks und mische das Hochprozentige wie Mara mit einem ordentlichen Schluck Red Bull.

Nach und nach treffen Cristianos Freunde ein, sie bringen Bier mit und die kleine Houseparty kommt in die Gänge. Michael, ein Freund von ihm, legt eine CD mit vielen verschiedenen Party-Mixen auf, und der Bass der Anlage dröhnt durch meinen Körper. Wir haben die Couch zur Seite geschoben, damit genug Platz zum Tanzen ist. Auch Mara hat sich von ihrem Sturz erholt und schwingt gekonnt das Tanzbein. Wir tanzen alle wild durcheinander.

Als Mara schlappmacht, setzt sie sich zum schüchternen Erik auf die Couch. Sie trinken Bier und scheinen sich angeregt zu unterhalten. Ich dagegen habe noch lange nicht genug, drehe die Anlage etwas lauter und nippe an meinem Wodka-Red-Bull, den ich neben der Anlage abgestellt habe. »Komm, tanz mit mir«, fordert mich Michael auf, und ich schwinge mich mit kreisender Hüfte zurück. Ich schüttle meine Haare, spüre die Musik, die mich alle Anspannung der letzten Monate vergessen lässt. Michael greift von hinten an meine Hüfte und zieht mich ruckartig zu sich, wodurch ich aus dem Rhythmus komme.

»Hey«, sag ich und drücke ihn von mir weg. Doch er lässt sich dies nicht gefallen und wagt einen neuen Versuch. Diesmal hält er mich am Hosenbund fest und zieht mich nah an sich heran. Ich versuche, mich aus seinem Griff herauszutanzen, aber es klappt nicht.

»Du bist so hübsch«, nuschelt er in mein Ohr. Er scheint ziemlich angetrunken zu sein. Mir ist unwohl, und ich bitte ihn, mich loszulassen.

»Hab dich nicht so!« Wieder presst er sich an mich.

»Na los. Wir gehen nach oben und haben ein bisschen Spaß.«

»Was?« Ich bin geschockt. Michael grinst mich höhnisch an und beteuert zugleich lachend, dass er nur einen Scherz gemacht habe.

»Alles klar.« Die Lust zum Tanzen ist mir vergangen. Ich bin genervt und setze mich zu Mara und den anderen, die unbekümmert sind und von Michaels widerlichem Baggerversuch nichts mitbekommen haben, auf die Couch.

Ich verzichte auf weiteren Alkohol und nehme mir eine Dose Red Bull. »Cristiano«, rufe ich. »Wo ist das Badezimmer?«

»Die Treppe hoch und dann die erste links«, antwortet er gegen die laute Musik ankämpfend.

Michael bietet mir an, mich zu begleiten. Weil ich weiß, dass er es nicht beim Begleiten belassen würde, schubse ich ihn wieder zurück auf seinen Sitz auf der Couch.

»Dann bis gleich, Schnecke«, lallt er und streift mit seiner Hand absichtlich meinen Hintern. »Upsala.«

Ich spare mir einen passenden Kommentar, steige die Treppe hinauf und schließe die Badezimmertür hinter mir ab. Endlich etwas Ruhe. Ich wasche mir das Gesicht mit lauwarmem Wasser und wische die verlaufene Wimperntusche mit einem Stück Toilettenpapier weg. Ich sehe ziemlich erledigt aus. Weil meine Haare ein wildes Durcheinander sind, bändige ich sie mit einem Haargummi aus meiner Hosentasche. Ich gucke noch schnell auf die Uhr, bevor ich das Bad verlasse und mich wieder zu den anderen geselle.

Mit lauter Stimme sage ich Mara Bescheid, dass es Zeit ist zu gehen. Sie schaut auf die Uhr und springt sofort von der Couch.

»Schon so spät. Das schaffen wir niemals rechtzeitig.«

Es ist bereits nach halb neun. In weniger als einer halben Stunde müssen wir wieder zurück sein, sonst hat es sich fürs Erste ausgetanzt.

»Keine Panik. Ich fahr euch schnell«, bietet Cristiano an und beweist, dass er ein wahrer Kavalier ist, im Gegensatz zu manch anderem in diesem Haus.

Er scheint noch nicht so viel getrunken zu haben. Deshalb sind Mara und ich einverstanden und ziehen uns Jacke und Schal an.

»Warte mal«, sage ich zu ihr. »Wir müssen etwas gegen unseren Atem tun. Wir haben bestimmt eine Fahne.« Mara greift in ihre Jackentaschen. »Mehr habe ich nicht.« Sie zückt einen Kaugummi, teilt ihn in zwei Hälften und gibt mir eine davon ab.

»Das muss reichen«, sage ich und wir folgen Cristiano zu seinem Auto auf dem Hof. Weil die Heizung nicht richtig in Fahrt kommt, müssen wir die Viertelstunde Fahrt zurück zur Gruppe frieren. Wir verabschieden uns und winken ihm von der Straße aus zu, als er mit dem Auto wendet und davonfährt. Mit schnellen Schritten gehen wir an der Straße entlang.

»Iss Schnee«, fordert Mara mich auf und stopft sich eine Handvoll in den Mund. »Warum das denn?«

»Hilft gegen den Geruch. Streif noch ein bisschen an deine Klamotten.« Ich tue, was sie sagt, und suche mir eine Schneedecke, die noch unberührt scheint. Ich forme mir eine kleine Kugel und lasse diese in meinem Mund zergehen.

»Jetzt aber nichts wie rein.«

Gerade noch pünktlich klopfen wir gegen die Türscheiben.

Karl, der heute Nachtdienst hat, öffnet uns die Tür. Zügig stellen wir unsere Schuhe ab und laufen die Treppe hoch.

»Warum so eilig?«, ruft Karl uns nach.

Wir bleiben abrupt stehen.

»Wir müssen dringend auf die Toilette«, antworte ich schnell für uns beide und hoffe, dass er nichts gerochen hat.

»Dann macht euch langsam fertig. Um halb zehn ist Bettruhe.«

»Ja.« Mara und ich verschwinden in meinem Zimmer und werfen uns aufs Bett.

Wir unterhalten uns noch ein bisschen. Ich erzähle ihr Michaels verstörende Aktion und kann mir bei den aufkommenden Bildern ein gespieltes Würgen nicht verkneifen.

KAPITEL 4

Dennis statt Hannah

WENN EIN GEHEIMNIS KEINES MEHR IST

Noch zwei Tage bis Weihnachten, denke ich wehmütig, als ich mit einer Schüssel voll roher Teigmasse am Küchenfenster stehe und den Schnee dabei beobachte, wie er sanft die Erde berührt. Mehr als deutlich ist mir bewusst, dass das diesjährige Fest zu denen gehören würde, die ich später aus meinem Gedächtnis zu verdrängen versuchen werde.

Ein Blick über die Schulter, und ich sehe Mara, wie sie die Plätzchen sachte aus dem Ofen nimmt und das heiße Backblech auf die Küchenzeile stellt. Der leckere Duft von Krokant liegt in der Luft, und trotz der allgegenwärtigen aufgedrückten Weihnachtsstimmung sehe ich es in ihren Augen, als sie mich sanft anlächelt: Niemand verbringt die Feiertage gerne im Heim. Doch woanders können wir nicht hin, denn jeder von uns hat seine Last zu tragen und ein Elternhaus mit seiner eigenen düsteren Geschichte. Somit sind wir gezwungen, fröhlich mit dem Weihnachtschor im CD-Player das dritte Mal *Jingle-Bells* zu trällern. Denn alles ist besser als diese bedrückende Stille, die mehr sagt, als man es mit Worten könnte.

»Wie lange brauchst du noch mit dem Teig?«, fragt mich Mara. Ihre braunen Augen sind wieder von einer getönten Brille, die sie immer auf dem Nasenrücken korrigieren muss, weitestgehend verdeckt, und ich frage mich schon seit meiner Ankunft vorgestern, ob diese medizinisch notwendig ist.

»Bin gleich so weit«, antworte ich und rühre die klebrige Masse fleißig weiter.

Wieder lassen mich die Erinnerungen von früher träumen. Es war Heiligabend vor mehr als acht Jahren. Meine Mutter, mein Bruder und ich schmückten den prächtigen Weihnachtsbaum bis zu seiner Krone mit kleinen Engelsfiguren und roten Weihnachtskugeln. Etwas Lametta hängten wir zum Schluss noch über die Tanne, mussten es aber schnell wieder von den unteren Ästen entfernen, da unsere Katzen sich damit vergnügten. Die Krippe war neben dem Kamin aufgestellt. Ich spielte gerne mit den Figuren und stellte die Szene nach, die ich vom Krippenspiel aus der Kirche kannte, wie die Heiligen Drei Könige dem Weihnachtsstern am Horizont zur Krippe folgten, um den Sohn Gottes zu beschenken.

Diesen Abend verbrachten wir gemeinsam mit ein paar guten Freunden und meinem Vater in Harmonie. Es gab Fondue, auf dessen Dips und Beilagen ich mich den ganzen Tag lang freute. Nach dem Essen war es dann endlich so weit. Bescherung!

»Hannah.« Die Stimme von Karl ist mit einem negativen Ton versetzt.

Fragend schaue ich ihn an.

»Das ist doch ekelig.«

Ich weiß nicht, was er meint, und zucke nur die Achseln.

»Du hast gerade genüsslich am Rührbesen geleckt und steckst ihn dann wieder in den Teig. Ich sollte dir die Kosten für den Teig von deinem Taschengeld abziehen.«

»Mach, was du nicht lassen kannst.« Ich ziehe eine Augenbraue hoch und drehe mich von ihm weg. Erst zu spät bemerke ich, dass ich den Besen erneut ablecke und dann wieder in den Teig eintauche.

Ich beiße mir auf die Unterlippe und drehe mich, um mein Ungeschick wissend, langsam und vorsichtig um und hoffe, dass er es nicht gesehen hat. Aber ich kann es schon in seinen Augen lesen, dass ich nicht so viel Glück habe.

»Was soll das?«

»Was soll was?« Ich tue ahnungslos und lasse das Verletzliche seiner Worte nicht an mich heran, indem ich ihn bissig nachäffe.

Mara kann sich nur schwer ein Kichern verkneifen.

»Was starrst du mich so an?« Ich werde ungewollt lauter und zische: »Du nervst.«

Das war mindestens ein Wort zu viel, und ich bereue es umgehend, es laut ausgesprochen zu haben.

»Du bist doch wirklich … Dennis, Dennis was soll das?« Als er meinen Jungennamen ausspricht und ihn mir mit aller Deutlichkeit gehässig zuruft, obwohl ich direkt neben ihm stehe, platzt mir der Kragen.

»Du bist doch echt … Ach, ich spare mir die Worte.« Ich schmeiße die Schüssel samt der Rohmasse ins Spülbecken und stampfe wütend aus der Küche. Manuel und Alex fühlen sich sichtlich ertappt, als ich sie hinter der Tür beim Lauschen entdecke, und tun so, als ob sie von nichts wüssten.

Ich ziehe mir die Schuhe an. Ich muss einfach raus hier. Ein bisschen frische Luft schnappen und meine Gefühle der Traurigkeit und Hilflosigkeit sortieren. Ich habe mir Jacke und Schal übergezogen und will gerade die Tür öffnen, als ich merke, dass sie abgeschlossen ist.

»Das ist ja wie im Gefängnis!«, schreie ich laut genug, damit ich gehört werde.

Ein paar Sekunden später steht auch schon Karl bei Manuel im Flur.

»Was meinst du, warum die Tür abgeschlossen ist?« Ich weiß, dass es keine Frage ist, dennoch beantworte ich sie.

»Damit wir nicht unerlaubt rausgehen«, leiere ich gelangweilt herunter und bitte ihn, mir die Tür zu öffnen.

»In 15 Minuten bist du wieder da. Sonst hast du zwei Wochen Ausgangssperre.«

Ich schüttele nur den Kopf. »Jaja.«

*

Endlich. Ich bin draußen. Die kalte Luft schießt mir direkt in die Glieder und den Kopf. Als ich ausreichend weit weg bin, drehe ich mich noch einmal um und sehe, wie Manuel, Mara und der kleine zwölfjährige Alex am Küchenfenster stehen und mich beobachten. Dass sie über mich reden, ist nicht zu übersehen.

Schnell weg hier, denke ich mir und gehe eilig davon. Es ist richtig kalt. Ich habe meine Handschuhe vergessen und muss meine Hände beständig aneinanderreiben, damit ich nicht zu sehr friere.

Energielos tappe ich durch die frische Schneedecke. Es sind, bis auf meine Fußspuren, keine anderen zu entdecken. Eine merkwürdige Stille liegt in der kalten Luft, und es ist, als wären die Straßen und angrenzenden Häuser von ihren Bewohnern verlassen worden. Ein wenig unheimlich. Es ist schon ziemlich dunkel, obwohl die Uhr an meinem Handgelenk gerade mal 15 Uhr anzeigt, doch die Wolkendecke lässt keinen Sonnenstrahl hindurch. Ich weiß, wohin ich gehen will, um mich aufzuwärmen und die Wut in mir runterzuschlucken, zu vergessen. Ich krame in der Innentasche meiner Jacke und werde fündig. Fünf Euro habe ich dabei. Das muss reichen. Ich biege die Straße runter in den kleinen Ort ein, wo es ein paar Geschäfte gibt, und gehe rasch in den Kiosk nach vorne zu den kleinen Hochprozentigen.

»Guten Tag«, sagt der Kassierer. Er ist jung, höchstens Mitte 20, und trägt ein Arbeitsoutfit, das aus einem weiß-grauen Hemd und einer schlichten Jeanshose besteht. Er ist vermutlich Student und verdient sich so etwas Geld nebenbei.

Ich stelle zwei 4er-Packungen Kräuterlikör auf das Kassenbrett und hoffe, dass ich den Preis richtig ausgerechnet habe. Während der Kassierer den Likör in die Kasse einscannt, mustert er mich genau. Aus Angst, er würde mir den Alkohol nicht verkaufen, lächle ich ihn mit aller Kraft an und hoffe, dass das seine Wirkung nicht verfehlt.

»Das macht 4,95 Euro«, sagt er und gibt mir ein breites Lächeln zurück.

Glück gehabt!

Ich bezahle schnell und suche mir einen geeigneten Ort, meine Gefühle ungestört zu ertränken. Ein verlassener Bolzplatz, der zwischen einer Reihe von Bäumen auftaucht und vom Schnee überdeckt ist, bietet sich dafür an.

Ich steige über das abgeschlossene Tor und lege mich in die Mitte des Feldes in den quietschenden Schnee. Die erste Packung ist zügig geleert, und mir wird etwas wärmer.

»Auf mich.« Ich stoße den fünften Kräuterlikör in die Luft und kippe ihn auf ex runter. »Und 'nen ...« – ich muss aufstoßen – »gleich hinterher.«

Ich lasse meinen Kopf langsam in den Schnee fallen und spüre, wie er sich auf meine Haut setzt und allmählich schmilzt. Wie ein Haufen Müll fühle ich mich. So wertlos und ungewollt.

»Darauf trinke ich.« Diesmal entflieht mir ein Hickser und gleich beim Ansetzen des Fläschchens ein zweiter.

Den letzten Likör versuche ich, im Liegen zu öffnen. Unbeholfen drehe ich an dem kleinen Deckel. Er klemmt. Ich drehe fester. Mit einem Satz springt mir die Flasche aus der Hand und ergießt sich in den Schnee, der sofort in sich zusammenfällt. Mit dem Deckel in der Hand versuche ich zu retten, was zu retten ist, und beuge mich über den Likörschnee, um ihn zu essen.

»Verdammt.«

Es ist zwecklos.

Nachdem ich mich maßlos wie ein kleines Kind über den Verlust geärgert habe, beschließe ich, wieder zurück ins Heim zu gehen. Ich schaue auf die Uhr. Nur noch fünf Minuten Zeit. Ich muss mich beeilen, wobei dies durch den Einfluss des Alkohols kaum möglich ist, und ich gestehe mir ein, dass ich ein wenig angetrunken bin.

»Aber nur ein bisschen«, bestätige ich mir noch einmal.

Als ich mich der Gruppe nähere, kommt wieder diese eine Frage in mir hoch. Warum hat mich Karl mit meinem Jungennamen provoziert? Dass es Absicht war, weiß ich. Aber ein vernünftiger Grund fällt mir nicht ein. Vielleicht ist es eine dieser fragwürdigen pädagogischen Maßnahmen, um eine Auseinandersetzung mit mir zu vermeiden. Aber so leicht lasse ich mich nicht unterdrücken. Unter Garantie nicht!

Das Haus der Wohngruppe ist nun zu sehen. Schlagartig dreht sich mein Magen um. Mir ist schlecht. Um den Vorgang etwas zu beschleunigen, laufe ich in eine durch Sträucher geschützte Ecke und stecke mir erst zwei, dann drei Finger in den Mund, bis der Alkohol und die unverdaute Teigmasse, die ich beim Backen vernascht habe, wieder aus meinem Magen katapultiert werden. Stöhnend wasche ich mir den Mund mit etwas Schnee ab und streife meine Hände an meiner schwarzen Jacke trocken.

Nur ungern betrete ich den Hof, er wirkt fahl und leblos. Genau wie die ganze Fassade des Hauses. Es ist schon ziemlich alt, und die grauen Steine, aus dem es gebaut wurde, bröckeln an einigen Stellen. Das Haus wirkt irgendwie unheimlich auf mich. Aber vielleicht ist es auch nur der Alkohol, der aus mir spricht und das vor mir Liegende verzerrt.

Nachdem Karl mich extra noch ein paar Minuten warten lassen hat, obwohl er mich kommen gesehen hat, schließt er die Tür von innen auf und lässt mich eintreten.

»Und, hast du dich wieder beruhigt?«

»Noch nicht ganz«, spreche ich und beziehe meine Antwort auf die sieben Kräuterliköre, deren Wirkung sich in meinem Kopf breitmacht. Das kann Karl aber nicht wissen.

»Dann geh in dein Zimmer. Ich komm in einer halben Stunde nach dir gucken.«

Ich bin schon auf der Treppe nach oben zu meinem Zimmer, als ich mich umdrehe. »Lieber nicht.« Ich unterdrücke ein Bäuerchen. »Ich bin noch ziemlich wütend.« Meine Körpersprache versuche ich meinen Worten anzupassen und halte mir die linke Hand unterstützend in die Hüfte. »Ich denke, zum Abendessen kannst du mich holen kommen.«

»Na schön.« Skeptisch verschwindet Karl in der Küche und führt seine Arbeit am Herd fort.

»Warte mal«, höre ich Manuel im ersten Stock aus dem Badezimmer rufen.

»Was gibt es?«

Er öffnet die Tür ein Stück. Gerade genug, dass sein Kopf und ein Stück seines Handtuchs, das er sich locker um die Hüften gewickelt hat, zu sehen sind.

»Warum hat Karl zu dir ›Dennis‹ gesagt?«

Ich wusste, dass diese Frage kommen würde. Doch habe ich gehofft, bis zum Abend Zeit zu haben, um über eine plausible Antwort nachzudenken. Denn die Wahrheit ist keine Option. Zumindest keine gute.

»Ähm«, rasend überlege ich. »Weil.« Während ich grüble und Manuel hinhalte, bewege ich mich unauffällig, mit kleinen Schritten zu meinem Zimmer, das in der Mitte des Flures liegt. »Weißt du.« Geschafft. Ich halte die Türklinke hinter meinem Rücken in der Hand. »Es ist so.« Langsam komme ich ins Stocken.

Manuel sieht mich ununterbrochen an. Ich drücke die Klinke runter. »Weil ich …«

Akrobatisch drücke ich mich gegen die Tür und schlage sie feste hinter mir zu. Ich atme die heiße Luft in meiner Lunge erleichtert aus und sacke am Türrahmen langsam zum Boden hinab und denke an etwas, was Mara mir vorgestern gesagt hat.

Sie erzählte, dass in Heimen keine Freundschaften entstehen könnten. Es seien lediglich Zweckgemeinschaften, wo jeder auf seinen eigenen Nutzen bedacht wäre. Und es gäbe immer mindestens einen Sündenbock in der Gruppe, auf dem alle herumhackten.

Ich habe das ungute Gefühl, dass ich zum Sündenbock degradiert würde. Denn nichts ist spannender als ein offenes Geheimnis, das so viel Potenzial für Beleidigungen bietet wie meines.

Mir wird wieder schlecht. Ob es am Rest Alkohol in meiner Blutbahn oder an den aufkommenden Gedanken über die nächsten Tage und Wochen liegt, weiß ich nicht.

Auf allen vieren schleppe ich mich zum Bett und decke mich bis zu den Haaren zu. Ich kann nur hoffen, dass es zum Abendessen noch sehr, sehr lange hin ist.

ERSTER SCHULTAG – EIN DESASTER

»Nicht so schüchtern. Komm rein«, ruft mich Frau Schumann, meine neue Klassenlehrerin, in die Klasse der 10b des örtlichen Gymnasiums, an dem ich das Abitur machen möchte und deswegen heute meinen ersten Schultag habe.

Ich wäre gerne in der überschaubaren, freundlichen Schule der Tagesklinik geblieben, aber weil ich keine Patientin mehr bin und das Abitur dort nicht angeboten wird, musste ich zwangsläufig wechseln. Streng genommen müsste ich einen Jahrgang früher anfangen, also in der Neunten. Da die Klassen aber ohnehin schon überfüllt sind und ich den Einstufungstest vor Schulbeginn ohne Fehler bestanden habe, darf ich eine Klasse auf Probe überspringen. Was mir sehr entgegenkommt.

Ich folge Frau Schumann in den Raum und versuche, mir die Anspannung nicht anmerken zu lassen.

»Das ist unsere neue Klassenkameradin, Hannah«, stellt sie mich den mindestens 25 Schülerinnen und Schülern vor. Ein leises Raunen geht durch die Klasse. Eigentlich normal, wenn man die Neue ist. Da Mara aber eine Stufe unter mir ist und viele Freunde auf der Schule hat, glaube ich zu wissen, dass sie mich im Vorfeld angekündigt hat. Und das sicher nicht positiv. Seit sie die Bemerkungen der Betreuer mitbekommen hat, dass ich laut deren Aussage eigentlich ein Junge bin, hat sich unsere anfängliche Freundschaft in Luft aufgelöst. Seit sie Bescheid weiß, lässt sie keine Gelegenheit aus, mir unter die Nase zu reiben, dass ich in ihren Augen ein Freak bin.

Mit roten Wangen setze ich mich nach hinten an einen frei stehenden Tisch und bemerke die Blicke, die mich von hinten fixieren.

»Seid bitte nett zu eurer neuen Klassenkameradin und schlagt eure Deutschlektüre auf Seite 94 auf.«

»Ähm, Frau Schumann«, sage ich schüchtern und hebe meine Hand etwas nach oben.

»Ja, Hannah.«

»Ich habe noch kein Buch.«

»Ach, wie ungeschickt von mir. Warte, ich hole dir eins aus dem Lehrerzimmer.«

Damit habe ich nicht gerechnet. Frau Schumann verlässt den Raum, und ich bin hier mit 25 Augenpaaren, die auf mich gerichtet sind, allein. Ich schlucke den Kloß in meinem Hals hart nach unten und konzentriere mich auf meine Schulunterlagen, die ich aus der Tasche herausnehme und auf den Tisch lege.

»Bist du ein Junge?«, höre ich einen dicklichen Jungen gehässig rufen. Ich blicke kurz auf, realisiere, dass er zwei Köpfe größer sein muss als ich, und gebe kleinlaut eine Antwort.

»Nein.«

»Aber Mara sagt, du hast einen …« Er muss sich das Kichern verkneifen. Dann prustet er los, und auch die anderen folgen seinem Beispiel.

Panik bricht in mir aus. Mir wird heiß, ich schwitze. Wie immer, wenn mich eine Attacke überkommt. Ich will weglaufen, schaffe es aber nicht, mich zu bewegen. Ich bin erleichtert, als Frau Schumann zurück in die Klasse kommt und mir die Lektüre auf den Tisch legt.

Die nächsten eineinhalb Stunden lesen wir abwechselnd aus dem Buch vor. Ich fühle mich etwas sicherer in meiner Ecke und werde nicht zum Vorlesen aufgerufen. Als Hausaufgabe sollen wir eine ausführliche persönliche Interpretation des gelesenen Kapitels schreiben. Die Klingel zum Pausenbeginn ertönt. Als Letzte verlasse ich den Raum und bleibe dicht vor Frau Schumann, denn mit einer Lehrerin in meiner Nähe würde mir niemand einen verletzenden Spruch reindrücken. Frau Schumann biegt in den Korridor zum Lehrerzimmer ab, und ich beschließe, schnell über den Schulhof zu laufen, um die Toilette zu erreichen, in der schon einige Mädchen vor dem Spiegel stehen und sich den Eyeliner nachziehen.

»Was macht die denn hier?«

»Darf die überhaupt hier rein?«

»Die ist doch ein Junge«, höre ich die Mädchen tuscheln. Ich kenne die drei aufgestylten Mädchen nicht. Aber ihrem Aussehen zufolge müssten sie in Maras Jahrgang sein. Denn sie versuchen, so wie Mara, sich mit starkem Make-up älter zu machen, um für die Jungs attraktiver zu wirken. Ihre Aufmachung macht zumindest diesen Anschein.

Ich überlege kurz, verlasse schnell die Toiletten und schleiche mich unauffällig vom Schulgelände, um zur Tankstelle gleich um die Ecke zu gehen.

»Kann ich bitte den Schlüssel für die Toiletten haben?«, frage ich den Verkäufer höflich, und er gibt ihn mir.

Nach kurzem Suchen habe ich die Anlage auf dem Hinterhof gefunden und verschwinde nicht länger als nötig in den miefenden und dreckigen Räumen. Eine dauerhafte Lösung ist dies sicher nicht. Gründlich wasche ich mir die Hände, um sämtliche Keime und Bakterien, die hier in großer Zahl herumschwirren, zu entfernen. Ich drehe den Schlüssel zweimal entgegen dem Uhrzeigersinn und ziehe ihn wieder aus dem Schloss.

Außer mir ist sonst kein Kunde im Tankstellenshop. Die Versuchung ist groß, ein, zwei Feiglinge zu kaufen. Ich überlege einen Moment. Da ich noch vier anstrengende Schulstunden vor mir und eine enorme Angst habe, wieder zurückzugehen, weil ich nicht weiß, was mich als Nächstes erwartet, beschließe ich, fünf Stück zu kaufen. Die kleinen Fläschchen sind schnell leer getrunken. Ich schmeiße sie in einen Müllcontainer vor der Schule und hüpfe durch eine Hecke zurück auf den Hof. Blöd nur, dass ich an einem Zweig hängen bleibe und ungeschickt stolpere. Ich schaue mich um. Keiner hat mich gesehen. Der Schulhof ist leer, und es hat den Anschein, dass es schon gegongt hat. Etwas wackelig auf den Beinen, laufe ich die Treppe hoch zu meinem neuen Klassenraum und bleibe oben abrupt stehen. Ich höre Stimmen von innen und geniere mich, in die Klasse zu treten. Ich lecke meine Lippen ab, um den alkoholischen Geschmack wahrzunehmen, und gebe mir einen

Ruck. Ich öffne die Tür, entschuldige mich kurz und bündig und werde von der fremden Lehrerin kurzerhand aufgehalten.

»Ich glaube, wir kennen uns noch nicht. Ich bin Frau Kriesch, die Geschichtslehrerin.«

Ich nicke, schaue zu Boden, damit sie meine kleine Fahne nicht riecht, und sage: »Ich bin Hannah. Bin neu.« Dann gehe ich zügig zu meinem Platz und verhalte mich für den Rest des Schultages unauffällig.

*

In der Wohngruppe gibt es Spaghetti bolognese. Mara und die anderen sind vor mir aus der Schule wieder zurück und haben mit dem Mittagessen bereits angefangen.

»Wer hat Dienst?«, frage ich, und Alex gibt mir Auskunft. »Karl.«

Ich suche mir den Tomatenketchup aus dem Kühlschrank – immerhin kann ich als Vegetarierin die Bolognesesauce nicht essen, und auf die Idee, auch eine fleischlose Alternative anzubieten, ist mal wieder niemand gekommen – und setze mich dazu.

Die Nudeln sind, wenn man ein Auge zudrückt, al dente und der kalt gestellte Ketchup schmerzt etwas auf den Zähnen. Aber mein Hunger ist groß, und ich schaufle mir noch ein paar Nudeln auf den Teller.

»Es ist gleich halb drei«, sagt Karl, der gerade in die Küche tritt, und wir wissen, was das bedeutet.

Wir essen noch schnell auf und stellen unsere Teller in die Spülmaschine. Pünktlich um halb drei, vielleicht auch etwas später, geht jeder in sein Zimmer und sitzt die einstündige tägliche Mittagspause gelangweilt alleine ab. Jeder hat seine eigene Methode entwickelt, die Zeit vergehen zu lassen. Mara zum Beispiel liest heimlich die *Bravo*-Seiten mit Dr. Sommer doppelt und dreifach, rauf und runter, denn so oft erscheint die Zeitschrift nicht. Auch wenn sie es nicht zugeben würde, habe ich sie schon darin vertieft gesehen.

Auch Manuel liest gerne die Aufklärungsseiten der *Bravo* und liebt besonders die dazugehörigen freizügigen Fotografien. Damit die Betreuer seine Leidenschaft für diese doch sehr zweifelhafte Kunst nicht bemerken, versteckt er seine Heftchen gerne mal unter der Matratze …

Alex spielt meist ganz unschuldig mit seiner Feuerwehrtruppe aus LEGO. Und ich höre am liebsten laut Musik, wie heute auch. Mit Kopfhörern versteht sich. Ich lege die CD von *Die zauberhafte Welt der Amelie* in den CD-Player, schiebe mir die Kopfhörer auf die Ohrmuscheln und genieße die wohltuenden Melodien mit geschlossenen Augen auf meinem Bett und warte darauf, dass ich beginne, den stressigen Schultag hinter mir zu lassen.

Vertieft in die Musik, schaue ich nach einiger Zeit auf die Uhr. Mist, verdammter, denke ich – fast schon halb vier. Ich ziehe den Kopfhörer von meinen Ohren und spüre nachträglich den Druck, den sie eine Stunde lang auf meine Ohren ausgeübt haben, und suche meine Tasche. Unter dem Schreibtisch werde ich fündig. Ich hänge sie mir über die Schulter und begebe mich zu Mara, Alex und Manuel, die bereits vor dem Hausaufgabenraum auf dem umfunktionierten Dachboden warten.

Ich suche mir einen ruhigen Tisch am Fenster und hole die Deutschlektüre aus meiner Tasche, um mir das Kapitel, über das ich eine persönliche Interpretation schreiben soll, noch einmal ins Gedächtnis zu rufen. Die Zeit verstreicht, keiner von uns hat noch wirklich Lust, und so machen wir die Aufgaben nur widerwillig.

Alex ist bereits fertig und in sein Zimmer spielen gegangen. Der Glückliche. Ich würde auch lieber einfache Additions- und Subtraktionsaufgaben ausrechnen und schmale Bücher lesen mit Schriftgröße 14.

Egal, es hilft alles nichts. Schwermütig sehe ich dabei zu, wie erst Mara und dann Manuel mit ihren Hausaufgaben fertig werden. Um 17 Uhr sitze ich immer noch alleine hier oben und versuche vergeblich, einen passenden Abschluss zu schreiben.

KAPITEL 5

Justitia wird angerufen ...

DER LESEWETTBEWERB

Wie an jedem Morgen sitzen wir der zwanghaften Verbundenheit wegen gemeinsam am Frühstückstisch. Pünktlich um 7.30 Uhr verlasse ich den spärlich gedeckten Tisch und genieße die kurze Zeit, die mir verbleibt, bis eine neue Schulwoche unaufhaltsam beginnen würde.

Heute soll ich vor einem ausgewählten Lehrer-Schüler-Publikum einen Text der neuen Literatur vorlesen. Nervös schaue ich mir das bedruckte Blatt Papier noch einmal an. Wie soll ich dieses literarische Werk verstehen, wenn ich nicht einmal den Namen des Autors kenne, geschweige denn seine Idee hinter all den Worten. Um mich abzulenken, binde ich meine Haare zu einem Zopf zusammen, um kurz darauf festzustellen, dass diese an diesem zweifelhaften Tag offen bleiben sollten.

Bedacht darauf, keinen Schüler früher anzutreffen als nötig, schaue ich mich, als ich mich der Schule nähere, einige Male wachsam um. Ich drücke mich gegen die Wand des Schulgebäudes, dessen bunt bemalte Fassade farblich wenig harmoniert, wie ich jeden Morgen erneut feststellen muss, und schleiche leise ins Hauptgebäude.

»Da ist ja unser Mannsweib«, ruft eine Stimme, die sich so quietschend anhört wie eine ölbedürftige Tür.

Ich stöhne auf. Wie jeden Morgen schaffe ich es nicht, vor Mara die Schule zu erreichen. Dabei nehme ich jede erdenkliche Abkürzung. Die Klingel, die um 7.50 Uhr den Schulstart einläutet, schellt durch die Flure, und ich begebe mich ins Klassenzimmer.

Der Deutschunterricht gestaltet sich überraschend angenehm, und ich melde mich, sooft ich nur kann, um meine verpatzten Hausaufgaben auszugleichen. Die Zeit vergeht schneller als erwartet, und so werde ich von dem Lärm, der die Pause anzeigt, aus der Stillarbeit gerissen.

»Viel Glück beim Lesewettbewerb«, wünscht Frau Schumann, meine Klassen- und Deutschlehrerin, und klopft mir Mut machend auf die Schulter.

»Kann ich während der Pause wieder in der Klasse bleiben?«

»Ja. Aber ich kann nicht jeden Tag eine Ausnahme machen.« Mit einem besorgten Gesichtsausdruck, den Frau Schumann mühsam zu einem Lächeln formt, verlässt sie das Klassenzimmer.

Ich suche den nahezu perfekt auswendig gelernten Text aus meiner beigefarbenen Tasche und versuche, während der letzten Minuten den Sinn in den Worten doch noch zu entdecken. Aber meine Gedanken schweifen ab. Vielleicht werden sie mich wieder auslachen?, denke ich, oder Schlimmeres …

Die angespannte Situation im Heim und in der Schule beschäftigt mich sehr, denn dass ich transsexuell bin, wird von den Betreuern nicht akzeptiert, und somit bin ich den Sticheleien der Bewohner hilflos ausgesetzt. Dass Mara und ich auf die gleiche Schule gehen, trägt maßgeblich zur Verbreitung meiner Identität bei. Denn sie hat sich seitdem von mir distanziert und verletzend mir gegenüber benommen.

Meine Konzentration lässt nach, und ich beschließe, das beschriebene Papier zurück in die Tasche zu stecken, um in die Aula zu gehen.

»Viel Glück, Mannsweib«, rufen einige Stimmen hinter mir her, als ich die rostige Eingangstür erreiche und diese schneller als nötig aufziehe. In der Hoffnung auf ein bisschen Ruhe versetze ich mich in einen meditationsähnlichen Zustand abseits der Bühne und warte auf den erneuten Gong, der die Pause beendet.

*

»Hannah? Hannah, du musst zu den anderen hinter die Bühne.« Frau Tempel, die den Lesewettbewerb mit vollem Einsatz leitet, bringt mich zu dem Warteplatz für die Teilnehmer. Wenig später läutet der gefürchtete Gong den Wettbewerb ein, und Frau Tempel begrüßt euphorisch das Publikum zum 4. Lesewettbewerb der Schule.

Nachdem die sorgfältig einstudierte Eröffnung vorgetragen wurde, betritt Judith, ein korpulentes Mädchen aus der 10. Klasse, die Bühne und beginnt mit dem nicht ganz überzeugenden Vortrag einer Stelle aus dem Klassiker *Romeo und Julia*. Der Applaus ist dürftig, und Judith verlässt mit gesenktem Kopf das Scheinwerferlicht.

Als Zweiter wird Benjamin auf die Bühne gerufen. Er marschiert wie ein Gardeoffizier Richtung Mikrofon, begutachtet auf dem Weg seine vom grellen Scheinwerferlicht beleuchtete Muskelmasse und irrt sich offensichtlich über den Sinn dieses Wettbewerbs. Weitere Teilnehmer folgen. Nervös kaue ich an meinen Fingernägeln, als ich bemerke, dass die Mitstreiter deutlich besser werden.

»Als letzte Kandidatin haben wir Hannah aus der 10 b. Sie ist 15 Jahre alt und wird uns einen Ausschnitt aus dem poetischen Schaffen Georg Trakls vorlesen.«

Tief einatmen, sage ich mir und betrete die Bühne. Vom Scheinwerferlicht geblendet, suche ich mir einen Weg zum Mikrofon, das ich beinahe umrenne. Meine Hände umklammern Hilfe suchend den Ständer, und ich atme flattrig aus. Ich schließe die Augen, sammle mich.

»Na los, Mannsweib«, schreit ein Junge, dessen Kopf rot anläuft, als er die missbilligenden Blicke der anwesenden Gäste bemerkt.

Mit der Handinnenfläche streiche ich mir über die schweißbedeckte Stirn. Meine Augen öffnen sich. Ich blende das Kichern meiner Mitschüler aus und beginne, meinen sorgfältig geübten Text vorzutragen. Anfangs zittert meine Stimme vor Aufregung. Doch je mehr ich mich in den Text einfinde, desto fühlbarer wird die beschriebene Sehnsucht, die mit jeder Silbe haften bleibt.

Nachdem der Auftritt zu Ende ist, begebe ich mich wieder hinter die Bühne und warte ungeduldig mit den anderen auf die Entscheidung.

»Und jetzt noch einmal einen großen Applaus an alle zwölf Teilnehmer des diesjährigen Lesewettbewerbs.« Frau Tempel stimmt begeistert in den Applaus ein und bittet die Teilnehmer für die Preisverleihung zurück auf die Bühne. »Der dritte Platz geht an ...« Ihre überschwängliche Begeisterung macht es spannend. »... Dominik.«

Eine feste Umarmung folgt, und Dominik bedankt sich schüchtern beim Publikum und der Jury, die hauptsächlich aus Lehrern besteht.

»Und nun ... kommen wir zur Zweitplatzierten. Es ist Anne-Marie. Herzlichen Glückwunsch.«

Ein zerbrechlich wirkendes Mädchen tritt ins Scheinwerferlicht und lächelt angestrengt in alle Richtungen.

»Und der diesjährige Gewinner des Lesewettbewerbs 2005, oder sollte ich besser sagen: Die diesjährige Gewinnerin des Lesewettbewerbs 2005 ist mit weitem Vorsprung ... Hannah.«

Überrascht über meinen Sieg, gehe ich unsicher über die Bühne zu Frau Tempel, die meine Siegerurkunde bereits in den Händen hält. Ich blicke in den menschengefüllten Saal, vor dem ich kurz zuvor gestanden und offensichtlich überzeugend vorgetragen hatte. Ich bin dankbar und im selben Moment von meinem Sieg völlig überrumpelt. Schließlich gleitet mir ein leises Danke über die Lippen, und ich nehme die Urkunde mit verhaltener Freude entgegen.

Nachdem Frau Tempel ihren Dank an alle Mitwirkenden ausgesprochen hat, entlässt sie die Schüler rechtzeitig zur zweiten Pause, worüber ich mich nicht sonderlich freue. Mit großen und schnellen Schritten gehe ich über den Schulhof zur Sporthalle.

»Hey, wart doch mal!« Eine Gruppe Jungs schneidet mir den Weg ab.

»Was hast du denn da?« Christoph, ein kräftiger Junge aus meiner Parallelklasse, reißt mir die Siegerurkunde aus den Händen.

»Gib die wieder her. Das ist meine.«

»Sonst was?« Die Jungs lachen und stoßen sich mit den Ellbogen in die Rippen, um sich weiter anzustacheln.

»Uups.« Christoph lässt das Papier in eine nahe gelegene Pfütze fallen.

»Lustig. Idiot.« Ich bücke mich und fische nach der Urkunde. Mit großem Entsetzen spüre ich, wie die Jungs hinter mir beginnen, mich zu bespucken. »Hört auf damit.« Meine Unterlippe zittert, und ich kann die Tränen kaum verbergen.

»Oh seht mal, die kleine Transe heult.« Ein kräftiger Schlag stößt mich zu Boden. Ich finde mich samt Siegerurkunde und der nun braun gefärbten Tasche in der Pfütze wieder. Niemand kommt mir zu Hilfe. Lachend wenden sich die Jungs von mir ab. Ich rappele mich schließlich auf und beschließe, auf den Sportunterricht zu verzichten.

Mein Gesicht ist feucht vom vielen Weinen. Ich halte mir das geschlagene Auge behutsam mit den Händen zu und versuche vergebens, den Schmerz zu unterdrücken. Ein Tag wie jeder andere in letzter Zeit, denke ich bedrückt und suche angestrengt nach einer Lösung, die ich auf dem Weg zurück ins Heim nicht finde.

*

»Was machst du denn schon hier?«, fragt Harald, ein fast zwei Meter großer Betreuer mit adipöser Veranlagung und Kurzhaarschnitt, verwundert, als er mich früher als erwartet bei der Gruppe antrifft.

»Mir geht's nicht gut.« Ich spreche die Worte sehr kontrolliert und leise aus, um die Tränen am Fallen zu hindern.

»Aha. Und deshalb beschließt du einfach, die Schule zu verlassen?« Harald schüttelt den Kopf. »Na los, geh in dein Zimmer. Und du kommst erst wieder raus, wenn ich es dir erlaube.«

Widerwillig füge ich mich und betrete erschöpft mein Zimmer. Hauptsächlich bin ich mit Weinen beschäftigt. Hin und wieder erhole ich mich im Schlaf und bin froh, für eine gewisse Zeit der Traurigkeit entfliehen zu können.

Zur Mittagsstunde wache ich allmählich wieder auf. Ein verschlafener Blick auf die Uhr verrät, dass ich mich auf den Weg machen muss, um den Termin für eine neue Spritze im Krankenhaus einzuhalten. Mit der dreckigen und noch etwas feuchten Tasche über der Schulter laufe ich die Treppen hinunter.

»Wo willst du hin?« Die Hände in die Taille gepresst, versperrt Harald mir den Weg nach draußen.

»Ich habe einen Termin im Krankenhaus.«

»Nein, den hast du nicht mehr«, sagt er und sucht sein violettfarbenes Flanellhemd sorgfältig nach Falten ab.

Verwundert schaue ich drein. »Was soll das heißen?«

Harald holt tief Luft »Dein Vater und wir halten es für das Beste, die Medikation zu beenden. Außerdem sind dir keine Termine bei diesem Therapeuten mehr gestattet. Du solltest erst einmal die Pubertät durchleben. Vielleicht willst du dann ja gar kein Mädchen mehr sein.«

»Vielleicht wollt ihr es einfach nicht begreifen. Ich will kein Mädchen sein. Ich bin ein Mädchen.« Mit meinen letzten Kraftreserven verteidige ich mich.

»Ach Dennis. Das hatten wir doch alles schon. Das ist eine Phase, und du solltest langsam lernen, wie ein Junge zu sein.«

»Wenn ich ein Junge wäre, dann müsste ich das doch eigentlich wissen, oder nicht?!«

Ich nutze den kurzen Moment seiner Unachtsamkeit und stoße ihn zur Seite, um aus der Tür laufen zu können. So schnell meine Beine mich tragen können, renne ich zur nahe gelegenen Bahnstation und steige atemlos in die bereits wartende Straßenbahn ein.

Ich lasse mich auf einen freien Platz fallen und schluchze einige Male laut auf. Wie ich mich auch bemühe, aber die Tränen kann ich nicht länger aufhalten. Ich kann es nicht glauben, was mir Harald gerade gesagt hat. Als ob ich betäubt wäre, um den gesamten Schmerz nicht spüren zu können, denn dieser würde mich kaputt machen. Das darf alles nicht wahr sein!, denke ich wieder und wieder und suche nach einer Lösung, diesem Desaster zu entkommen. Mein Körper darf nicht männlich werden, das wäre mein sicherer Tod!

Die einzige Hilfe, überlege ich, wäre mein Therapeut. Deshalb beschließe ich, an der nächsten Station auszusteigen und seine Praxis aufzusuchen. Es dauert einige Minuten, bis die Tür geöffnet wird.

»Um Gottes willen, was ist denn mit dir passiert?« Entsetzt über meinen Anblick, bittet er mich herein, und ich beginne, die Geschehnisse des Tages zu berichten.

»Nach dem, was ich gehört habe, bleibt uns nur eine Möglichkeit. Wir müssen vor Gericht gehen. Damit du endlich aus diesem Heim rauskommst und die Behandlung fortgesetzt wird.«

Einhellig nicken wir uns zu.

Montag, 01.08.2005
EINZELANHÖRUNG BEIM GERICHT

Nervös sitze ich vor dem Gerichtssaal und warte darauf, dass ich aufgerufen werde. Herr Meurer, mein Therapeut, war so nett und ist zur seelischen Unterstützung mitgekommen.

Wir haben tatsächlich gegen die Entscheidung der Betreuer geklagt. Ob transsexuell oder nicht, ich bin ein Mädchen. Und von einem Mädchen kann man nicht verlangen, sich mit dem falschen Geschlecht zu arrangieren. Das ist doch absurd! Ich hatte also keine andere Wahl, als diesen Schritt zu gehen. Aber ich habe wahnsinnige Angst, dass das Urteil des Richters gegen mich ausfallen wird.

Ich knabbere an meinen Fingernägeln. Wie so oft, wenn ich angespannt bin und nicht so recht was mit mir anzufangen weiß. Herr Meurer und ich gehen noch mal alle möglichen Fragen durch, die der Richter an mich stellen könnte.

Die Zeit des Wartens ist abrupt vorbei, als ein älterer Mann in einem schwarzen Gewand die massive Tür des Saals öffnet und mich hereinbittet. Herr Meurer nickt mir ein letztes Mal zu, bevor sich die Tür schließt und ich mich an den Tisch setze. Der Raum ist kleiner als angenommen. Es sind weder Zuschauer noch weitere Richter dabei, was mir sehr entgegenkommt. Ich habe mir die Gerichtssendungen im Fernsehen angesehen und gedacht, dass mein Termin in aller Öffentlichkeit ausgetragen wird. Da hatte ich noch einmal Glück gehabt. Aber ich glaube, dass diese Gerichtssendungen eh nicht allzu realistisch sind. Zumindest macht dieses Gerichtsgebäude den Anschein von ausreichend Privatsphäre.

Ausführlich erklärt mir Herr Richter Ackersmann, dass ich stets die Wahrheit sagen muss und eine Aussage auch verweigern könne. Dies würde in meiner Situation allerdings nicht viel Sinn ergeben.

Nun geht es los. Er stellt mir die erste Frage, und ich konzentriere mich aufs Äußerste. Die Frage, seit wann ich mich als Mädchen empfinde, ist leicht zu beantworten.

»Schon seit ich denken kann«, gebe ich zur Antwort und erzähle ihm meine Erinnerungen von damals. Wie mädchenhaft ich mich ständig benommen habe, dass ich am liebsten Kleider trug und mit typischen Mädchensachen wie Barbies spielte.

Er nickt und schreibt etwas ins Protokoll. Sachlich erkundigt er sich über meine Anfänge als Mädchen.

Ich versuche, ihm zu erklären, dass ich mit 13 Jahren definitiv wusste, dass ich ein Mädchen bin. Daraufhin fragt er, warum ich dass erst in diesem Alter gewusst hätte, wenn ich mich doch schon als Kleinkind wie ein Mädchen verhalten hätte.

Ich überlege kurz. »Mit drei oder vier Jahren konnte ich das nicht in Worten ausdrücken. Ich habe mir damals keine Gedanken über Geschlechterrollen gemacht. Ich war nur immer sehr traurig, wenn man mich im Kindergarten von den Mädchen weg und zu den Jungen gebracht hat. Das Weinen war meine Art zu sagen, dass etwas nicht stimmt. Aber in dem Alter habe ich mich selbst noch nicht analysieren können. Erst als ich älter wurde, konnte ich meine innere Gefühlswelt nach außen tragen und lernen zu verstehen. Das braucht nun mal alles eine gewisse Zeit.«

Wieder nickt er ausdruckslos und schreibt etwas in schöner Sonntagshandschrift nieder. Seine nächste Frage bezieht sich auf die Gegenwart und welches Urteil ich an seiner Stelle fällen würde.

»Ganz einfach«, sage ich. »Ich würde die medikamentöse Behandlung fortführen. Ganz klar«, betone ich noch mal.

Und wieder schreibt er. Diesmal mehr als zuvor, obwohl ich deutlich weniger gesagt habe.

»Ich danke dir für deine ehrliche Auskunft und deine Sicht der Dinge«, sagt er schließlich. »Ich werde binnen einer Woche eine Entscheidung treffen und allen Beteiligten zukommen lassen.«

Wir geben uns die Hand. Auch Herr Meurer verabschiedet sich noch von ihm.

»Wie ist es gelaufen?«

Eine klare Antwort habe ich nicht auf seine Frage und zucke entmutigt mit den Schultern.

»Als ich mit ihm gesprochen habe, hat er mir gesagt, dass er eine solch große Entscheidung wahrscheinlich nicht alleine treffen kann. Deshalb solltest du dich darauf einstellen, dich bei einem weiteren Gutachter vorstellen zu müssen.«

Betäubt von den schier endlosen Hürden, die sich vor mir auftürmen, schleppe ich mich traurig und müde die Treppen hinunter ins Erdgeschoss.

Ich kneife mir in den Oberarm. Kann das denn alles wahr sein?

Samstag, 08.10.2005

DIE ANGST VOR DER PUBERTÄT

»Ah verdammt!« Ungeschickt stoße ich mir beim Aufstehen das Steißbein und beiße gegen den pochenden Schmerz die Zähne aufeinander. Ich ziehe mir die Klamotten vom Vortag zügig über und verlasse das Zimmer.

Auf dem Weg in die Küche höre ich schon die aufgeregten Stimmen der anderen, und ich schließe mich dem hinteren Teil der Gruppe an.

»Na, Mannsweib, auch schon wach?«, stichelt Alex und grinst Manuel frech zu, als ob sie es abgesprochen hätten.

Ich verdrehe die Augen. Das ist wieder ein super Start in den Tag. Es kann nur besser werden.

»Sind wir vollzählig?«, fragt Karl.

Zustimmend bejahen wir die Frage. Beim Durchzählen gerät Karl jedoch ins Stocken.

»Hannah, du wirst nicht mit uns kommen. Die anderen gehen bitte schon vor die Tür und warten dort auf mich.«

»Wieso darf ich denn nicht mit ins Phantasialand?«

Karl wartet angespannt, bis Mara, Manuel und Alex die Eingangshalle verlassen haben und sich auf dem Hof breitmachen. Sein Gesichtsausdruck verfinstert sich. Mit leiser Stimme beginnt er zu reden, sodass ich gezwungen bin, genau zuzuhören.

»Du glaubst doch wohl nicht ernsthaft, dass wir dich mit in einen Vergnügungspark nehmen, nachdem du gegen uns vor Gericht gegangen bist! Von jetzt an wirst du die Nachmittage bis zum Abendessen fern vom Heimgelände verbringen. Der Kontakt zu den anderen ist dir ebenfalls verwehrt. Bei dir kommt jede Hilfe zu spät. Aber denen da draußen ist noch zu helfen. Die sind nicht so, wie du es bist.«

Mit einem verachtenden Blick schließt er geräuschvoll die Tür hinter sich.

Ich bin sauer, doch habe ich niemanden, mit dem ich reden könnte, denn der Kontakt zu meinem Therapeuten wurde mir bis auf Weiteres verboten. So sitze ich in mich gesackt am verlassenen Frühstückstisch und esse die übrig gelassenen Reste.

Da die Wut nicht vergeht, beschließe ich, für eine Weile laut in meinem Zimmer Musik zu hören. Ich schüttele im Einklang mit den Gitarrenklängen die Arme und Hände und räume währenddessen die vielen umherliegenden Sachen vom Holzboden auf ihren eigentlichen Platz. Erschöpft vom vielen Tun, strecke ich mich ausgiebig und gönne mir eine Pause. Ich weiß, dass die nächsten Wochen noch schlimmer werden, auch wenn eine Steigerung kaum möglich scheint.

Zwei Monate sind vergangen, nachdem mein Therapeut und ich vor Gericht gegangen sind. Weil nach vielen Gesprächen keine Lösung gefunden worden war, entschied der Richter, mich zu einem Spezialisten zu schicken, der über eine Wiederaufnahme der Therapie entscheiden sollte.

Noch 17 Tage sind es bis dahin, und ich warte sehnsüchtigst. In knapp drei Wochen würde schon nichts passieren, sage ich mir immer wieder. Doch die paralysierende Angst, dass die Wirkung der letzten Spritze nachlassen und die Pubertät einsetzen könnte, bringt mich fast zum Verzweifeln.

Auch wenn mir der Urologe beim letzten Gespräch mitgeteilt hat, dass eine Vermännlichung frühestens nach drei bis sechs Monaten eintreten würde. Die unermüdliche Angst vor diesem vielleicht nicht aufzuhaltenden, brutalen Gesetz der Natur ist für mich unerträglich. Und eines ist sicher. Ich würde diesen Prozess nicht überleben ...

Um mich für eine kurze Zeit abzulenken, ziehe ich einen schwarzen Rucksack unter meinem Bett hervor, öffne ihn und stelle erstaunt fest, dass die Sektflasche bereits halb leer ist. Ich greife wieder zu ihr ...

Mit zugekniffenen Augen trinke ich gierig die Flasche aus und warte auf die betäubende Wirkung des Alkohols, der meine Gedanken verblassen lässt. Nach kurzem Warten werden meine Augenlider schwerer, und ich kann mich nun kaum noch konzentrieren. Schließlich schlafe ich ein ...

Benommen wache ich am frühen Abend wieder auf. Ich halte mir den pochenden Kopf und begebe mich mühsam aus dem Bett. An den Wänden des Flures entlangtastend, stapfe ich müde ins Badezimmer.

Mit zittrigen Händen klappe ich die Klobrille hoch und beuge mich über die Schüssel. Ich stecke mir den Zeige- und Mittelfinger in den Hals und würge. Ich muss husten. Gleich kommt das unverdaute Essen aus meinem Magen. Ich würge noch einmal. Mit den Fingern kann ich schon die aufsteigende Pampe ertasten. Mit einem Mal schießt der flüssige Brei aus mir heraus. Ich stecke den Mittelfinger erneut in den Hals, um alle Reste zu erbrechen. Ich huste stumpf. Meine Speiseröhre brennt etwas. Ich stütze mich an der Kloschüssel ab, drücke die Spülung mehrmals und raffe mich hoch. Leicht gebeugt, weil mir ziemlich schwindelig ist und meine Beine kraftlos zittern, gehe ich zum Waschbecken.

Erschöpft schaue ich in den Spiegel. Etwas von dem Erbrochenen klebt mir noch am Mundwinkel. Ich habe vertränte Augen und sehe hundeelend aus. Leblos und fahl. Ich lächle leicht. Auch wenn es dafür keinen plausiblen Grund gibt. Wenn ich in diesem Zustand bin, fühle ich mich leer, ohne jegliche Regung. Ein Moment der Ruhe. Nur leider sind diese Momente für gewöhnlich nicht von langer Dauer. Ich wasche mein Gesicht mit etwas Wasser ab, öffne die Badezimmertür und gehe die Treppen, die zur Küche führen, hinunter.

»Du bist zu spät. Du kriegst nichts mehr.«

Zu meinem Erstaunen muss ich feststellen, dass die Zeiger der großen Küchenuhr weit über 18 Uhr hinaus zeigen und die Gruppe längst von ihrem Ausflug zurück ist.

»Und warum nicht?«

»Dann hättest du pünktlich zum Abendessen da sein sollen, so wie wir alle.« Mit einer routinierten Handbewegung streicht sich Karl den letzten Rest aus dem Nutellaglas auf das Brot.

»Ihr hättet mir auch Bescheid sagen können.«

»Vielleicht wollen wir einfach nicht mit dir zusammen essen.« Maras Stimme ist vermutlich vom vielen Schreien auf den Achterbahnen heiser geworden, doch die Gruppe lacht trotzdem über ihren ernst gemeinten Witz. Ich verdrehe die Augen und öffne den Kühlschrank, um mir wenigstens einen Joghurt zu nehmen.

»Hast du mich nicht verstanden? Dein Abendbrot ist gestrichen. Geh auf dein Zimmer.« Karls Stimme klingt wütend.

»Essen und Waschen kannst du mir aber nicht verbieten.« Ich lasse mich nicht beirren, was ihm deutlich missfällt.

»Wer nicht hören will, muss fühlen«, sagt er entschlossen und geht auf mich zu.

Karl, der große und kräftige Betreuer, greift nach meinem Arm und hält mich fest. Mit seiner freien Hand schließt er schwungvoll den Kühlschrank. Ich schreie und versuche, mich aus seinem Griff zu befreien, doch er packt noch fester zu und drängt mich aus der Küche, durch den Flur zum Treppenaufgang hin.

»Lass mich los!«, brülle ich ihn an.

»Du gehst jetzt sofort in dein Zimmer, Dennis. Ich will nichts mehr von dir hören.«

Ich stampfe wutentbrannt über den hölzernen Fußboden und begebe mich nicht in mein Zimmer, sondern ins Bad. Ich knalle die Tür zu und schließe ab. Die Tränen schießen mir in die Augen, und ich schluchze mehrmals laut auf. Die Klamotten streife ich mir vom Körper und stelle die Dusche auf eine angenehme Temperatur ein. Ich lasse die starken Wasserstrahlen auf mich prasseln und hoffe, dass dieser Albtraum endlich ein Ende haben wird.

Vorhang auf für Hannah –
ihr Herz schlägt für das Theater.

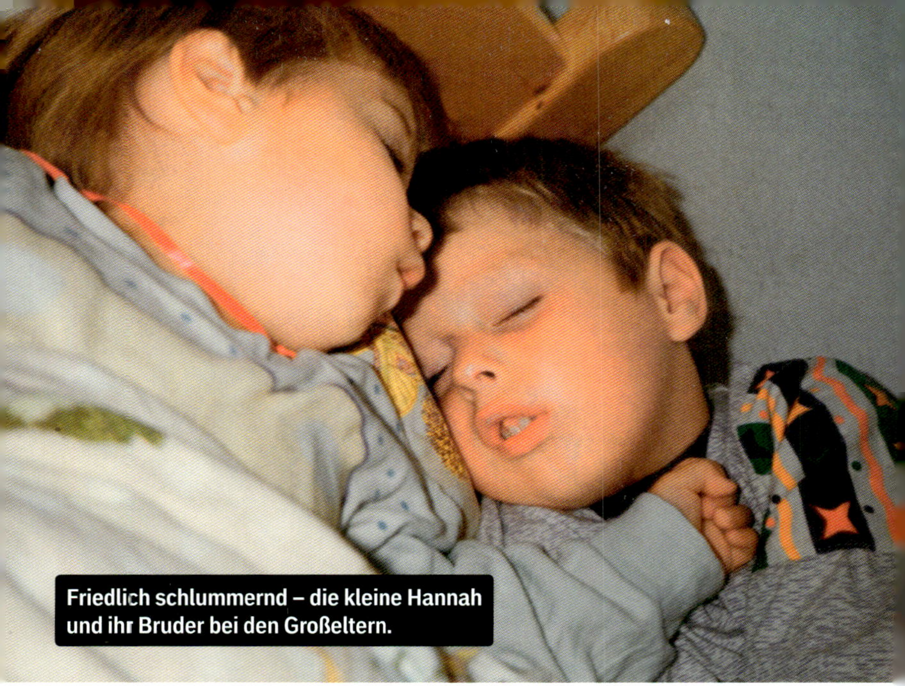

Friedlich schlummernd – die kleine Hannah und ihr Bruder bei den Großeltern.

Flucht in eine eigene Welt – Hannah mit drei Jahren im Kindergarten.

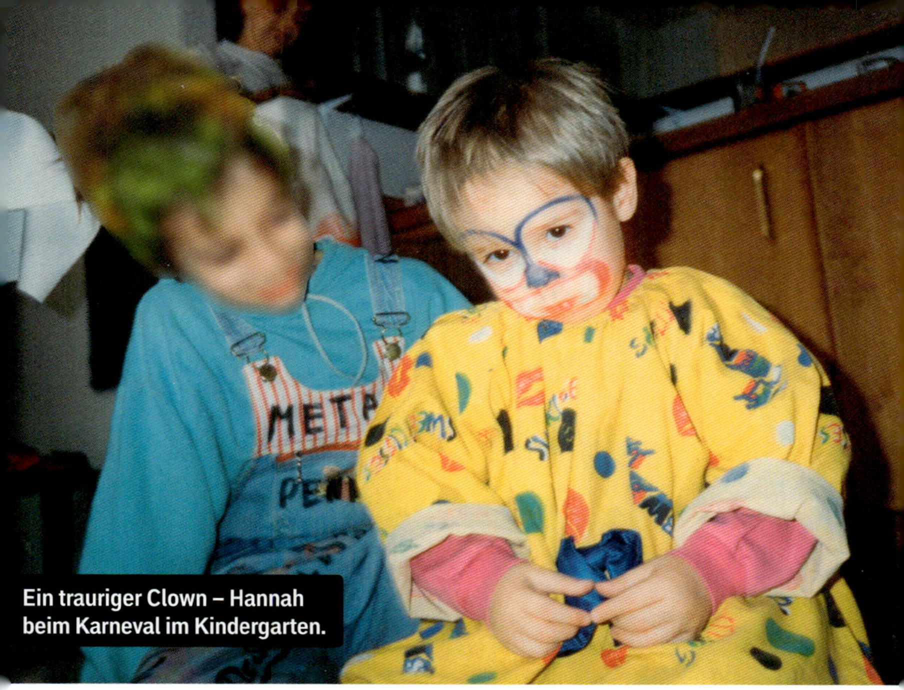

Ein trauriger Clown – Hannah beim Karneval im Kindergarten.

Ein kuscheliger Freund – Hannah zu Hause mit ihrem Kater Prudence.

Hannah festlich gekleidet –
am liebsten hätte sie ein Kleid getragen.

Spiele und Kindermenü – ein Besuch
im Schnellrestaurant mit ihren Eltern.

Hannah als Pocahontas – glücklich die
Indianerprinzessin zu sein.

Mit »Augenklappe« – beim Spielen
hatte sich Hannah am Auge verletzt.

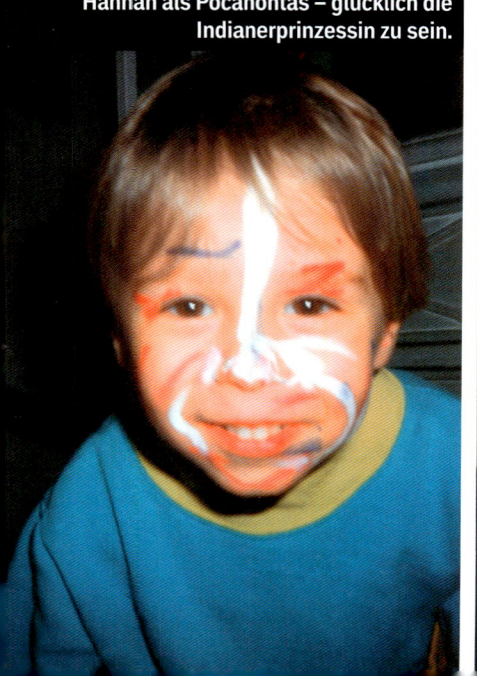

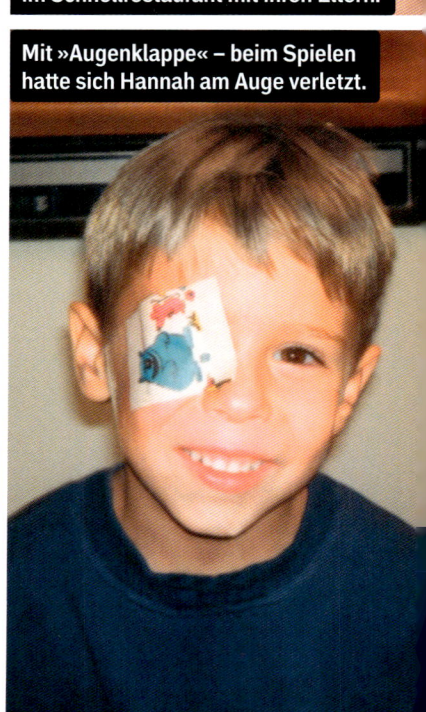

Hannah mit vier Jahren beim Familienausflug in den Stadtpark.

Spiel mit dem Bruder – die Hüte haben die beiden beim Durchstöbern der Schränke entdeckt.

Handarbeiten mag Hannah besonders gern.

Hannah und ihr liebster Kater Prudence im Wohnzimmer ihrer Eltern.

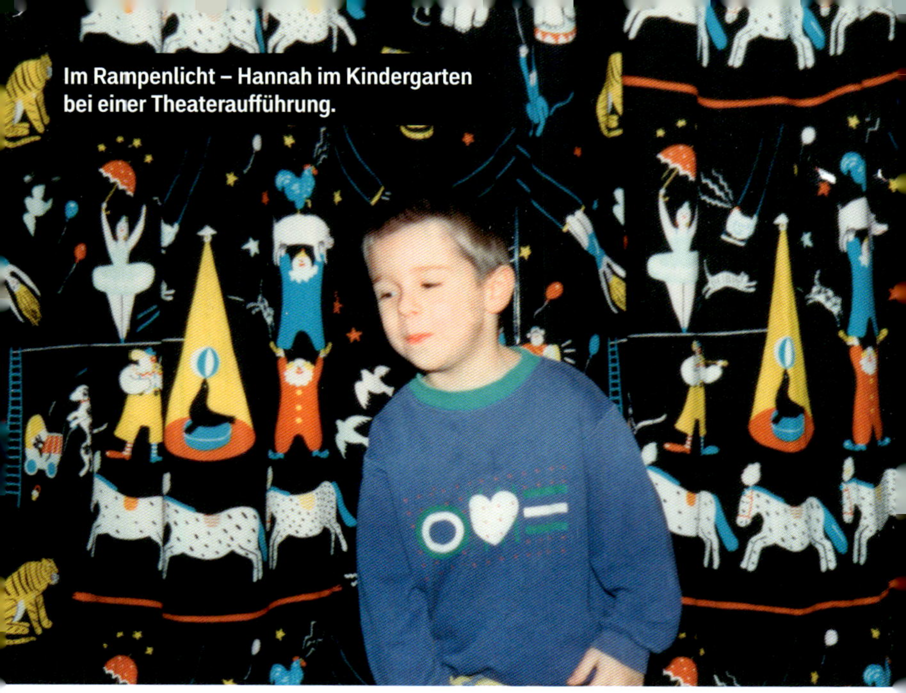

Im Rampenlicht – Hannah im Kindergarten bei einer Theateraufführung.

Hannah als kleine Hexe beim Karneval im Kindergarten.

Erstes Weihnachtsfest – für Hannah ein schönes Erlebnis.

Hannah mit sechs Jahren – ein schüchternes, nachdenkliches Kind.

Für die Bühne geboren – das Kleid will Hannah am liebsten gar nicht mehr ausziehen.

Rückzugsort – bei ihren Katzen fühlt sich Hannah wohl.

Hannah an ihrem achten Geburtstag.

Aus dem Türkeiurlaub zurück – Hannah mit sieben Jahren.

Mit den Katzen zu kuscheln macht Hannah glücklich.

Rhythmus im Blut – Hannah mit zehn Jahren zu Silvester.

Hannah mit 13 Jahren – ein Foto, das sie nicht sehr mag, weil sie mit dem Hut so jungenhaft aussieht.

Hannah bei den Hausaufgaben – zur Ablenkung wird mit dem Kater geschmust.

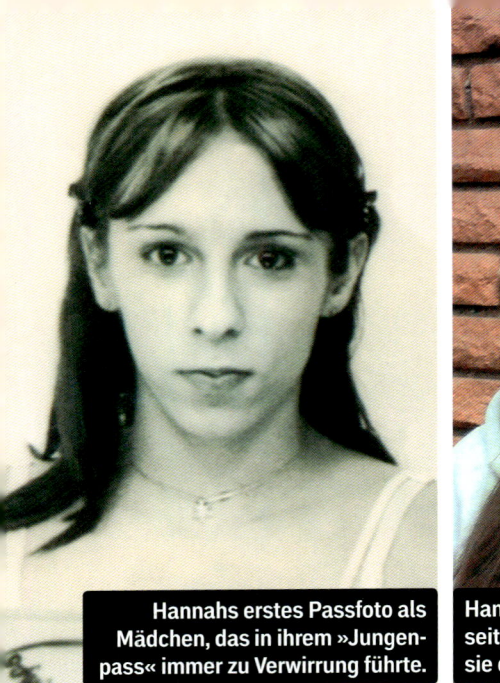

Hannahs erstes Passfoto als Mädchen, das in ihrem »Jungen-pass« immer zu Verwirrung führte.

Hannah mit 16 Jahren – seit ein paar Monaten macht sie die Hormontherapie.

Heute ist Hannah angekommen, ihre Erfahrungen haben sie stark gemacht.

Schöne Kleider sind Hannahs Leidenschaft –
heute schaut sie sich gerne im Spiegel an.

Hannah 2014: Eine junge Frau, die selbstbewusst ihren Weg geht.

... und spricht ihr Urteil

ENDE GUT, ALLES GUT?

Der Tag der Entscheidung bricht an. Mein Vater holt mich noch vor Sonnenaufgang ab, damit wir pünktlich in der 200 Kilometer entfernten Praxis von Frau Prof. Dr. Talfeld ankommen. Die Begrüßung besteht aus nicht mehr als einem schlichten Hallo, und so fahren wir der Morgendämmerung schweigsam entgegen.

»Und, bist du aufgeregt?«, fragt er, nachdem wir die Auffahrt zur Autobahn verlassen haben.

»Nein, du?«

Er grinst mich an und verneint. Natürlich bin ich aufgeregt und sehr nervös. Aber ich will mir nichts anmerken lassen. Immer wieder gehe ich die seit Tagen einstudierten Sätze durch. Ich will nichts dem Zufall überlassen. Deshalb versuche ich, jede erdenkliche Erinnerung aus meiner Vergangenheit zu beleben, wie weiblich ich doch schon immer gewesen bin, dass ich gerne mit Barbies spielte und am liebsten mit einem Kleid durchs Haus lief. All die wichtigen Schlüsselmomente habe ich mir eingeprägt, und dennoch ist in mir das ungute Gefühl, mehr als die Hälfte vergessen zu haben.

Um mich etwas abzulenken, was mir sicher nicht gelingen würde, schalte ich das Radio auf eine angenehme Lautstärke ein und wippe mit den Beinen zum Rhythmus des allmorgendlichen Musikprogramms.

Während die Lieder im Radio rauf und runter gespielt werden, folgen meine Augen den vielen Autos, die mit uns unterwegs sind und wie »kleine Schumacher« an uns vorbeiflitzen, und ich frage mich, wann wir wohl endlich von der Autobahn abfahren und »Klein New York« erreichen. So nenne ich Frankfurt, die atemberaubende Metropole im Herzen Deutschlands.

Und siehe da: Die Baumlandschaft, die uns über Stunden begleitet hat, lichtet sich und ich kann sie sehen – die Wolkenkratzer von Frankfurt. Jedes Mal wieder ein toller Anblick.

Von jetzt an geht die Fahrt schneller als gedacht, und nach wenigen Minuten fahren wir auf die Ausfahrt Richtung Frankfurt Zentrum. Mein Vater ist dabei, einen geeigneten Parkplatz zu finden, während ich mir den Bauch halte und zur Beruhigung leichte Kreise im Uhrzeigersinn streiche. Ich habe nicht gefrühstückt, weil ich durch die ganze Aufregung keinen Bissen herunterbekam.

Es ist so weit. Mein Vater stellt den Motor aus, achtet beim Öffnen der Tür auf den Verkehr, und ich tue es ihm gleich. Zügig rennen wir über die mehrspurige Straße, die im Moment kein Auto zu tragen hat, sodass wir sie sicher überqueren können. Nach wenigen Metern sind wir da. Die Praxis ist von außen eher schlicht gehalten. Weiß und unauffällig. Wäre kein Schild mit der entsprechenden Aufschrift am Eingang platziert, so wäre ich mit großer Wahrscheinlichkeit an ihr vorbeigegangen.

Mit einem kräftigen Ruck zieht mein Vater die Tür auf, und ich folge ihm. Es riecht steril, wie in jeder Praxis. Auch von innen ähnelt es einem Krankenhaus. Die Flure sind hell gestrichen und mit ein paar Bildern verziert. Wir orientieren uns an den angebrachten Schildern an der Decke, denn es ist doch größer, als von draußen anzunehmen. Einmal links um die Kurve, den Gang entlang, und an der nächsten Ecke sehe ich schon die Anmeldung. Reflexartig bleibe ich stehen. Habe ich doch noch etwas vergessen? Ich wühle in meiner Stofftasche. Kurz bevor ich es aufgeben will, finde ich doch noch, wonach ich suche. Ich schnappe mir mein Portemonnaie und ziehe die Überweisung und die Krankenkassenkarte heraus. Noch einmal Glück gehabt. Mein Vater wartet schon an der Anmeldung auf mich.

»Guten Morgen«, begrüßt uns die junge Sprechstundenhilfe. »Haben Sie einen Überweisungsschein und Ihre Krankenkassenkarte dabei?«

Nickend überreiche ich ihr die gewünschten Unterlagen und beobachte sie beim Karteneinlesen und Tippen.

»Dann setzen Sie sich doch noch bitte einen Augenblick ins Wartezimmer. Professor Talfeld wird Sie dann gleich aufrufen.«

Ich nicke und folge der Beschilderung ins Wartezimmer.

Der Raum ist leer. Ich setze mich auf den Stuhl dicht neben der Tür. Mein Vater macht es sich in der Nähe des Wasserspenders gemütlich und stöbert in einer der Fachzeitschriften, die großzügig auf dem Tisch ausgebreitet liegen. Die Zeit verstreicht. Jede der bislang zehn Minuten kommt mir quälend lange vor. Ein Wirrwarr aus Gefühlen macht sich in mir breit. Mein Magen fühlt sich eigenartig an. Als ob jemand von innen dagegentreten würde. Meine Hände zittern etwas, und ich kann keinen klaren Gedanken fassen. Angestrengt suche ich nach den wichtigen, vielleicht alles entscheidenden Sätzen, aber mehr als »Barbie« und »Kleid« bekomme ich nicht zusammen. Leise starte ich einen Versuch der Selbstberuhigung. Wie ich es von Yogaübungen kenne, atme ich tief ein und langsam wieder aus, um meinen steigenden Puls zu regulieren.

Ich spüre einen leichten Windstoß und öffne die Augen.

»Hannah, guten Morgen. Ich bin Frau Professor Talfeld.« Ihr Händedruck ist wie bei beinahe jedem Arzt fest und bestimmt.

Nachdem sie mich begrüßt hat und mein Puls schlagartig in die Höhe schoss, reicht sie auch meinem Vater die Hand.

»Ich möchte erst mit Ihrer Tochter reden.«

Mein Vater nickt und setzt sich wieder hin. Ich folge Frau Professor Talfeld in ihr Büro gegenüber der Anmeldung.

»Setz dich.«

Meine Beine sind weich wie Pudding. Nur mit Mühe und indem ich die Hände darauf presse, kann ich das Zittern etwas eindämmen.

»Du brauchst keine Angst zu haben. Ich möchte mich einfach nur mit dir unterhalten.«

Mein inneres Gefühlschaos ist von außen offensichtlich mehr als deutlich zu sehen.

»Tut mir leid, aber für mich hängt eine Menge an diesem Termin. Deshalb fällt es mir sehr schwer, nicht nervös zu sein.«

Schweigsam macht sie sich Notizen in ihren Block.

»Warum ist dieser Termin so wichtig für dich?«, fragt mich Frau Professor Talfeld, obwohl sie die Antwort eigentlich kennen müsste.

»Weil mein Körper ohne die pubertätshemmenden Spritzen zwangsläufig männlich wird und ich in so einem entstellten Körper nicht überleben kann.« Meine Stimme ist gedrückt, und ich spüre die Angst davor, dass die ausgesprochenen Worte Wirklichkeit werden würden.

»Inwiefern wäre dein Körper dann entstellt?« Interessiert wartet sie auf eine Antwort.

»Ich bin ein Mädchen. Und wenn mein Körper zu dem genauen Gegenteil wird, wie soll ich dann noch ein zufriedenes Leben führen können? Jetzt habe ich noch die Chance dazu.« Meine Stimme bricht ab, und ich muss mich aufs Äußerste beherrschen, um nicht zu weinen.

»Das heißt, du empfindest dich voll und ganz als Mädchen?«

Ich stimme ihr nickend zu.

»Gibt es irgendwelche Momente, an die du dich erinnerst, wann du es das erste Mal gespürt hast?«

Schnell gehe ich alle Erinnerungen durch, die mit meinem einstudierten Text in Zusammenhang stehen, und suche das früheste Ereignis, an das ich mich zu erinnern glaube. Ich hole tief Luft und will gerade beginnen zu erzählen, als ich die heiße Luft aus meinem Mund gleiten lasse und mir etwas zu sagen traue, was ich nicht vorhatte auszusprechen.

»Ich könnte Ihnen jetzt einige Dinge aus meiner Kindheit erzählen. Dass ich gerne mit Barbies gespielt habe, am liebsten Kleider trug und immer bei den Mädchen sein wollte. Aber das alles macht mich nicht zu einem Mädchen. Es gibt viele Jungen, die sich weiblich verhalten, oder Mädchen, die sich jungenhaft benehmen. Diese Eigenschaften machen aber noch lange keine Transsexualität aus. Ich habe im Internet einen Artikel gelesen, dass Transsexualität angeboren ist und nichts mit irgendwelchen Neigungen zu tun hat. Ich könnte mich auch wie ein Junge verhalten und gerne weite

Hosen tragen. Trotzdem wäre ich immer noch ein Mädchen. Was ich Ihnen sagen will, ist, dass ich als Mädchen geboren wurde. Ja, im falschen Körper. Ihre Frage, wann ich das erste Mal gespürt habe, dass ich so bin, kann ich kaum beantworten. Wann spürt ein Mädchen, dass es ein Mädchen ist? Mit 13 habe ich es definitiv gewusst, aber gespürt habe ich es schon immer.«

Eine riesengroße Erleichterung macht sich in mir breit. Ich lasse mich in den Stuhl zurücksacken. Wieder sagt Frau Professor Talfeld nichts und füllt die Leere ihres Blocks.

»Okay, Hannah. Ich glaube, das reicht für das Erste.«

Ich bin irritiert. Hat sie sich so schnell eine fundierte Meinung bilden können? Sie führt mich in ein Zimmer gleich neben ihrem Büro.

»Das ist Frau Dr. Peter«, stellt Frau Professor Talfeld die kleine Ärztin vor, die in ihrem weißen Kittel fast verschwindet.

»Sie wird mit dir einen IQ-Test durchführen«, beantwortet sie meine nicht gestellte, aber auf der Zunge liegende Frage.

»Oh, okay.« Habe ich mich wirklich beim Gespräch so dumm angestellt?

»Keine Panik. Das ist reine Routine«, sagt Frau Dr. Peter, als Frau Professor Talfeld den Raum verlässt, um mit meinem Vater zu sprechen.

Wir setzen uns an den Tisch, auf dem sämtliche Fragebögen und praktische Aufgaben bereit liegen.

»Der Test besteht aus verschiedenen Aufgabenbereichen«, erklärt sie mir sachlich. »Als Erstes füllst du bitte diesen Fragebogen aus.« Frau Dr. Peter blättert das Deckblatt der mindestens zehn Seiten um und dreht es zu mir.

»Der Test ist in verschiedene Teile gegliedert. Der erste bezieht sich auf das Allgemeinwissen. Der zweite ist eine Selbstauskunft über deine derzeitige körperliche und psychische Verfassung, und der letzte Teil ist ganz fies.«

»Inwiefern?«, frage ich etwas zurückhaltend.

»Mathe! Sach- und Textaufgaben.«

»Das ist wirklich knifflig«, stütze ich ihre Aussage und bin überrascht, dies laut ausgesprochen zu haben. Aber Frau Dr. Peter grinst mich freundlich an.

»Dann darfst du jetzt anfangen.«

Ich betrachte die erste Seite. Diese würde für mich kein Problem darstellen. Denn meinen Namen und Adresse kenne ich. Das hat schon gut geklappt, bestärke ich mich, obwohl ich genau weiß, dass es erst auf der nächsten Seite richtig losgeht. Aber auch diese Fragen sind zu meiner Erleichterung ziemlich einfach. Es kommen viele Fragen aus der Politik, wie zum Beispiel, wer die derzeitige Bundeskanzlerin ist oder wie der Name des Bundespräsidenten lautet. Selbst die Chemiefragen kann ich problemlos beantworten. Aber wenn ich ehrlich bin, kennt man die Abkürzungen H_2O und CO_2 oder ab wie viel Grad Wasser gefriert.

Ich fülle Seite für Seite sorgfältig aus. Der zweite Teil wird dann ziemlich persönlich. Fragen, ob ich genug esse und ob ich unter körperlichen sowie psychischen Belastungen leide, sind nicht mehr so einfach mit einem Ja oder Nein zu beantworten. Die Mathematikaufgaben zum Schluss rate ich mehr oder weniger, denn von manch einer Sachaufgabe habe ich noch nie etwas gehört oder zumindest im Unterricht nicht aufgepasst. Ich bin sehr froh, als ich den Test endlich zuklappen kann und diesen Frau Dr. Peter hinüberreiche.

»Prima. Dann habe ich hier ein kleines Puzzle für dich, das du bitte versuchst, in drei Minuten zusammenzustellen.«

Ich nicke und beginne, als sie die Sanduhr umdreht. Zuerst verbinde ich die Außenteile miteinander, sodass sich ein grobes Muster erkennen lässt. Ich variiere verschiedene Teile miteinander, bis sie schließlich zu passen scheinen. Nachdem auch die letzten Teile ihren Platz gefunden haben, ergeben sie ein Bild von einem schwarzen Labrador, der einen förmlich anspringt.

»Schon fertig?« Überrascht kippt Dr. Peter die Sanduhr waagerecht. »Gerade mal die Hälfte der Zeit.«

»So schwer war das auch nicht.« Ich zucke mit den Schultern.

»Glaub mir, viele tun sich schwer mit solchen Aufgaben.«

»Dann habe ich hier noch einen Fragebogen, den du bitte wahrheitsgemäß ausfüllst. Bitte genau durchlesen.«

Ich lese mir den Erklärungstext auf der ersten Seite genau durch. Das Beispiel am Ende ist beim Verstehen der gestellten Aufgabe sehr hilfreich. Ich soll Fragen auf einer Skala nach deren Intensität beantworten. Null bedeutet gar nicht. Fünf ist die höchste Punktzahl, die ich vergeben kann. Bei der ersten Frage muss ich schmunzeln: »Wie weiblich fühlen Sie sich?« Weil diese Frage ziemlich überflüssig ist, ziehe ich es in Betracht, diese auszulassen oder mit einer Null bis Eins zu bewerten. Aber dafür hängt zu viel daran. Ich beantworte jede einzelne Frage, so ehrlich ich kann, und bin froh, alle 44 Fragen über meinen geistigen Zustand eine knappe Dreiviertelstunde später fertig ausgefüllt zu haben.

Frau Dr. Peter schickt mich zurück ins Wartezimmer, damit sie in Ruhe den Test auswerten kann. Für einen kurzen Moment denke ich darüber nach, wie das Ergebnis ausfallen wird. Ich schüttele die Gedanken aus meinem Kopf. Erst jetzt bemerke ich meinen Vater, der schon im Wartezimmer sitzt. Wir schauen uns kurz an und vertiefen uns schließlich wieder in unsere eigenen Gedanken. Ich starre in den Raum. Immer noch ist niemand anders hier außer uns, und die verstrichene Zeit des Wartens, die mir so quälend lange vorkommt, beträgt tatsächlich erst zwölf Minuten. Die Anspannung ist kaum auszuhalten. Wie elektrisiert sitze ich auf dem Stuhl und umklammere unbewusst die Ellenbogenstütze.

Wie lange dauert das denn noch?, frage ich mich immer wieder und wippe mit meinem Oberkörper ungleichmäßig sanft nach vorn und wieder zurück.

Ich gucke aus dem Fenster und beobachte die an der Praxis vorbeifahrenden Autos. Wie das eine schneller als das andere fährt, um vielleicht einen wichtigen Geschäftstermin einzuhalten oder nicht in den morgendlichen Verkehr zu geraten oder, oder, oder.

Ruckartig öffnet sich die Tür.

»Kommen Sie beide noch einmal mit, bitte?«

Es ist so weit! Mein Vater und ich folgen Frau Professor Talfeld in ihren Behandlungsraum und setzen uns auf die Stühle vor ihrem Bürotisch, die sie uns anbietet.

Noch bevor sie irgendetwas sagt, spüre ich die klebrige Schicht Schweiß auf meinem gesamten Körper. Obwohl ich mich nicht körperlich betätigt habe, ist mir so heiß wie nach einem Marathonlauf. Ich versuche, mir nichts anmerken zu lassen, und vergrabe meine Hände unter meinen Oberschenkeln.

»Der Test hat ergeben, dass du einen hohen Intelligenzquotienten hast«, beginnt Frau Professor Talfeld.

Ich nicke ihr mit neutralem Gesichtsausdruck zu. Innerlich freue ich mich aber umso mehr, denn damit habe ich nicht gerechnet. Dennoch bin ich misstrauisch.

»Wenn der Test ein schlechteres Ergebnis gehabt hätte, also wenn ich sogar unter dem Durchschnitt liegen würde, dann wäre ich doch nicht weniger transsexuell?!«

»Nein, natürlich nicht. Wir machen den Test mit allen Patienten. Wir möchten lediglich feststellen, wie die allgemeine Verfassung der Jugendlichen ist, die wir betreuen.«

Ich bleibe skeptisch. Solche Tests sagen nicht viel über einen aus, vor allem, und das ist das Wichtigste, nicht über seine Menschlichkeit.

»Ich bin zu der Entscheidung gekommen, dass es nicht sinnvoll ist, die pubertätshemmenden Medikamente weiter zu verabreichen. Zumal du diese schon knapp zwei Jahre bekommen hast.«

Ich bin taub vor Entsetzen. Habe ich das richtig verstanden? Ich bekomme also keine weiteren Spritzen mehr?! Ehe ich mich versehe, laufen mir die ersten Tränen über das Gesicht, bis sich all jene Tränen ergießen, die sich in mir den ganzen aufreibenden Morgen über aufgestaut haben. Es ist vorbei. Gefühle der tiefen Traurigkeit und gleichzeitig eine enorme Wut machen sich in mir breit. Ich spüre, wie mir alles entgleitet und ich nichts weiter tun kann, als zuzusehen.

Plötzlich streift mich etwas Kaltes. Als ich meine Augen öffne, sehe ich Frau Professor Talfeld über ihren Schreibtisch gebeugt und mir eine Taschentuchbox hinstellen.

»Ich habe doch noch gar nicht ausgeredet«, sagt sie schlicht. »Ich wollte noch anhängen, dass es an der Zeit ist, eine gegengeschlechtliche Hormonbehandlung einzuleiten, mit Östrogenen. Zumal du schon seit längerer Zeit die pubertätshemmenden Mittel bekommst und diese auf Dauer zu einem unnatürlichen Wachstumsschub führen. Weil du aber meines Erachtens eindeutig weiblich bist, sehe ich keinen Grund, noch länger zu warten.«

»Was?« Jetzt bin ich wirklich baff. Abrupt höre ich auf zu weinen, und ehe ich verstehe, beginne ich erneut. Aber diesmal aus purem Glück.

»Außerdem«, fährt sie fort, »empfehle ich, eine Namensänderung beim Amtsgericht zu beantragen.«

»Ich wusste nicht, dass ich die schon beantragen darf.«

»Die Voraussetzung, ein Jahr in der gewünschten Geschlechterrolle zu leben, also den sogenannten Alltagstest, hast du bereits hinter dir. Sinnvoll wäre ein Schreiben von Herrn Meurer, der dieses bestätigen kann, und Ihre Einwilligung natürlich.« Sie schaut zu meinem Vater, der schweigend zustimmt.

»Wie Herr Meurer in seinem Bericht geschrieben hat, halte auch ich eine Wiederaufnahme der Therapie für unerlässlich. Eine professionelle und kontinuierliche Begleitung ist gerade bei transsexuellen Kindern und Jugendlichen sehr wichtig, um die komplizierten Rechtsfragen zu klären und möglichen Depressionen vorzubeugen.«

Während Frau Professor Talfeld eine kurze Pause einlegt, schlägt sie den zugesandten Bericht von Herrn Meurer mittig auf und liest einen Absatz leise durch. »Nach dem, was ich dem Bericht entnehmen kann, ist dein Wohnheim keine geeignete Unterkunft für dich. Wir sollten ein geeigneteres für dich finden, wenn du damit einverstanden bist?«

Ich zögere nicht lange.

»Ja!«, rufe ich fast schon enthusiastisch. Ich halte es kaum für möglich. Nun würde sich schlagartig so vieles zu meinen Gunsten verändern.

»Ich wünsche Ihnen alles Gute«, verabschiedet sich Frau Professor Talfeld von meinem Vater, und auch mir reicht sie die Hand.

Draußen scheint die Sonne. Die Baumkronen wirken viel grüner als am Morgen, und der klare blaue Himmel glitzert, als ob er mir zuzwinkern würde. So glücklich war ich schon lange nicht mehr. Das Glücksgefühl lässt sich nur schwer in Worte fassen, dass ich schon bald Östrogene bekommen werde und die lang ersehnte weibliche Pubertät erleben darf.

»Bist du zufrieden?«, fragt mich mein Vater mit ernster, aber interessierter Stimme.

Ich hätte wahrhaftig ausflippen können. Dennoch beherrsche ich mich und reguliere mein Gefühlshoch auf ein schlichtes »Ja«.

Schnell laufen wir über die Straße zurück zum Auto und steigen ein.

»Hast du mal Lust, etwas zusammen zu unternehmen? Wir könnten vielleicht mal ins Kino gehen oder so?«, fragt mein Vater.

Ich bin verwundert und verwirrt. Was hatte das Einzelgespräch mit Frau Professor Talfeld bei ihm verändert? Warum zeigt er plötzlich Interesse an mir? Ich weiß es nicht, aber ich nehme seine Einladung, ins Kino zu gehen, gerne an. Es kann nur besser zwischen uns werden.

Bevor wir losfahren, muss ich noch etwas fragen.

»Sag mal, können wir vielleicht irgendwo etwas essen gehen?«

»Wo denn?«

»Ich kenne eine sehr renommierte Restaurantkette. Die gibt es in jeder Stadt.«

»Ja, okay. Wie heißt sie denn?«

»Das kann ich dir gerade nicht sagen, aber wenn ich sie sehe, dann sage ich dir Bescheid.«

Ich weiß natürlich, wohin ich essen gehen möchte, verheimliche es meinem Vater aber vorerst, denn er ist kein Anhänger der schnellen Küche …

KAPITEL 7

Neues Heim, neues Glück?

VERÄNDERUNGEN

»Hi.« – »Hallo.« Es ist ein angenehmer Samstag im Herbst. Mein Vater und ich treffen uns pünktlich um 14.30 Uhr vor dem gut besuchten Kino. Hannes nimmt zwei Karten aus seiner Jackentasche und überreicht mir eine.

»Transamerica«, lese ich und füge freudig ein »Danke« hinzu.

Mein Vater zieht die schwere Eingangstür des Kinos auf, und wir beide drängen uns an den vielen Besuchern vorbei, bis wir schließlich an der Schlange für Popcorn und Getränke ankommen.

Geduldig stellen wir uns dazu.

»Wie geht es dir? Was macht die Schule?«, fragt Hannes.

»Mir geht es gut.« Ich überlege eine kurze Weile und beginne schließlich zu berichten.

»Das Wirtschaftsgymnasium gefällt mir. Die Schüler sind deutlich reifer und netter. Es war die richtige Entscheidung, die Schule zu wechseln. Keiner der Schüler weiß um meine Transsexualität, und ich kann mich endlich einmal auf den Unterricht konzentrieren.«

Hannes nickt, während er den ungeschickten Verkäufer hinter der Kasse beobachtet. »Und wie sind die Betreuer?«, fragt er schließlich.

»Die unterstützen mich, so gut sie können, und verstehen, dass ich meine Transsexualität vorerst geheim halten möchte.«

Er nickt wieder, und als wir nach geraumer Zeit des Wartens das Popcorn gekauft haben, gehen wir mit großen Schritten die Treppen hinauf und suchen Kinosaal 8.

Der Saal ist kaum besetzt. Die wenigen Zuschauer, die sich dazu entschlossen haben, den Film anzusehen, sitzen im ganzen Raum verteilt. Wir haben zwei Plätze mittig in der letzten Reihe, die wir uns mit einem jungen Pärchen teilen. Ich stelle die Cola auf den Boden vor meinem Platz, damit ich das Popcorn auf meinem Schoß platzieren kann und die Cola gleichzeitig sicher verstaut ist. Die

Sporttasche mit meinen Tanzsachen drinnen stelle ich auf den Sitz neben mir. Denn dieser ist frei. Jedenfalls noch.

Während die vielen Werbespots um die Aufmerksamkeit der Handvoll Zuschauer ringen, schlinge ich das Popcorn in mich hinein. Eigentlich will ich standhaft bleiben und bis zum Beginn des Films warten, doch seit ich die Hormontabletten täglich einnehme, habe ich mehr Appetit denn je, und einer süßen Versuchung kann ich einfach nicht widerstehen. Zum Glück dauert es nicht lange, bis auch der letzte Zigarettenspot auf der Leinwand sich dem Ende nähert und der Film *Transamerica* endlich beginnt. Das Licht wird gedimmt, und ich lehne mich erwartungsvoll zurück in den weichen Sitz.

Die erste Szene zeigt die transsexuelle Bree, wie sie gerade versucht, ihre Stimme durch gezielte Übungen ein paar Oktaven nach oben zu heben. Sie wirkt groß, trägt einen rosafarbenen Blazer und einen farblich abgestimmten knielangen Rock dazu. Bree legt viel Wert auf ein abgestimmtes Make-up, das ihre markanten Gesichtszüge weicher werden lässt. Auf der Straße hält sie sich bedeckt und im Schatten der anderen. Es ist ihr wichtig, nicht aufzufallen. Als sie einem Psychiater erzählt, dass sie mehrere Operationen allein im Gesicht hat über sich ergehen lassen, damit das männliche Kinn und die große Nase sowie die Wangenpartie nicht mehr allzu männlich aussehen, bin ich im Stillen überaus dankbar, dass ich derartige Strapazen nicht auf mich nehmen muss. Mir wird noch mal richtig bewusst, welch wahnsinniges Glück ich habe, dass letztlich nach dem Termin in Frankfurt alles gut geworden ist und ich keine Panik mehr vor einer Vermännlichung haben muss. Seit dieser Entscheidung konnte ich richtig aufatmen und die einzigartige, wundervolle Erfahrung der Verweiblichung machen.

Während des Films frage ich mich immer wieder, ob die Schauspielerin eine transsexuelle Frau ist. Als ich meinen Vater leise darauf anspreche, erklärt er mir kurz, dass sie Felicity Huffman heißt und nicht transsexuell sei. Für ihre schauspielerischen Leistungen hat sie dieses Jahr sogar einen Golden Globe gewonnen. Und auch ich finde, dass sie die Figur der transsexuellen Bree dem Zuschauer hervorragend und authentisch näherbringt.

Der Film nimmt dann eine überraschende Wendung, als Bree einen Anruf aus einem New Yorker Gefängnis erhält. Es ist ihr Sohn, den Bree, als sie noch Stanley hieß, in einer Liebesnacht gezeugt hatte und von dem sie 18 Jahre lang nicht wusste, dass er existierte. Toby will seinen Vater finden, doch Bree will nur eins, ihr altes Leben hinter sich lassen und Stanley für immer vergessen.

»Hat dir der Film gefallen?«, fragt mich mein Vater, nachdem der Abspann eingeblendet wird und wir uns auf den Weg machen.

»Er war ziemlich gut«, sage ich und schmeiße die leere Popcorntüte in den Mülleimer.

»Das Make-up der Schauspielerin war gekonnt, denn am Anfang habe ich nicht gewusst, ob sie transsexuell ist oder nicht.«

»Ja, das stimmt. Mit dem richtigen Make-up kann man einiges verändern.«

»Trotzdem finde ich, dass die Problematik nicht ganz zur Geltung kommt. Er ist halt komödiantisch gehalten und eher zur Unterhaltung gedacht. Ein typischer Film aus dem Hause Hollywood. Aber dennoch war er sehr gut gemacht.«

Ich trinke noch den letzten Rest der Cola aus, bevor ich den Becher draußen entsorge und mich kurz orientieren muss, auf welchem Weg ich am schnellsten die U-Bahn-Station erreiche.

»Vergiss den Termin morgen nicht. 8.30 Uhr vor dem Amtsgericht.«

»Keine Sorge. Den habe ich mir rot im Kalender angekreuzt.«

»Dann bis morgen.«

»Ja, bis dann.«

»Und danke noch mal für das Kino und das Popcorn.«

»Gerne. Tschüss.«

*

Ich laufe die mit Zigarettenkippen übersäten Treppen der U-Bahn-Station eilig hinunter. Mit der schweren Sporttasche in der Hand schaffe ich es gerade noch rechtzeitig und steige atemlos in die Bahn ein. Ich setze mich auf einen freien Platz am Fenster und nehme eine Wasserflasche aus der blauen Sporttasche. Durstig trinke ich daraus.

Ich freue mich auf die heutigen Tanzstunden, denn wir werden nun endlich die Choreografie für die große Neujahrsgala, die in der Tanzschule stattfinden wird, üben.

Ein halbes Jahr zuvor hatte ich einen Aushang für ein Tanzcasting gelesen. Weil ich auf der Suche nach einer Freizeitbeschäftigung war und das Tanzen mir sehr zusagte, entschied ich spontan, dort hinzugehen. Nervös kam ich als eine der Letzten in den umgestalteten Proberaum und tanzte auf Wunsch der Teamleiterin die zuvor einstudierte Choreografie vor. Seither bin ich in der Gruppe aufgenommen und probe derzeit dreimal die Woche mit den anderen Mädchen.

Das Schöne am Tanzen ist, dass ich den ganzen Frust, im falschen Körper geboren zu sein, halbwegs vergessen kann. Das Dilemma einfach wegtanzen. Das gelingt mir auch ganz gut. Nur leider sind die Probestunden oftmals viel zu schnell vorbei, und spätestens in der Umkleide beginnt das Versteckspiel von Neuem …

Nachdem die Bahn in die Haltestelle in der Nähe der Tanzschule eingefahren ist, greife ich nach meiner Tasche und steige mit einem Lächeln auf den Lippen aus der Bahn.

Nach dem Wechsel von Heim und Schule geht es mir deutlich besser. Denn dort weiß niemand von meiner Transsexualität. Aber die Sorge bleibt, dass mein Geheimnis wieder öffentlich wird und die Mobbingattacken von Neuem beginnen. Das Tanzen hilft mir, diese Gedanken zu vergessen. Wenn auch nur für eine gewisse Zeit.

Mit eiligen Schritten überquere ich die autoleere Straße und entscheide, eine Abkürzung durch die nahe liegenden Schrebergärten zu nehmen.

Angekommen, öffne ich mit meiner freien Hand die Tür der Sporthalle und begebe mich zu den bereits anwesenden Mädchen in die Umkleidekabine.

»Hi.«

»Hi Hannah. Auch schon aufgeregt wegen der neuen Choreografie?«

Melissa, der Modeltyp unter uns, räumt ihre Klamotten von der Holzbank und bietet mir den Platz neben sich an. Dankend lasse ich mich auf ihm nieder.

»Total. Sind die anderen schon in der Halle?«, frage ich neugierig.

»Ja, die sind schon alle da. Willst du dich nicht umziehen?«

»Doch, ich … muss nur noch mal auf die Toilette.« Ich gehe schnellen Schrittes zum anderen Ende der spärlich eingerichteten Kabine und ziehe die Tür, die zu den Toiletten führt, fest hinter mir zu. Ungeduldig stehe ich angelehnt an der Tür und warte, dass Melissa und Natascha den Raum verlassen, sodass ich mich in Ruhe umziehen kann.

Nach einer akzeptablen Wartezeit betätige ich kräftig die Toilettenspülung und stelle den verkalkten Wasserhahn an. Ich streiche meine Haare über die Schulter und tropfe mir kaltes Wasser ins Gesicht. Musternd betrachte ich mein Abbild im von der Zeit stumpf gewordenen Spiegel und suche nach einer Veränderung, die seit der Hormongabe im Juli langsam eintreten sollte.

Und tatsächlich habe ich ein Gefühl, dass sich mein Körper allmählich verändert. Ich kann nun endlich auf die Silikon-BHs verzichten. Denn es hat sich bereits eine kleine Brust gebildet, was mich sehr glücklich macht. Es gibt mir das Gefühl, weiblich und einen gewaltigen Schritt näher an meinem Ziel zu sein. Selbst die Taille ist schlanker geworden und meine Hüften und Oberschenkel deutlich fülliger. Eigentlich kein Grund zur Freude, aber durch die neuen Rundungen an den richtigen Stellen bin ich zufriedener denn je. Und schließlich wird sich auch in den nächsten Monaten körperlich noch einiges verändern. Das hat mir mein Arzt versprochen.

Ich stelle den Wasserhahn wieder aus und lausche an der Tür. Da ich keine Geräusche ausmachen kann, öffne ich die Türe und bin erleichtert, dass Melissa und Natascha den Raum bereits verlassen haben und ich mich nun in Ruhe umziehen kann. Während ich dies eilig tue, habe ich stets die Aufmerksamkeit auf die zuvor zugemachte Kabinentür gerichtet. Wenn jetzt jemand reinkommt, denke ich. Schnell ziehe ich noch das weiße Trainingsshirt über und laufe in die Probehalle.

»Setzt du dich zu uns?« Heike, die Trainerin des Teams, winkt mich zu sich in den Sitzkreis und beginnt aufgeregt, alle wissenswerten Informationen der anstehenden Gala weiterzugeben. Ich höre gespannt zu.

»Okay. Jetzt lasst uns mit dem Training loslegen.«

Die 14 Mitglieder des Tanzteams verteilen sich großzügig in der Halle und beginnen mit den Aufwärmübungen. Ich dehne sorgfältig meinen Körper. Zuerst die Arme und die Seiten, dann die Beine und Waden.

Nachdem wir uns ausgiebig gedehnt haben, befolgen wir die weiteren Ansagen von Heike. Nun beginnt das eigentliche Training, und ich begebe mich auf meine Position nach vorne. Heike zeigt allen Schülerinnen die Choreografie und bemüht sich, diese uns in den folgenden zwei Stunden möglichst gut beizubringen. Ich gebe mir große Mühe und freue mich über jeden neu erlernten Tanzschritt, den ich mit viel Elan und Körperspannung exakt ausführe.

Tanzen ist zu einem wichtigen Bestandteil meines Lebens geworden. Wenn ich tanze, dann vergesse ich die Welt um mich herum. Meine Ängste und Sorgen werden ganz klein. Und für wenige Momente scheint alles gut zu sein und ich fühle mich dem Glück ganz nah … Ich bin frei und dennoch gefangen von der überwältigenden Kraft des Tanzes.

»Mädels, ich glaub, wir haben es. Gut gemacht.« Zufrieden schaut Heike in die Gesichter ihrer erschöpften Gruppe. »Bis zum nächsten Mal. Und vergesst nicht, auch zu Hause ein bisschen zu üben.« Mit einem Lächeln verabschiedet sie sich und stellt die CD-Anlage aus. Wie schnell die Zeit vergeht, denke ich beim Dehnen meiner Arme und Beine.

Erschöpft und zufrieden zugleich, warte ich geduldig, bis die Mädchen sich umgezogen haben. Nachdem auch die Letzten die Umkleide verlassen haben, gehe ich langsam in den nun leeren Raum. Ich bin ein wenig traurig darüber, dass ich zu viel Angst habe, mein Geheimnis mit den anderen zu teilen.

Wie gern würde ich mich nicht mehr verstecken müssen. Wenn ich doch bloß spontan sein könnte, wie die anderen Mädchen auch. Gedankenverloren sitze ich auf der löchrigen Holzbank und ziehe mich um.

*

Auf dem Weg zur U-Bahn-Station tanze ich die erlernten Schritte und bin in Gedanken an das neue Heim froh, dort keinen Beleidigungen mehr ausgesetzt zu sein.

Auf Grund von Bauarbeiten auf den Gleisen komme ich erst viel später als erwartet in der Gruppe an. Diese liegt mit öffentlichen Verkehrsmitteln nur 15 Minuten vom Stadtzentrum entfernt, in einer abgeschiedenen Seitenstraße. Von außen ist das Gruppenhaus in einem schlichten Weiß gehalten und ähnelt einem Mehrfamilienhaus. Es ist zwar eine Intensivgruppe, doch gibt es keine Regeln in der Art, wie ich sie aus der anderen Gruppe kenne.

Als ich die kleine Allee entlanggehe, denke ich daran, wie viel Glück ich doch gehabt habe. Mit mir sind es sieben Jugendliche, die in der Intensivgruppe wohnen. Es sind keine Verhaltensauffälligen, sondern Jugendliche, die dramatische Erfahrungen hinter sich haben. Dass ich selbst eine schwierige Vergangenheit habe, behalte ich stets für mich. Denn eine Frage würde zwangsläufig zur nächsten führen, und ich habe mir fest vorgenommen, so wenig über mich preiszugeben wie nur möglich. Auf weitere Erfahrungen wie im letzten Jahr kann ich dankend verzichten.

Die Regeln sind leicht zu befolgen. Wochentags dürfen wir bis 21 Uhr nach draußen. Am Wochenende sogar bis 22 Uhr. Klingt im ersten Moment nicht nach langen Ausgehzeiten, aber eine Steigerung ist es allemal. Auch ist Selbstständigkeit gefragt. Jeder von uns hat einmal die Woche Kochdienst. Das heißt, dass ich dienstags für ein warmes Abendessen zuständig bin. Einmal die Woche haben wir die Gelegenheit, unsere Wäsche zu waschen, denn jeder von uns hat seinen eigenen Waschtag. Bis auf Marcel und Katrin. Die müssen sich einen teilen. Da jedem von uns bewusst ist, dass die beiden des Längeren heimlich zusammen sind, haben wir anderen deshalb auch kein schlechtes Gewissen.

»Ich bin wieder da«, sage ich und lehne mich an die Tür des Bürozimmers.

»Hi. Wenn du magst, kannst du dir oben in der Küche noch etwas zu essen warm machen. Es gibt Ratatouille.« Kristin, mit ihren 28 Jahren die jüngste der Betreuer, sitzt vor dem PC und googelt etwas für meine Zimmernachbarin Maike, die quer über den Bürotisch lehnt und Kristins Arbeit beäugt.

»Oh, wie lecker!« Freudig überspringe ich jede zweite Stufe und eile in die Küche am Ende des Flurs.

Ich nehme die Alufolie von dem bereitstehenden Teller und stelle ihn eine Minute zum Warmwerden in die Mikrowelle. Wie lecker es duftet. Das ist Karolines Handschrift. Eindeutig. Denn sie und ich sind die Einzigen, die konsequent und voller Überzeugung auf Fleisch verzichten und dementsprechend unsere Kochtage gestalten.

Seit ich vor fünf Jahren zufälligerweise eine Fernsehdokumentation gesehen hatte, die sich mit den Themen »Tierquälerei« und »Wie das Fleisch auf unsere Teller kommt« beschäftigte, habe ich mir geschworen, dass kein Tier wegen mir solch schreckliche Qualen durchmachen muss, und ermutigte jeden, sei es in der Schule oder in Supermärkten oder auch auf Geburtstagen von Bekannten und Verwandten, doch einmal die vegetarische Küche mit ihrer überraschenden Vielfalt zu probieren. Leider erlebte ich mehr verständnisloses Kopfschütteln als erwartet. Dennoch gab ich nicht auf und habe mit Karoline endlich jemanden gefunden, der meine Ansichten teilt und wie ich ein Herz für Tiere hat.

»Hannah!«, ruft es vom Flur. Wenig später kommt Karoline zu mir in die Küche und setzt sich an den Küchentisch, der mit seiner beachtlichen Länge für mehr als zehn Personen Platz bietet. Die Küche wurde letztes Wochenende neu eingerichtet und hat jetzt edle weiße Schränke und ein Cerankochfeld.

»Wie war das Tanzen?«, fragt sie neugierig.

»Es war klasse. Wie haben viele neue Schritte einstudiert.«

»Ich freue mich so, dich bei deinem nächsten Auftritt zu sehen«, sagt sie mit aufgeregter Stimme.

Zwar kann ich mich gar nicht daran erinnern, sie eingeladen zu haben, aber ich freue mich umso mehr, dass sie mich auch beim Tanzen unterstützen möchte. Kennengelernt haben Karoline und ich uns bei meinem Einzug hier ins Heim. Wir haben uns von Anfang an gut verstanden. Gleicher Humor, gleiche Weltansicht – ich fühle mich einfach wohl und sicher mit ihr.

Es piepst. Ich öffne die Mikrowelle und entnehme vorsichtig den heißen Teller. »Wie gut das riecht.«

»Danke. Aber probiere erst mal«, sagt sie vorsichtig und wartet auf mein Urteil.

Ich pikse mir eine Nudel und etwas Gemüse auf die Gabel und führe sie zu meinem Mund. »Mmh, schmeckt das gut«, lobe ich sie und stelle das Kauen so genussvoll und sexy dar, wie es mir möglich ist, denn wir albern gerne und oft.

Karoline prustet los und kontert mit unerlaubt verruchter Stimme. »Mmh, es schmeckt dir also!«

Und ich antworte wieder und tue es ihr gleich. »Ja, es schmeckt mir!«

Es geht noch eine ganze Weile so weiter, bis unsere Stimmbänder diese unnatürliche Verstellung nicht mehr mitmachen und der Spaß daran allmählich vergeht. Nachdem ich mich am leckeren Ratatouille satt gegessen habe, spüle ich den Teller im Waschbecken vor und stelle ihn zu den anderen in die Spülmaschine.

»Hast du Lust, eine Runde ›Vier Gewinnt‹ zu spielen?«, fragt mich Karoline. Ich bin zwar schon ein wenig müde, aber zu einer Runde lasse ich mich überreden. Und als Karoline schließlich das dritte Mal hintereinander verliert, beschließt sie griesgrämig, dass es nun angebracht sei, aufzuhören.

»Magst du auch noch einen Tee, Karoline?« Ich fülle etwas Wasser bis zum zweituntersten Strich des Wasserkochers und stelle ihn an. Ich greife nach den letzten zwei sauberen Tassen im Regal über mir und lege jeweils einen Pfefferminzteebeutel hinein. Ungeduldig warte ich, bis der Hebel nach oben springt, und gieße die Tassen auf.

»Kommst du mit ins Wohnzimmer und mit den anderen Fernsehen gucken? Es soll ein guter Film laufen.«

Ich schaue auf die Küchenuhr. »Nein, es ist schon ziemlich spät und ich muss morgen früh raus«, antworte ich ihr.

»So wie wir alle«, ruft sie auf dem Weg ins Wohnzimmer, bevor sie darin verschwindet und die Tür leise schließt. Mit meiner Tasse voll heißem Tee gehe ich behutsam die Treppen wieder runter zu meinem Zimmer, das direkt neben dem Büro ist.

Ich gebe Kristin noch Bescheid, dass ich ins Bett gehe, bevor ich dann das Licht ausschalte und die wenigen Stunden bis zum Termin voller Vorfreude an meinen Fingern abzähle.

DIE NAMENSÄNDERUNG

Ich trage meine graue Röhrenjeans, dazu einen gelben, ausgeschnittenen Pullover und ein weißes Top darunter. Meine Haare habe ich heute Morgen sorgfältig nach hinten gekämmt und zu einem Zopf gebunden. Mein Vater trägt einen schlichten und eleganten schwarzen Anzug, der verrät, dass er von der Arbeit gekommen sein muss.

Wir stellen uns in die Schlange für die Sicherheitskontrolle, denn ohne die kommt man nicht rein. Mulmig ist mir schon, da ich die Nächste bin, die durch einen jener tristen Sicherheitsautomaten gehen muss, an denen man auch auf Flughäfen nicht vorbeikommt. Ich bin immer heilfroh, wenn sie nicht piepen, denn wenn sie es doch tun, fühle ich mich gleich wie eine Verbrecherin, und man wird sofort von allen Seiten intensiv angeschaut. Aber ich weiß, wie wichtig solche Kontrollen sind. Nachdem auch mein Vater es beim ersten Mal piepslos geschafft hat, fahren wir mit dem Aufzug in das zweite Stockwerk und suchen den Raum der Richterin Maier. So wie es auf unserem Vorladungsschreiben geschrieben steht. Ungeduldig warten wir vor dem Saal. Obwohl erst wenige Minuten vergangen sind, kommt es mir enorm lange vor.

Endlich geht die Tür auf, und die Richterin bittet uns, hereinzukommen. Wir setzen uns zu ihr an den Tisch. Das Verfahren ist ziemlich unpersönlich. Zu meiner Überraschung nimmt sie das Gespräch mit einem Tonband auf. Sie liest meinen gewünschten Namen einmal laut vor und fragt mich, ob dieser korrekt ist. Ich beuge mich leicht nach vorne und bestätige ihr den Namen, dabei spreche ich laut und deutlich, damit hinterher keine akustischen Probleme auf dem Mitschnitt auftauchen. Dennoch frage ich mich, warum der Aufwand nötig ist.

»Im Alltag, nehme ich an, fallen Sie nicht weiter auf und werden als junge Frau angesehen?«, fragt sie mich, und ich beuge mich für eine Antwort wieder etwas nach vorn.

Im Großen und Ganzen. »Ja.«

»Die Vorgestellte hat lange braune Haare«, redet die Richterin in das Tonband, das sie in ihrer rechten Hand hält, und zupft mit der anderen an ihrer schwarzen Robe. Streng genommen sind meine Haare mittelblond, aber Hauptsache, der Name stimmt.

»Ihr äußeres Erscheinungsbild ist eindeutig weiblich. Weiche Gesichtszüge, nichts Markantes, was auf ein Leben als Junge hinweisen könnte. Des Weiteres hat sie eine auffällig hohe Stimme, was nur selten bei transsexuellen Frauen ohne Logopädie oder Stimmbandoperation vorkommt.«

So viele wohltuende Worte habe ich schon lange nicht mehr zu hören bekommen. Erst recht nicht von einer fremden Frau. Es ist zwar allem Anschein nach ihr Beruf, alles zu dokumentieren, aber es tut trotzdem sehr gut. Wieder wird mir bewusst, wie froh ich sein kann, dass ich keinen logopädischen Unterricht brauche, um meine Stimme weiblicher klingen zu lassen.

Auch bleibt mir eine Operation an den empfindlichen Stimmbändern erspart, die den Bass aus der Stimmfarbe entfernt und die Stimmlage auf ein weibliches Maß anhebt, jedoch bei manchen Transsexuellen zu keinem befriedigenden Ergebnis führt.

»Haben Sie schon einen Personalausweis? Sie sind ja immerhin schon 17 Jahre alt.«

»Nein, ich habe noch keinen. Ich wollte erst mal die Namensänderung abwarten, sonst kommt es wieder zu Komplikationen wegen des Namens.«

Sie nickt und legt mir ein Schreiben vor. Die Richterin erklärt mir, dass ich dieses bei den Behörden vorzeigen soll, damit mein Name in sämtlichen Dateien umgeändert wird.

Dann kann ich ohne großen Aufwand und viele Erklärungen den Personalausweis beim Amt beantragen. Sie bittet meinen Vater noch um eine Unterschrift, damit die Namensänderung auch rechtskräftig ist, und begleitet uns anschließend noch bis zu den Aufzügen.

Draußen zischt der kühle Wind an meinen Ohren vorbei. Ich bedanke mich bei meinem Vater, dass er mitgekommen ist und seine Einwilligung gegeben hat. Dann macht er sich wieder auf zur Arbeit, und ich überlege, ob es sich noch lohnt, in die Schule zu fahren.

Natürlich nicht, sage ich mir, schließlich habe ich nur noch vier Stunden Unterricht, und bis ich erst einmal da bin, sind es eh nur noch zwei. Ich glaube, dass jeder Schüler und jede Schülerin ganz meiner Meinung wäre.

Ich beschließe, die freie Zeit direkt zu nutzen und zum Amt zu gehen, um auch endlich den Personalausweis zu beantragen. Denn fast alle haben schon einen. Die Mädchen aus der Tanzgruppe haben ihre Personalausweise schon vor einigen Wochen beim Amt abgeholt. Nur ich habe meinen noch nicht. Aber das ist jetzt auch kein Problem mehr.

Und nachdem ich mit allen Formalitäten durch bin, werde ich mir einen leckeren Schokoladeneisbecher à la Perugia gönnen. Obwohl es eigentlich noch viel zu kalt dafür ist und ich mich auch einer köstlichen Pizza hingeben könnte. Aber wer sagt, dass ich mich für eins entscheiden muss?

Dienstag 02.01.2007
DER PERSONALAUSWEIS

Ungeduldig stehe ich in der Schlange und warte, dass ich drankomme. Sechs Wochen habe ich warten müssen, bis das Schreiben vom Amt endlich gekommen ist. Jetzt liegt mein Personalausweis bereit zum Abholen, und ich bin tierisch gespannt, wie er letztlich aussehen wird.

Den Abholschein halte ich bereit und rücke einen Schritt weiter nach vorn. Mein Bauch kribbelt, als wenn ich verliebt wäre. Ich bin so glücklich. Wieder habe ich einen weiteren großen Schritt in die richtige Richtung geschafft.

»Guten Tag. Was kann ich für Sie tun?«, fragt mich die Beamtin, die nicht viel größer ist als der Schalter, hinter dem sie steht. Sie pustet sich eine ihrer blonden Locken aus dem rundlichen Gesicht. Ich gebe ihr das Blatt Papier mit unvorstellbarem emotionalen Wert und beobachte die Frau, wie sie eine Schublade des moosgrünen Regals hinter sich aufzieht. Sie stöbert in den alphabetisch geordneten Akten und wird schließlich fündig.

»Bitte sehr.« Unbeteiligt legt sie ihn auf die Ablage, doch für mich ist dies einer der besonderen Momente, die viel zu schnell vergehen. Denn dank ihm werde ich nie wieder in unangenehme Situationen bezüglich meines männlichen Vornamens geraten. Ich presse meine Lippen zusammen, damit mir das freudige Jauchzen nicht allzu laut entgleitet. Den Blick auf meinen Ausweis geheftet, bezahle ich und gehe, den Freudentränen nah, aus dem Gebäude. Ich starre geradezu und muss ihn immer wieder lesen: meinen offiziellen Namen. Und den kann mir keiner mehr nehmen.

Okay, über das Bild lässt sich streiten. Ich hatte es in einem dieser Fotoautomaten gemacht, deren Qualität mit Recht bemängelt wird, und dementsprechend sah ich auf dem Foto auch aus. Egal, wie sorgfältig ich mich vorher geschminkt und frisiert hatte. Aber diese Kleinigkeit trübt meine Freude nicht im Geringsten.

*

Jetzt muss ich mich schleunigst auf den Weg machen zur Neujahrsgala, denn unser Auftritt ist um mehrere Stunden nach vorne gelegt worden. Ich beschließe, das kurze Stück bis zum Tanzcenter zu Fuß zu gehen, damit ich noch ein bisschen Ruhe habe und mich auf den Auftritt besinnen kann, bevor der Trubel richtig losgeht.

Ich benutze den Hintereingang auf dem Hof, wie alle Mitarbeiter und Tänzer, damit wir nicht durch die aufwendig gestalteten Räumlichkeiten laufen müssen und die eintreffenden Gäste sich ganz dem Zauber der Gala hingeben können.

Ich selbst habe die Dekoration noch nicht gesehen. Desto mehr freue ich mich, alles in Vollendung bestaunen zu können und die Annehmlichkeiten der Tänzer nutzen zu dürfen, denn alle Speisen und Getränke sind umsonst.

Es ist ziemlich viel los hinter den Kulissen. Die Mitarbeiter versuchen, die Abläufe so zu organisieren, dass keine unangenehmen Lücken entstehen, welche die Gäste unnötig irritieren. Sogar eine Band wird auftreten. Ich kenne »Regenfall« nicht, aber der Name lässt erahnen, dass sie deutsch singen und wir zumindest die Texte verstehen können. Erst später wird sich herausstellen, ob dies ein Ohrenschmaus oder ein Ohrengraus werden wird. Aber jetzt muss ich mich erst einmal an den Musikboxen vorbeiwinden und geschickt über die Kabel steigen, die auf dem Boden mit extrastarkem Klebeband befestigt sind.

Einen Blick hinter die Kulissen einer solchen Veranstaltung zu erhaschen ist gar nicht so aufregend, wie man immer denkt. Es herrschen pure Hektik und ein ziemlich unangenehmer, platter Ton. In der Umkleidekabine ist es ruhiger, obwohl einige Mädchen schon fertig umgezogen sind und sich lauthals Schminktipps für den großen Auftritt zurufen. Eine wie die andere, stehen sie an den wenigen Spiegeln, die in der Kabine hängen, und zanken oder besser zicken um die beste Sicht.

Selbst die ruhige Melissa ist zu einer kleinen Diva mutiert und verdrängt gerade erfolgreich Natalie von ihrem Platz. Beeindruckt von ihrem Durchsetzungsvermögen, setze ich mich auf die Bank neben der Toilette. Weil alle so beschäftigt sind, fällt es gar nicht auf, wie ich mit meinem Tanzoutfit, das unsere Trainerin extra bestellt hat, in der Toilette verschwinde und mich schnellstmöglich umziehe. Denn viel Zeit bleibt nicht mehr. Ich trage mit Absicht einen BH mit extra viel Push, denn ich will nicht nur mit meinen Tanzeinlagen überzeugen!

Da es heute insgeheim mein letzter Auftritt sein wird, auch wenn ich mir dies noch nicht so ganz eingestehen will, möchte ich mich rundum wohlfühlen. Das fängt bei der Wahl der richtigen Unterwäsche an und endet nach vielen Frisier- und Schmink-stunden beim Zurechtzupfen des Rockes. Unsere Outfits sind sehr schön. Wir tragen ein bauchfreies rotes Cheerleader-Ober-teil, obwohl wir uns nicht als solche sehen, und eine weiße eng anliegende Satin-Hose, in die an den Seiten verspielte Schleifen eingearbeitet sind.

Ich schaue mich fertig angezogen im Spiegel an. Das Outfit ge-fällt mir wirklich sehr gut. Ich spüre eine enorme Energie in mir aufkommen. Vielleicht aber ist es auch nur die höllische Aufregung, die sich in mir breitmacht und meine ganze Aufmerksamkeit for-dert.

Ach, am liebsten würde ich mir einen Schluck gönnen. Nur lei-der ist es dafür bereits zu spät. Die Tür springt auf.

»Hannah, komm! Wir müssen auf die Bühne.«

»Aber mein Make-up …«, stottere ich, während Melissa mich aus dem kleinen Raum zerrt.

»Du bist auch so schon hübsch genug.«

Widerwillig gebe ich nach und folge den anderen zum Vorhang, der uns von der Bühne und den 500 Gästen trennt. Also streng genommen 1000 kritische Augen, die einen drei Minuten und 34 Sekunden lang verfolgen. Jetzt, wo ich realisiere, was auf mich zukommt, kann ich gar nicht glauben, dass ich mir so etwas frei-willig antun will, und versuche, mich von Melissas immer noch kräftigem Griff zu befreien.

»Was ist los?«

»Ich glaube, ich kann das nicht.« Ich klinge panischer als be-absichtigt.

»Natürlich kannst du. Immerhin stehst du ganz vorne. Ohne dich entsteht eine ziemlich unästhetische Lücke.«

»Das beruhigt mich ungemein«, sage ich ironisch.

Von der Bühne aus heizt der eigens für dieses Event engagierte Amateurmoderator den Gästen ein, die uns schon mit lautem Klatschen empfangen.

»Jetzt! Go!«, befiehlt uns einer der Leute, die hinter der Bühne alles organisieren und sich deshalb als sehr wichtig empfinden. Ich ziere mich, aber der nicht ganz sanfte Druck seiner Hand auf meinem Rücken lässt mir keine andere Wahl, als den Mädels zu folgen. Die Bühne ist nur wenig beleuchtet. Wir stellen uns in V-Position auf und warten, dass die Musik aus den Boxen ertönt und unser Tanz beginnt.

Eine gewaltige Ladung Adrenalin durchfährt mich. Die Lichter springen an, färben sich gelb, werden rot, und dann vermischen sich die Farben und werden zu einer neuen, die im Rhythmus des Beats mit uns durch den ganzen Saal tanzt. Die Musik ist laut und dröhnt in der Brust. Spätestens nach den ersten Schritten habe ich die Nervosität abgelegt und finde mich in meiner ganz eigenen Welt wieder. Voll fröhlicher und lebendiger Farben. Voller Klänge und Wellen der Melodien. Ich fühle mich so sicher, dass ich mich ganz und gar dem Tanz hingebe und mich von ihm und von seiner überwältigenden Kraft mitreißen lasse. Ich springe in die Luft, so wie die Schritte es vorgeben, und die Lichter drehen sich zeitgleich zur Decke und fokussieren sie mit ihren Regenbogenfarben. Als ich wieder zurück auf die Bühne trete und mich eineinhalb Mal drehe, tun sie es mir gleich. Noch ein Sprung. Der Letzte, und wir lassen uns auf den Boden fallen. Mit dem Ende des Tanzes erlöschen auch die Lichter, und es wird wieder so dunkel wie bei unserem Einlauf vor 214 Sekunden.

Der Applaus ist ohrenbetäubend. Wir schauen uns alle gegenseitig an und lachen vor Freude und Erleichterung, dass der Auftritt ohne Pannen verlaufen ist. Wir bleiben noch einige Momente auf der Bühne stehen und nehmen jeden Applaus an, der uns entgegengebracht wird, bevor wir die Bühne für »Regenfall« freimachen müssen.

»Das war ein klasse Auftritt«, jubelt Heike uns in unserer Kabine zu und drückt uns fest. »Das habt ihr super gemacht.«

Wir klatschen uns alle gegenseitig ab und sind mächtig stolz auf uns und auch ein wenig verschwitzt. Darum haben wir im Vorhinein Feuchttücher und Deos gekauft, die wir untereinander austauschen.

»Ich habe noch eine kleine Überraschung für euch.« Heikes Stimme ist immer noch voller Begeisterung. Wir hören ihr gespannt zu. »Wenn ihr weiterhin solch eine gute Leistung zeigt, dann werden wir nächstes Jahr zu den deutschen Tanzmeisterschaften fahren.«

Die Mädels sind begeistert und springen kreischend auf und ab. Ich lächle, als ich dort auf meinem Platz an der Toilette sitze, und versuche, mir nichts anmerken zu lassen. Natürlich möchte ich auch dort teilnehmen und weiterhin ein Mitglied der Gruppe bleiben, doch es geht nicht. Denn ich plane die geschlechtsangleichende Operation nächstes Jahr mit Vollendung meines 18. Lebensjahres und werde dementsprechend lange Zeit aussetzen müssen. Ob ich nach der Auszeit noch an die Leistung, die Heike zwölf Stunden die Woche einfordert, anknüpfen kann, weiß ich nicht. Umso mehr möchte ich diesen schönen Tag mit meinem Tanzteam und Karoline, die extra gekommen ist, um mich anzufeuern, genießen.

Ob ich jemals wieder in den Genuss eines solchen imposanten Fests kommen werde …

*

»Hannah, nicht träumen. Zieh dich lieber mal um. Wir sind schon auf der Tanzfläche.« Melissa und die anderen haben sich bereits ihre Kleider und die passenden Absatzschuhe dazu angezogen und trippeln unter angeregten Gesprächen aus der Umkleidekabine.

Ich ziehe das pastellfarbene Kleid an, welches Karoline und ich in der Stadt für ein kleines Vermögen erworben haben, zumindest für unsere Verhältnisse. Ich bin stets darauf bedacht, den feinen

Saum nicht einzureißen. Ich lege ein dezentes Abend-Make-up auf, das ich schon einige Tage vorher mehrmals geübt habe, und betrachte mich abschließend im Spiegel. Die Kreolen, die mir Maja in Perugia gekauft hat, stecke ich mir an und fühle mich elegant und weiblicher denn je. Was ich unter anderem auch dem wunderschönen Dekolleté-betonten Kleid zu verdanken habe. Es schmiegt sich wie eine zweite Haut an meine und bringt meine neue Silhouette zur Geltung. Die Östrogene, welche ich seit sechs Monaten täglich einnehme, zeigen beeindruckende Ergebnisse. Mein Gesicht wirkt voller und femininer. Meine Haut ist weicher als zuvor und gegenüber Berührungen sehr empfindlich geworden. Auch meine Figur wird stetig sanduhrförmiger.

Ich atme tief aus. Es liegt nur noch ein finaler Schritt vor mir. Und den werde ich nächstes Jahr mit großer Entschlossenheit gehen. Ich kann es kaum noch abwarten, endlich ganz Frau zu sein und mein Leben in vollen Zügen zu genießen.

Aber jetzt werde ich Karoline suchen. Apropos, wie finde ich sie überhaupt in der Menge? Langsam, um nicht über meine acht Zentimeter hohen weißen Pumps zu stolpern, gehe ich durch die Hintertür in den leer stehenden Empfangsbereich. Ich schaue mich eine Weile in dem umgestalteten Tanzsaal um und halte nach Karoline Ausschau. Als ich sie nicht entdecken kann, lasse ich mich von der beeindruckenden Kulisse ablenken. Es sind viele Tische aufgestellt, die mit weißen faltenfreien Tischdecken mit Verzierungen eingedeckt sind. Auf jedem einzelnen sind weiße und rosa Kerzen aufgestellt worden, die von schmuckvollen Kerzenhaltern getragen werden. Prunkvolle Blumengestecke sind natürlich auch wieder zu finden.

»Du warst großartig!«, jubelt mir plötzlich Karoline aus der Tanzmenge entgegen und kommt auf ihren Stiefeln wacklig zu mir gelaufen.

»Komm, lass uns tanzen«, fordert sie mich strahlend auf.

»Warte.« Ich weiß nicht warum, aber ich spüre, dass es an der Zeit ist, ihr die Wahrheit über mich zu sagen. Sie ist mir eine gute

Freundin geworden, und ich möchte ehrlich zu ihr sein. Auch wenn dies vielleicht ungut ausgeht. Das Adrenalin tanzt immer noch in meinem Körper umher und lässt die Hemmung schwinden.

»Ich muss dir etwas sagen.« Ich nehme sie bei der Hand und führe sie in die Eingangslobby. Ein bisschen muss ich mich dann doch überwinden, einen Anfang zu finden. Aber ich weiß, dass es richtig ist, die Wahrheit zu sagen. Sonst würde unsere Freundschaft auf Lügen aufbauen und ich müsste stets einen Teil von mir verbergen, was ich nicht will.

»Was gibt es denn?« Karoline sieht mich fragend an. Ich hole tief Luft, gebe mir innerlich einen Ruck und sage es einfach frei heraus, so wie es ist.

»Ich bin transsexuell.« Mann, wird mir heiß. Für einen kurzen Moment glaube ich, dass ich lieber nichts hätte sagen sollen. Das Adrenalin scheint sich in Luft aufgelöst zu haben, und erst jetzt realisiere ich, was ich gerade getan habe. Zu meiner Verwunderung schließt sie mich in ihre Arme.

»Wofür ist das?«, frage ich sie irritiert. Ich hatte mit einer anderen Reaktion gerechnet. Dass sie lacht oder weggeht oder sonst irgendwas.

»Ich finde es schön und mutig von dir, dass du mir von dir erzählst und mir so viel Vertrauen entgegenbringst.« Sie schaut mich freundlich an, und mir wird ganz warm ums Herz.

»Danke für dein Verständnis. Aber du weißt schon, was Transsexualität bedeutet?«

»Na, hältst du mich für einen Neandertaler?« Skeptisch sieht sie mich an.

»Weißt du denn, was ›lesbisch‹ bedeutet?«, fragt Karoline mich zurück. Ich nicke. Klar weiß ich das.

»Tja, ich bin lesbisch.« Ich bin überrascht und freue mich, dass auch sie mir mehr von sich erzählt.

Wir nehmen uns noch einmal in die Arme und spüren, dass wir miteinander so sein können, wie wir sind.

»Wir beide hatten so unsere Geheimnisse«, zwinkert sie mir zu.

»Aber du stehst doch nicht auf mich, oder?«, scherze ich etwas unsicher.

»Soviel ich weiß, darf man in deinem Alter noch keine« – und die nächsten zwei Wörter spricht sie extra leise aus – »geschlechtsangleichende Operation« – jetzt spricht sie wieder etwas lauter, denn sie muss zusätzlich auch gegen die laute Musik aus dem Saal ankämpfen – »durchführen lassen. Dementsprechend bist du nicht ganz die Art Mädchen, die ich für gewöhnlich bevorzuge«, sagt sie gespielt schnippisch und kann sich ein Lachen nicht verkneifen.

»Aber jetzt lass uns den Ball genießen und die Tanzfläche rocken.« Karoline streckt ihre Zunge raus, hält ihre Hand hoch, wie die Leute es auf Hardrock-Festivals tun, und schleudert einmal ihre Haare durch die Luft, was einen amüsanten Kontrast zu ihrem eher klassischen schwarzen Kleid ergibt.

Die Band »Regenfall« hat bereits angefangen zu spielen. Die Musikrichtung ist deutscher Rock vermischt mit Popklängen, dazu spielen sie bissige Texte mit sozialkritischen Aussagen, die Karoline und mich zum Tanzen animieren. Ein wahrer Ohrenschmaus. Wir feiern, haben Spaß und lassen uns vom Tanzstil vergangener Jahrzehnte inspirieren. Der Robotertanz hat es uns besonders angetan. Hin und wieder vermischen wir unsere Bewegungen mit pantomimischen Darstellungen. Dann verfallen wir wieder ins Headbanging. Ich glaube, wir fallen trotz 500 geladenen Gästen sehr auf. Aber davon lassen wir uns nicht irritieren.

Der Song *Esst kein Fleisch*, eine Hardrockballade, gefällt uns besonders gut. Der Refrain ist eingängig und besteht ausschließlich aus Wiederholungen des Liedtitels, die wir lauthals mitgrölen, während wir flippig im Takt abtanzen.

KAPITEL 8

Die Katastrophe

DAS DATE!

»Meinst du, ich kann so gehen?«, frage ich Karoline.

»Na klar. Woher kennst du Francesco eigentlich?«

Ich mustere mich gründlich im Spiegel. »Aus der Schule.«

»Und … sieht Francesco gut aus?« Mit übertriebener Betonung spricht sie seinen Namen aus.

»Würde ich schon sagen. Er ist groß, dunkelhaarig und hat schöne hellbraune Augen. Und bis jetzt scheint er ganz nett zu sein.« Ich trage den Mascara ein weiteres Mal auf. Skeptisch schaue ich zu Karoline.

»Vielleicht sollte ich doch nicht gehen?«

»Und ob du gehst. Wenigstens hat dann eine von uns ein Date. Also los.« Karoline schiebt mich aus der Tür, begleitet mich noch nach unten zur Haustür und wünscht mir mit einem unübersehbaren Augenzwinkern viel Spaß.

Mit einem mulmigen Gefühl im Magen gehe ich die Auffahrt entlang zur Hauptstraße und entscheide, die wenigen Hundert Meter zu Fuß zu gehen. So kann ich meine Gedanken in Ruhe ordnen.

Francesco ist süß, Italiener und dementsprechend temperamentvoll. Er hat mich nach längerem Augenkontakt auf dem Weg zur Klasse abgefangen und verwickelte mich charmant in ein Gespräch. Nun sind wir verabredet und treffen uns bei ihm zu Hause.

Nervös betrete ich das Grundstück. Der Vorgarten ist mit Rosensträuchern bepflanzt, und ich staune nicht schlecht über das schöne Anwesen seiner Eltern, als ich den Pflastersteinweg entlanggehe.

Ich zupfe mein gelbes Top zurecht, räuspere mich und betätige schließlich nervös die Klingel. Sogar meine Hand zittert etwas.

»Hi. Komm rein.«, sagt er, ein breites Grinsen auf dem Gesicht.

Unsicher folge ich Francesco in die eindrucksvolle Eingangshalle und stelle meine Schuhe in die vorgesehene Ecke zu den anderen.

»Komm, wir gehen in mein Zimmer.« Francesco führt mich die Treppen nach oben, den Flur entlang, bis wir einen großen Raum betreten, der für meinen Eindruck typisch jungenhaft eingerichtet ist.

»Das ist mein Zimmer. Du kannst dir eine DVD aus dem Regal aussuchen, wenn du magst. Ich zieh mir schnell etwas anderes an.«

Ich gehe zum Regal. Eine italienische Flagge ziert die weiße Wand. Ich durchstöbere die DVD-Sammlung. Aber etwas Interessantes finde ich nicht.

»Sag mal, Hannah. Kannst du mir den Rücken kurz massieren? Ich hatte heute Fußballtraining, und mein Nacken tut so weh.« Mit seinen großen Händen streicht er über seinen muskulösen Oberkörper und geht gradlinig auf mich zu.

»Ähm … Muss das sein?« Schüchtern schaue ich an ihm vorbei. Auch wenn es mir schwerfällt, an den auffälligen Muskelmassen vorbeizusehen.

Sein temperamentvolles Lachen hallt durch das Zimmer. »Ja, bitte.« Francesco verzieht seine Lippen zu einem wenig attraktiven Schmollmund. Er fasst mich am Arm und führt mich zum Bett.

»Also gut. Aber wenn du danach noch mehr Schmerzen hast … beklage dich nicht.«

»Glaub mir, danach wird es uns deutlich besser gehen!«, gibt er mit einem verschwitzten Lächeln zur Antwort und winkt mich mit dem Zeigefinger zu sich.

»Wieso uns? Du musst dich übrigens auf den Bauch legen, sonst wird das nichts.«

»Jawohl. Alles, was du willst.«

Beklommen versuche ich, eine passende Position zu finden, um seinen Nacken gut packen zu können.

»Setz dich ruhig auf mich drauf, dann kannst du mich besser massieren.« Er gibt sich einen Klaps auf den Hintern. »Du darfst auch, wenn du willst.«

»Haha, lustig.« Angestrengt erwidere ich sein Lachen, doch ich tue, was er will.

»Gut so?«, frage ich ihn leicht genervt.

»Oh ja, ah …« Er stöhnt auf und dreht sich auf den Rücken.

»So kann ich nicht weitermassieren«, beklage ich.

»Was ist das denn!«, schreit er plötzlich entsetzt.

Francesco hat unauffällig seine Hand in meinen Schritt gleiten lassen und ist sichtlich geschockt. Er wirft mich von seinen Hüften und schaut mich angewidert an.

»Ähm, tja, wir haben wohl doch mehr gemeinsam als gedacht.« Mit einem künstlichen Lachen überspiele ich mein extremes Unbehagen und nutze den Überraschungsmoment, um das Haus schleunigst zu verlassen. Als ich mir hektisch die Schuhe anziehen will, höre ich ein Poltern auf der Treppe.

Mit den Schuhen in der Hand laufe ich aus der aufgerissenen Haustür und renne, so schnell ich kann, nach Hause. Weinend erreiche ich die Gruppe und reiße die weiß gestrichene Eingangstür auf. Der Abend ist bereits angebrochen und ich verbringe die kurze Zeit bis zur Nachtruhe allein in meinem Zimmer.

Auch die tröstenden Worte meiner Zimmernachbarin, die mich weinen gehört hat, helfen mir nicht, diesen furchtbaren Moment zu vergessen. Zusammengerollt liege ich im Bett. Meine Augen sind feucht vom vielen Weinen, und ich habe Angst, dass Francesco mein Geheimnis öffentlich macht.

Unruhig wälze ich mich schließlich in den Schlaf.

*

Furchtbare Albträume über den kommenden Schultag haben mich die ganze Nacht lang geplagt. Erstaunt über die Auswirkung meiner Träume wische ich die Tränen aus meinem Gesicht und mache mich für den Tag fertig. Ich gehe ins Badezimmer, putze mir nervös die Zähne und bürste mein zerzaustes Haar.

Gefrühstückt habe ich nicht, und ich weiß, dass ich einige Sachen vergessen habe, in meine Schultasche zu packen, als ich mich auf den Weg in die Schule mache. Unterwegs überlege ich einige Male, an diesem Tag nicht in die Schule zu gehen. Doch meine Abwesenheit würde nicht zur Verbesserung der Situation beitragen. Ich betrete verängstigt das Gelände des Wirtschaftsgymnasiums.

Von Weitem sehe ich ihn an der Eingangstür stehen. Selbstbewusst streicht er durch sein nach oben gestyltes Haar, und ich bin überrascht, wie fließend der Übergang zwischen fettigem und gegeltem Haar sein kann. Mit langsamen Schritten komme ich ihm zögernd näher. Zu meinem Erschrecken steht Francesco nicht alleine dort an der dreckigen Wand, neben den überquellenden Ascheeimern, umgeben von auf dem Boden liegenden Zigarettenstummeln, sondern mit zwei Freunden. Amüsiert schauen sie in meine Richtung. Ich merke erst zu spät, wie mir geschieht.

»Bist du ein Junge?«, fragt einer von ihnen, und er kann sein Lachen nicht länger unterdrücken.

»Voll abartig. Mannsweib.« Auch der Dritte in der Runde prustet drauflos.

Francesco sagt nichts, doch sein verachtender Blick sagt mehr, als Worte je könnten.

Ich stoße die Tür auf und gehe mit schnellen Schritten, um die Tränen erneut vom Fallen abzuhalten, die Treppen hinauf und biege in den Flur ab. Dort treffe ich auf meine Klassenkameraden, die ungeduldig auf Frau Winze warten. Ich geselle mich zu den Mädchen und begrüße sie, doch eine Antwort bekomme ich nicht.

Steffi, ein eingebildetes Mädchen, schaut mich mit einem missbilligenden Gesichtsausdruck an und mustert mich von Kopf bis Fuß.

In diesem Moment wird mir schlagartig bewusst, was geschehen ist …

»Wem fehlt noch alles dieses Blatt?« Frau Winze hält ein Arbeitsblatt in der Hand, von dem sie wohl glaubte, es ausreichend kopiert zu haben. Eifrig zählt sie die vielen Hände.

»Okay. Ich werde noch einige Kopien machen müssen. Setzt euch in der Zeit bitte schon mal in einen Stuhlkreis.« Frau Winze verlässt die Klasse, und die 30 Schüler beginnen, einen Stuhlkreis aus den vorhandenen Stühlen zu bilden. Die erdrückende Zeit des Wartens streckt sich endlos. Mit schwitzigen Händen sitze ich auf meinem Stuhl und hoffe, dass der Unterricht bald beginnen wird.

Ich wage einen Blick in die Runde. Geschockt muss ich wahrnehmen, wie 29 Schulkameraden tuscheln und immer wieder zu mir schauen.

»Deshalb macht die auch nie beim Sport mit.«

»Francesco hat mir das erzählt.«

Ich höre einige Satzfetzen kursieren. Ich spüre einen stechenden Schmerz in meinem Kopf. Mir wird bitterkalt und unerträglich heiß zugleich. Ich spüre den nassen Angstschweiß auf meinem Körper, der sich unaufhaltsam ausbreitet. Panisch schaue ich zu Boden und unterdrücke vergebens die aufkommenden Tränen. Mein Körper beginnt zu zittern. Ängstlich halte ich mich an den Stuhlbeinen fest und hoffe inständig auf ein Erwachen aus diesem unerträglichen Albtraum.

Endlich, die Klassentür öffnet sich und Frau Winze kommt sichtlich außer Atem in die Klasse. Sie reicht die Blätter weiter, bis jeder eins hat. Dann setzt sie sich zu uns in den Kreis. Benommen fokussiere ich Frau Winze und versuche, das Geflüster der anderen zu verdrängen.

»Okay. Heute habe ich etwas vor, was euch als Klasse noch mehr zusammenbringen soll.« Frau Winze wedelt mit dem Arbeitsblatt und fordert mit dieser Geste die Schüler auf, einen Blick auf das ausgeteilte Blatt zu werfen.

»Wie viel weiß ich über meinen Sitznachbarn?«, liest sie die Überschrift laut vor und weist uns daraufhin in die Aufgabe ein. »Schreibt alles, was ihr über euren Sitzpartner links von euch zu wissen glaubt, auf das Blatt. Wenn ihr damit fertig seid, werdet ihr euren jeweiligen Partner der Klasse vorstellen.«

Überzeugt von dieser Arbeitsweise, lässt Frau Winze die Schüler anfangen. Ich schreibe, kann mich aber kaum konzentrieren. Jetzt soll ich mich auch noch vor die gesamte Klasse stellen. Ich habe wahnsinnige Angst und hoffe, dass alles gut gehen wird. Nach 15 Minuten ist die Stillarbeit vorbei und Frau Winze bittet das erste Sitzpaar in die Mitte des Stuhlkreises. Meine Mitschüler grinsen über die absurden Vorstellungen des jeweiligen Partners und ernten viele Lacher.

Ich zähle die Paare nicht mit, aber viel zu früh werden ich und mein Partner David in die Mitte gebeten. Nervös und unsicher stehe ich im Stuhlkreis. Ich kneife die Augen kurz zusammen und schaue während meiner Vorstellung von David krampfhaft auf das Blatt Papier vor mir. Nun ist er dran …

»Hannah ist 17 Jahre alt, ist 'ne Streberin und …« Er macht es gespielt spannend, und die Klasse fängt schon leise an zu kichern. »… und ist ein Mannsweib! Stimmt doch, oder?«

Vergnügt und überzeugt von seiner Vorstellung meiner Person klatscht er seinen Freunden in die Hände. Ein unaufhaltsames Lachen belebt den Raum. Finger zeigen auf mich, und das Getuschel beginnt von Neuem. Vollkommen hilflos stehe ich da.

»Hört auf mit diesem Unsinn«, versucht Frau Winze, die tobende Klasse zu beruhigen.

Die Tränen strömen über mein Gesicht und verschmieren das Make-up. Ich schnappe nach Luft, doch ich habe das Gefühl, in diesem Raum zu ersticken. Mit letzter Anstrengung löse ich mich aus der Angststarre und stolpere schluchzend aus der Klasse hinaus.

Ich laufe, so schnell ich kann. Wohin ist mir egal. Hauptsache weg hier. Als ich mich weitab vom Gelände der Schule sicher wiege, entlädt sich die Hexenjagd in verzweifeltes Weinen. Unaufhaltsam strömen die von Mascara geschwärzten Tränen über mein Gesicht und tropfen im Sekundentakt auf den Boden. In meiner Verzweiflung habe ich eine Ausrede gefunden, wieder zum Alkohol zu greifen.

Am nächsten Kiosk kaufe ich eine kleine Wodkaflasche und trinke sie gierig bis zum letzten Tropfen aus. Der Alkohol beginnt wenig später, seine Wirkung zu entfalten, und ich torkle nach Hause.

Völlig aufgelöst stehe ich in meinem Zimmer und schmeiße sämtliche Unterlagen schreiend vom Schreibtisch. Mit zitternden Händen greife ich eifrig zum Whisky, den ich vor einiger Zeit unter meinem Bett versteckt habe, und trinke einige Schlucke, bis auch diese Flasche leer zu den übrigen in den Kleiderschrank wandert.

Stolpernd hieve ich mich auf die Beine, doch diese wollen mein Gewicht nicht lange halten und lassen mich auf den Boden sacken. Mein Make-up ist ganz verschmiert, und ich reibe mir die Reste des aufgetragenen Mascaras von den Wimpern.

Kraftlos lege ich mich auf den verdreckten Boden und breche wieder und wieder in Tränen aus. Wieso nur passiert das immer mir? Kann ich nicht endlich in Ruhe gelassen werden und ein normales Leben als Frau führen?

Aber für die meisten Menschen gelte ich ja nicht als Frau, sondern als Freak, über den man gerne und viel lacht. Verzweifelt schnappe ich nach einer weiteren, nahe gelegenen Flasche, die aus dem Schrank kullert, doch ich muss feststellen, dass auch diese bereits leer ist.

Auf dem Boden entlangkriechend, schütte ich mir gierig die letzten Tropfen der leeren Wodkaflaschen in den Mund. Während ich vergebens versuche, aus den seit Wochen leeren Flaschen noch einen Tropfen Alkohol zu ergattern, fällt mir plötzlich ein, dass ich noch eine unter den Pullovern versteckt haben müsste. Mit wackligen Beinen stehe ich auf und halte mich mit zitternden Händen am Regal fest. Stolpernd begebe ich mich zum Schrank, reiße orientierungslos die Tür auf und greife nach der letzten Flasche Wodka. Ich trinke …

Doch der Alkohol hat seine betäubende Wirkung längst verloren, und ich sehe, wie sich mein verzerrtes Gesicht auf der Flasche widerspiegelt. Ich sehe furchtbar aus. Erschrocken vor meinem verkommenen Äußeren, torkele ich über den Flur in das Badezimmer und mustere mein aufgedunsenes Gesicht. Ich lehne mich mühsam über das Waschbecken und stoße mit meinem Kopf gegen den Spiegel. Schließlich trinke ich noch einen ausgiebigen Schluck, streiche mir die aufgeplatzten Lippen trocken und beginne, hemmungslos zu schluchzen.

Das kann nicht ich sein. Ich bin hässlich und wertlos. Kein Wunder, dass mich niemand mag. Wer könnte eine wie mich schon gern haben? Ich kann mich ja selbst nicht mal leiden. Nicht solange ich diesen falschen Körper besitze. Heftig schlage ich mit der Flasche gegen das empfindliche Spiegelglas.

Der Spiegel zerspringt, gleichsam der Wodkaflasche, mit einem lauten Knall in seine Einzelteile. Einige Splitter bohren sich in meine Hände und hinterlassen blutige Wunden in meinem Gesicht. Ich kreische vor Schmerz auf und lecke unter Tränen die tropfenden Wodkareste vom Waschbeckenrand.

»Wieso, wieso, wieso …?« Aufgewühlt halte ich meine Taille umschlossen und wippe mit meinem Oberkörper verwirrt auf und wieder ab.

»Wo ist meine Mama?«, frage ich mich vollkommen desorientiert und laufe volltrunken aus dem Bad. »Ich will zu meiner Mama!«, schreie ich immer lauter und verzweifelter.

Unbeholfen wühle ich in einem alten Fotoalbum, das im Regal liegt, und suche nach einem Foto von meiner Mutter. Weinend greife ich danach und lasse dabei die restlichen Fotos auf den Boden fallen. Mit meinen nassen Augen starre ich auf das Foto.

»Ich vermisse dich«, schluchze ich und presse es an mich.

Eine Weile vergeht, und ich stehe mit geschlossenen Augen bewegungslos einfach nur da. Mit einem entsetzten Schrei löse ich mich schließlich aus der Starre und begreife kopfschüttelnd, dass meine Mutter vor langer Zeit gestorben ist. Panisch über den bewusst gewordenen Verlust rutsche ich auf den auf dem Boden liegenden Flaschen aus und verliere das Gleichgewicht.

Ich schlage mit der Stirn gegen den Schrank und halte meine Hände schützend vor die aufgeplatzte Wunde. Mir wird schwindelig.

Vor mir liegen die Scherben der Flaschen, die ebenso gut mein kaputtes Leben darstellen könnten, und ich frage mich, ob ich so enden würde. Dies sind meine letzten Gedanken, bevor ich ohnmächtig zu Boden sinke. Neben mir das zerknitterte Bild meiner Mutter …

*

Ich hatte einen Traum: Ich lief die gepflasterten Straßen meines Heimatortes entlang, und die Sonnenstrahlen wärmten mich. Vor der Tür unseres alten Hauses kam ich ins Stolpern und fiel hin. Weinend hielt ich mir mein Bein und pustete die Schmerzen der aufgerissenen Schürfwunde weg. Eine mir vertraute Frau öffnete die Tür und kam auf mich zu. Mit ihrer Hand strich sie mir durchs Haar und besänftigte mich. Sie lächelte mir zu und sagte: »Es wird alles gut. Du musst nur fest dran glauben.«

Anmutig stand sie auf und ging an den Sträuchern entlang zur Straße.

»Warte, bitte!«, rief ich ihr nach. »Ich will mit dir kommen.«

»Eines Tages, mein Kind … werden wir uns wiedersehen. Ich hab dich lieb.«

Ihre Lippen formten sich zu einem seligen Lächeln, als sie allmählich im grellen Sonnenlicht verschwand.

*

»Wo bin ich?«, frage ich verängstigt und blicke verwirrt in den kleinen, weißen Raum.

»Deine Betreuerin hat dich heute Mittag zu uns gebracht. Du hattest einen Nervenzusammenbruch und warst überhaupt nicht ansprechbar. Sie hat sich große Sorgen gemacht.« Mit ihren dunkelbraunen, lockigen Haaren hockt sie vor meinem Bett und schaut mich fragend an. »Ich bin Frau Mies. Ich bin die Krankenschwester hier auf der Station.«

»Station?« Ich begreife nur langsam, wo ich mich befinde.

Ich werfe die Bettdecke von mir und stehe aus dem Bett auf, als ein eigenartiges Gefühl mich durchdringt und mich müde zurück aufs Bett fallen lässt.

»Du bist wahrscheinlich noch ziemlich mitgenommen. Wir haben dir Beruhigungstabletten gegeben, damit du zur Ruhe kommst«, erklärt mir Frau Mies mit beruhigender Stimme.

»Ich bin ins Krankenhaus eingeliefert worden!«, sage ich nicht lauter als ein Flüstern. Mit aller Kraft hieve ich mich erneut aus dem Bett und tappe zur Tür. Mit großer Mühe stoße ich sie auf und suche Halt am Treppengeländer, das unweit meines Zimmers ist.

»Komm bitte wieder zurück.« Die Krankenschwester läuft mir nach.

»Lassen Sie mich in Ruhe. Ich will nach Hause.« Ich betrete vorsichtig die ersten Stufen, die nach unten in den Eingangsbereich führen. Ich stöhne laut auf und bemerke zu spät, dass ich jeden Augenblick zusammenbrechen werde.

»Mir … mir ist so wahnsinnig schwindelig«, kann ich gerade noch rechtzeitig äußern, bevor mir schwarz vor Augen wird und ich erneut ohnmächtig werde.

»Schnell, ich brauche Hilfe«, ruft Frau Mies durch die Flure.

Langsam öffnen sich meine Augen, und ich finde mich im Bett wieder. Benommen taste ich über meinen Kopf und hoffe inständig, dass die Schmerzen bald vergehen würden.

»Das war wohl heute alles ein bisschen zu viel.« Besorgt schauen sich die beiden Schwestern an, die mich wohl zurück ins Zimmer getragen haben müssen. Frau Mies gibt mir ein großes Stück Traubenzucker, um meinen Kreislauf anzukurbeln.

»Mir ist so schlecht«, stöhne ich angestrengt.

»Du hattest eine Alkoholvergiftung und die Ärzte mussten dir den Magen auspumpen. Du solltest dich jetzt besser ausruhen.«

*

»Klopf, klopf«, höre ich eine Frauenstimme von draußen rufen. Ehe ich etwas sagen kann, öffnet sich schon die Tür und Frau Mies kommt, den Rücken zu mir gedreht, in das Patientenzimmer.

Ich habe ein typisches Krankenhaus-Nachthemd an. Es ist aus einem weißen dünnen Stoff, und ohne etwas drunter ziemlich durchsichtig. Bevor sich Frau Mies zu mir umdreht, ziehe ich die weiß-gelb gestreifte Bettdecke über meine Brust und presse sie an den Seiten platt. Mit dem Handgriff, der über mir an einer Stange befestigt ist, ziehe ich mich in eine aufrechte Position.

Ich bin noch etwas müde und geschafft vom gestrigen Tag, der mir einen Schauer über den Rücken laufen lässt, wenn ich nur daran denke. Dass ich öfter getrunken habe als vielleicht üblich, ist mir irgendwie bewusst. Dass ich aber ein Problem mit dem Alkoholkonsum habe und ich deswegen gestern einen totalen Zusammenbruch erlitten habe, fällt mir schwer, mir einzugestehen. Aber langsam wird es mir klar.

Beim Anblick des Krankenhausfrühstücks auf dem Tablett, das Frau Mies mir ans Bett stellt, dreht sich mir der Magen um.

»Mir ist schlecht«, sage ich und gucke dabei auf den Zwieback und den Orangensaft.

»Etwas Schonkost solltest du dennoch zu dir nehmen. Dein Magen wurde gestern komplett ausgepumpt und dein Körper bräuchte dringendst etwas Nahrung zur Stärkung.« Sachte reicht sie mir ein Stück Zwieback. Widerwillig nehme ich es und beiße eine kleine Ecke davon ab. Mein Mund ist sehr trocken. Der Zwieback bleibt förmlich an meinem Gaumen kleben und ich muss ihn mit einem großen Schluck Wasser hinunterspülen.

»Wann kann ich nach Hause?«, frage ich, nachdem ich den Klumpen hinuntergespült habe.

»Du hast um 13 Uhr noch eine Nachuntersuchung bei Dr. Arnskamp. Wenn deine Blutwerte in Ordnung sind und es dir so weit gut geht, dann werden wir einen Betreuer von dir anrufen und dich abholen lassen.«

Es ist gerade mal eine halbe Stunde nach sieben. Was soll ich denn so lange machen?

»Deine Betreuerin hat sich gestern große Sorgen um dich gemacht«, fährt Schwester Mies fort und erklärt mir, dass sie im Namen von Kristin, die sich auch mit der Heimleitung besprochen hat, einen Termin bei der Krankenhauspsychologin für mich gemacht hat. Ohne ihre Einschätzung über meinen Gemütszustand könne ich nicht wieder zurück in die Gruppe.

Nach und nach wird mir bewusst, wie dankbar ich sein kann, dass ich den gestrigen Tag so glimpflich überstanden habe. Denn es hätte auch wirklich dramatischer ausgehen können. Allein der Gedanke an Hochprozentiges lässt mich erschaudern. Bis jetzt hatte ich immer das Gefühl, dass es mir hilft. Aber im Moment ist mir übel wie lange nicht mehr, und mein Körper fühlt sich ziemlich erschöpft an.

Die Lust am Trinken ist mir ganz und gar vergangen!, denke ich mir und knabbere noch etwas vom Zwieback. Bleibt abzuwarten, ob ich es auch ohne Alkohol schaffen werde … Der Wille ist da, denn Tage wie den gestrigen möchte ich nicht noch einmal durchleben.

Bevor Schwester Mies geht, beschreibt sie mir den Weg zum Psychologenzimmer und sagt, für wann der Termin angesetzt ist.

Eine Stunde habe ich Zeit, mich fertig zu machen. Für gewöhnlich genug Zeit. Aber meine geschwächten Glieder und diese nachhaltigen Kopfschmerzen lassen mich sämtliche Bewegungen und Schritte um einiges langsamer ausführen. Der Grund, warum ich mich dazu entschließe, noch eine Weile im kuschelig warmen Bett liegen zu bleiben. Dabei ist es höchste Zeit aufzustehen. Das weiß ich. Dennoch bleibe ich noch ein bisschen liegen und drehe mich abwechselnd von einer Seite auf die andere. Schließlich rappele ich mich stöhnend auf und setze meine nackten Füße auf den Boden.

Matt fasse ich an meine warme Stirn. Vielleicht bekomme ich Fieber? Mein Körper ist definitiv dabei, das Chaos, das ich ihm zugemutet habe, zu beseitigen. Das darf nicht noch einmal passieren, wiederhole ich leise und tappe in das kleine, einfach ausgestattete Bad ohne Dusche. Mit noch etwas zittrigen Händen putze ich mir die Zähne. Dass solch einfache, alltägliche Gewohnheiten plötzlich so anstrengend sein können, erstaunt mich.

Automatisch schießen mir Gedanken durch den Kopf, die mich ein weiteres Mal erschaudern lassen. Ich bin Mitte 20, sitze in einer verdreckten Ecke auf der Straße und saufe. Ich sehe völlig fertig aus und erkenne mich selbst kaum wieder. Nachdem ich die Flasche Korn wie Wasser ausgetrunken habe, lasse ich mich nach hinten auf den aufgerissenen vermüllten Asphalt fallen und »genieße« einen weiteren Rausch.

Ich schüttele mich. So habe ich mir meine Zukunft nicht vorgestellt. Ich stelle die Zahnbürste wieder auf das Waschbecken, drehe den Wasserhahn auf und lasse kaltes Wasser in meine Hände laufen, das ich mir ins Gesicht klatsche. Ich wiederhole den Vorgang mehrere Male, bis die Gedanken verblassen und schließlich verschwinden.

Da ich keine frischen Anziehsachen dabeihabe, muss ich mich notgedrungen mit denen vom vorherigen Tag zufrieden geben. Wie ich schon geahnt habe, muss ich feststellen, dass sie extrem nach Alkohol und Erbrochenem miefen. Und wieder türmen sich die Gedanken vor mir auf und damit auch viele maßgebliche Gründe, eine andere Zukunft anzustreben. Kopfschüttelnd verlasse ich das Zimmer.

Die Flure sind weitestgehend leer. Nur ein paar wenige Wagen mit Pflegeutensilien stehen vereinzelt am Rand, die nach kurzer Zeit von Krankenschwestern weitergeschoben werden. Ich befolge Schwester Mies' Wegbeschreibung und gehe durch eine verglaste Tür in das Treppenhaus. Schon nach wenigen Stufen komme ich ins Stocken und atme einige Male laut aus. Wie anstrengend alles wird, wenn der Körper gegen das Restgift im Blut kämpfen muss. Ich habe noch einige Stufen vor mir. Deshalb lasse ich mir etwas mehr Zeit und mache nach jeder dritten eine ganz kurze Verschnaufpause. Etliche Minuten später erreiche ich das zweite Stockwerk. Mit viel Mühe presse ich mich gegen die Tür und drücke sie auf. Noch um die nächste Ecke und dann bin ich auch endlich bei der richtigen Zimmernummer angekommen.

Sachte klopfe ich an. Nach kurzem Warten öffnet Frau Dr. Bach-Müller, wie sie sich mir vorstellt, die Tür und bittet mich herein. Frau Dr. Bach-Müller hat kurz geschnittenes, leicht ergrautes Haar, das ihr Alter erahnen lässt. Sie trägt ein dezentes, auf ihren Typ angepasstes Make-up und ist elegant gekleidet. Das Zimmer ist in einem warmen Terrakotta gehalten, was mir gleich angenehm auffällt. Der gesamte Boden ist mit einem orientalischen Teppich ausgelegt, der mich, wie sicher viele andere Patienten auch, direkt an die berauschende Welt von Tausendundeiner Nacht erinnert. Das Licht ist leicht gedämpft und sorgt zusätzlich für eine beruhigende Atmosphäre.

»Du kannst es dir auf dem Sofa bequem machen.« Frau Dr. Bach-Müller zeigt auf das gut gepolsterte braune Sofa, neben dem ihr Stuhl platziert ist.

»Und ich dachte, diese Art der Therapie gibt es nur in amerikanischen Serien.« Denn ich kenne ja nur den Stuhl in Herrn Meurers Praxis.

»Hier gibt es sie auch«, antwortet sie mir und rückt ihre rote Brille gerade. Stift und Block hat sie sich bereits auf den Schoß gelegt und wartet, bis ich eine bequeme Position gefunden habe. Ich liege angelehnt an die Kissen in meinem Rücken auf der Couch und schlage meine Beine übereinander. Ich atme tief ein.

»Keine Sorge. Wir werden uns einfach nur ein bisschen unterhalten«, sagt sie lächelnd. »Ich erzähle dir kurz, was ich bereits über dich erfahren habe.«

Das ist dann doch eine ganze Menge. Über meine Transsexualität weiß sie bereits Bescheid. Dass ich in einer Wohngruppe lebe, ebenfalls. Meine Probleme mit Alkohol greift sie zum Schluss auf und lässt mir die Zeit, mich zu äußern. Ich muss selbst erst mal darüber nachdenken, warum ich so oft trinke.

Angefangen hatte alles auf einer Party vor zweieinhalb Jahren. Ich hatte eine schwere Zeit hinter mir. Ich erzähle ihr kurz von meinem Aufenthalt in Italien. Weihnachten stand vor der Tür und erinnerte mich an die schönen Zeiten, als meine Mutter noch lebte. Auf der Houseparty dachte ich mir: Hey, trink doch was, danach geht es dir besser ... Zumindest wird das immer behauptet. Und es stimmte sogar. Ich vergaß meine Probleme und Sorgen. Ich fühlte mich leicht wie eine Feder, die vom Wind schwerelos davongetragen wird und die Lüfte erobert. Leider stürzt man nach einem alkoholischen Rausch meist tief ab. Das erzählt einem natürlich niemand. Na ja, und dann kam die nächste belastende Situation, und ich musste oder wollte wieder trinken, um diese zu überstehen. So ging das dann automatisch immer weiter, bis zu jenem Tag, der alles davor in den Schatten stellte.

»Der gestrige«, hakt Frau Dr. Bach-Müller nach.

Dass ich bereits so tief im Alkoholsumpf versunken bin, ist mir nicht bewusst gewesen.

»Du bist mit deinen 17 Jahren noch blutjung und hast dein ganzes Leben vor dir«, muntert sie mich auf, und ich merke, dass sie es ernst meint.

»Vielleicht hilft es dir, wenn du deine Gefühle und Gedanken regelmäßig aufschreibst. Eine Art Gefühlstagebuch.« Schnell schreibt sie sich ihren Vorschlag auf, damit sie ihn nicht vergisst, und spricht dann weiter: »Du musst versuchen, dir die guten Dinge vor Augen zu halten und dich nicht von den negativen so stark beeinflussen zu lassen.«

»Das sagen Sie so leicht.« Aber sie hat recht.

»Natürlich ist alles auch ein hartes Stück Arbeit und nicht von heute auf morgen machbar. Es ist immer leicht, negativ zu denken. Aber an die Situationen positiv heranzugehen, bedeutet immer ein bisschen mehr Arbeit.«

Ich stimme ihr zu. Frau Dr. Bach-Müller bietet mir einen weiteren Gesprächstermin an, den ich gerne annehme.

»Mach doch einen kurzen Spaziergang an den Rhein. Die frische Luft wird dir guttun«, gibt sie mir noch mit auf den Weg, als ich das Zimmer verlasse.

*

Ich grüble einen Moment darüber nach und entscheide mich, ihren Vorschlag anzunehmen und an die Rheinpromenade zu gehen. Schließlich habe ich noch bis Mittag Zeit und etwas Bewegung wird den Kopfschmerzen sicherlich entgegenwirken. Der Weg runter zum Flussufer ist dank der guten Ausschilderung schnell gefunden. Tatsächlich sind die Glieder- und Kopfschmerzen draußen nach etwas Bewegung nicht mehr so stark. Ich schlendere am Geländer entlang und beobachte die vielen Pärchen, die schmusend an mir vorbeigehen.

Ich schaue rauf zum Horizont und male mir eine Zukunft aus, wie sie wohl nie zu sein vermag.

Ich bin 25 Jahre alt, habe erfolgreich studiert und meinem beruflichen Einstieg steht nichts im Weg. Außerdem habe ich einen einfühlsamen und humorvollen Freund an meiner Seite. Natürlich ist er äußerst attraktiv. Aber er ist nicht einer dieser Klischeetraumtypen. Nein. Jakob, so würde er vielleicht heißen, wäre etwas ganz Besonderes. Er mag lange Spaziergänge bei Sonnenuntergang, gutes amerikanisches Essen … So wie ich auch. Also hauptsächlich Fett und Zucker. Ein Wunder, dass ich noch nicht wie ein Hefeteig auseinandergegangen bin. Wobei ich schleichend zunehme und es immerzu verdränge. Zusammen sind wir das perfekte Paar. Weil Jakob mich liebt, so wie ich bin und in Zukunft sein würde … Selbstverständlich liebe ich ihn auch. Das versteht sich ja von selbst.

Der Wasserpegel des Rheins ist typisch niedrig für diese Jahreszeit und es liegen einige Stellen trocken, die man problemlos über die Steintreppen erreichen kann. Kurzerhand beschließe ich, es den anderen wenigen nachzumachen, und bücke mich, um durch das

179

Geländer zu den Stufen zu kommen. Unendlich viele Muscheln liegen am Ufer, und es riecht herrlich nach Meer. Es ist sehr schön hier unten. Der Sandboden ist weich und gibt unter meinen Füßen etwas nach. Ich ziehe mir die Schuhe und Socken aus, nehme sie in die Hand und laufe zu den kleinen Wellen, die am Rheinufer aufschlagen und in den Sand sanft übergehen. Das warme Wasser platscht an meine Beine, und ich genieße die leichte Brise, die meine Haare aufwirbelt.

Ich drehe mich auf den kleinen und größeren Steinen, die im Wasser am Ufer liegen, und fühle mich ungewöhnlich frei. Etwas schwindelig wird mir dann doch. Drum setze ich mich im Schneidersitz auf eine trockene Stelle.

Ich komme etwas zur Ruhe, und das angenehme Gefühl in mir bleibt. Ich denke an meine Mutter. Ich denke an ihre Energie und lebensbejahende Einstellung. Ihre Kraft und ihre einzigartige Ausstrahlung. Sie hätte nicht gewollt, dass ich mich dem Alkohol verschreibe. Sie war eine intelligente, wunderschöne Frau, die sich liebevoll um meinen Bruder und mich gekümmert und alles Erdenkliche für unser Wohl getan hat, damit wir die schönste Kindheit haben, die man sich nur vorstellen kann.

Meine Augen werden glasig und vereinzelte Tränen fallen in den Fluss. Aber nicht nur, weil ich traurig bin. Vielmehr weil ich so dankbar bin, sie als Mutter gehabt zu haben. Ich bin unendlich dankbar für ihre Wärme und die wertvolle Zeit miteinander. Denn sie wird für immer und ewig die beste Mama für meinen Bruder und mich bleiben. Daran kann selbst der Tod nichts ändern. Und eines Tages werden wir alle wieder vereint und nie wieder ohne einander sein. Ich richte ein »Danke« gen Himmel und weiß, dass es ankommen wird.

Ich lasse meine Hände durch das Wasser gleiten. Mit geschlossenen Augen streife ich über die glitschigen von Moos bedeckten Steine. Bei einem halte ich inne und nehme ihn aus dem Wasser. Wow. Einen so nahezu perfekten Stein habe ich wahrlich noch nicht in den Händen gehalten. Ein braun-rotes Steinherz, das für mich nicht nur in diesem wundervollen Augenblick ein besonderes Zeichen sein wird. Ich streiche das Herz aus Stein etwas trocken und drücke es lächelnd an meine Brust.

Mit einem Mal spüre ich eine enorme Kraft in mir aufkommen, die mich geradezu umschließt und ein Kribbeln in meiner Magengegend auslöst. Ein Moment der Glückseligkeit, den ich mir für immer in wohliger Erinnerung halten werde.

Ich hole einen Brief, den ich nach einer Therapiestunde geschrieben habe, aus meiner Tasche und lasse ihn von den seichten Wellen des Flusses in die Welt hinaustragen.

Ein Brief an die Hoffnung

Die Zeit ändert vieles, Menschen, die einst so vertraut, werden zu Fremden und diese wiederum manchmal zu Freunden.

Die Zeit teilt vieles. Die Tage in Stunden, Stunden in Minuten, Minuten in Sekunden …

Vertrautheit zerbricht, Gewohntes erlischt. Leben geht vorüber, Leben beginnt.

Ein Lachen kann Traurigkeit bedeuten und Stummheit wird erdrückend laut. Stille, Ruhe, Tod. Ein Regentropfen fällt ins Wasser und wird eins mit dem Meer. Ein Schwimmender schwimmt gegen die Wellen an – lass dich von ihnen in die Zukunft tragen.

Glück, Liebe, Trauer, Schmerz und Leid heilt nicht mal die Zeit.

Gez. Jemand Hoffender

Die Hoffnung stirbt bekanntlich zuletzt. Ich hoffe, dass mein Brief seinen Weg finden wird.

NACH DEM REGEN KOMMT DIE SONNE!

Unschlüssig betrete ich das Schulgelände. Wohl fühle ich mich nicht und würde am liebsten wieder nach Hause gehen. Während ich einen Fuß vor den anderen setze und mir einen Weg zum Eingang suche, schaue ich mich wie paranoid um. Aber weit und breit keine Spur von Francesco und seinen Freunden. Die anderen Schüler, die sich auf dem Schulhof allmählich versammeln, scheinen sich nicht für mich zu interessieren oder nicht davon zu wissen, was vor drei Tagen passiert ist. Eilig schlängele ich mich durch das Dickicht an Schülern, bis ich endlich die Eingangshalle erreiche.

»Hannah! Hannah!«, höre ich zwei mir bekannt vorkommende Mädchenstimmen. Leicht außer Atem kommen Gülcan und Neomi die Treppen zu mir heruntergelaufen. Sie sind zwei selbstbewusste und temperamentvolle Mädchen, was man deutlich in ihrem kecken Auftreten wiederfindet, und gehen mit mir in eine Klasse.

Ich zögere. Was könnten sie von mir wollen? Vielleicht ist es doch keine so gute Idee gewesen, wieder in die Schule zu gehen?

»Wir dachten schon, du kommst vielleicht nicht mehr.«

Das wäre wahrlich besser. Aber ich begrüße beide mit einem schlichten »Hallo«.

»Es tut uns leid, was am Freitag passiert ist.«

»Wenn du magst, kannst du gerne mit uns rumhängen.«

Ich bin sprachlos vor Überraschung.

»Was passiert ist, war total fies.«

Ich weiß gar nicht, was ich sagen soll. Dass Gülcan und Neomi zu mir halten, ist unerwartet und toll. Sie haben viele Freunde auf der Schule und hätten es eigentlich nicht nötig, mit mir rumzuhängen. Umso mehr freut es mich natürlich, dass sie sich dazu entschlossen haben.

»Danke, das ist sehr lieb von euch«, sage ich immer noch leicht verwundert. Doch ehe ich weiter darüber nachdenken kann, haken sie sich bei mir ein und begleiten mich beschützend zur Klasse. Je näher wir dieser kommen, desto größer ist die Versuchung, zu flüchten. Aber ich bleibe standhaft und stelle mich mit Gülcan und Neomi zu den anderen Mädchen, die ich schüchtern begrüße.

Antonia, die auch in meine Klasse geht, ist die Einzige, die keine Begrüßung über ihre Lippen bringt. Sie sieht mich herablassend an und beäugt mich alles andere als unauffällig von unten bis oben und wieder zurück. Dabei hat sie eine Augenbraue nach oben gezogen, um ihrem Tun das gewisse Etwas zu verleihen.

Vielleicht, weil ich mich durch Gülcan und Neomi gestärkt fühle, tue ich es ihren Blicken einfach gleich und mustere sie provokativ. Damit hat sie allerdings ganz und gar nicht gerechnet. Das sehe ich an ihrem entsetzten Gesichtsausdruck. Schnaufend zieht sie die Luft durch ihre krumme Nase und dreht sich dann von mir weg.

Ich fühle mich stark. Das erste Mal, dass ich aktiv etwas gegen diese Schikanen getan habe. Auch wenn es nicht das Niveau der oberen Liga gewesen ist. Manchmal muss man seinen Mitmenschen einfach einen Spiegel präsentieren, damit die überhaupt merken, wie sie mit anderen umgehen.

Neomi hat die stimmlose Auseinandersetzung mitbekommen und verlangt, dass ich sie abklatsche.

»Jetzt bist du eine von uns«, jubelt sie. Da ich sehr gern zu ihnen gehören würde, freue ich mich über die Aufnahme in ihre Clique.

Pünktlich um acht Uhr beginnt der Deutschunterricht. Schnell bekommen wir eine Einzelarbeit ausgehändigt, die sich aus Wiederholungen der deutschen Grammatik und Rechtschreibung zusammensetzt. Begeistert bin ich nicht. Deshalb lasse ich mir viel lieber von Gülcan die neuesten Modetrends erklären.

Von Zeit zu Zeit merke ich, wie mich einige Schüler immer wieder ansehen. Das Fragezeichen in ihren Gesichtern ist mehr als deutlich zu sehen. Es ist klar, dass nach drei Tagen noch nicht vergessen ist, dass Francesco meine Transsexualität öffentlich gemacht hat und ich weinend aus der Klasse gelaufen bin. Dass ich im Krankenhaus lag, weiß zum Glück niemand. Sonst gäbe es noch mehr Tratsch. Selbst Karoline habe ich von dem Vorfall nichts erzählt, denn ich möchte nicht, dass sie sich unnötig Sorgen um mich macht.

Es gibt nur einen Weg, auf die Gier der Anwesenden nach Klatsch und Tratsch zu reagieren, der für mich zufriedenstellend wäre. Doch würde ich mich trauen, das heikle Thema in der Klasse anzusprechen? Alles ist besser als dieses Getuschel hinter meinem Rücken. Jeder weiß es, doch niemand traut sich, eine Frage zu stellen, sich zu äußern. Denn ich denke, dass es auch einige gibt, die sich für das Thema interessieren und ein offenes Ohr haben werden. Außerdem kann es schlimmer, als es momentan ist, sowieso nicht werden, oder?

Ich klopfe mit dem Kugelschreiber gegen die Tischplatte und grüble hin- und hergerissen über meine Möglichkeiten nach: Soll ich mich trauen und offen dazu stehen? – Um Himmels willen! – Aber wäre das nicht der erste Schritt zur Verbesserung der Situation? – So ein Unsinn! – Bin ich so furchtbar, dass ich mich selbst verleugnen muss? – Eigentlich nicht! – Würde ich gerne vorher etwas trinken? – Eigentlich nicht! Wobei … Nein, definitiv nicht! – Habe ich mehr zu verlieren, als ich ohnehin schon verloren habe? – Nein! Also los, gib dir einen Ruck!

Es vergehen gut zehn Minuten, bis ich so weit bin und innerhalb einer Sekunde kerzengerade vor meinem Tisch stehe. Alle schauen mich an. Ich ringe mit meinem Schweinehund, der mich dazu bringen will, mich wieder zu setzen. Aber ich bleibe standhaft und ziehe meinen Befreiungskampf durch. Ganz ohne Gewalt und missachtende Blicke à la Antonia. Meine Güte. Wie meine Beine schlottern.

»Ich würde gerne etwas sagen, wenn das für Sie in Ordnung ist?«, sage ich mit zittriger Stimme und schaue zu Frau …

»Ähm, ja gut. Worum geht es denn?«, irritiert wartet sie ab.

»Es geht um mich«, gebe ich entschlossen zurück und erhalte jegliche Aufmerksamkeit. Hoffentlich ist das auch wirklich eine gute Idee …

»Ich weiß, dass ihr viel über mich gehört habt, dass einiges über mich erzählt wurde.« Der Anfang ist getan.

»Bist du denn ein Junge?«, ruft Kevin unsicher, aber interessiert. Natürlich nicht. Ich bin ganz normal so wie ihr, würde ich am liebsten sagen, denn in diesem Moment wird mir deutlich, dass ich nicht weniger normal bin als jeder andere.

»Nein, bin ich nicht. Ich bin ein transsexuelles Mädchen.« Ein Raunen geht durch die Klasse. Doch davon lasse ich mich nicht mehr abbringen. »Wenn es etwas Normales gibt auf dieser Welt, dann ist es die ungeheure Vielzahl an Lebensformen. Transsexualität ist keine Entdeckung der Neuzeit. Transsexualismus gibt es, seit es Leben gibt. Selbst im Tierreich kommt so etwas vor. Manche Tiere sind sogar geschlechtsneutral und können zwischen den Geschlechtern variieren. Es gibt nicht nur den einen Mann und die eine Frau. Nicht nur Schwarz und Weiß. Was ist mit der Palette an Farben dazwischen? Die kann man doch nicht ignorieren. Nur weil viele Menschen zu engstirnig sind, das Leben so zu akzeptieren, wie es ist. Abwechslungs- und facettenreich. Ich will mich nicht länger für das schämen, was ich bin. Denn ich bin genauso viel wert wie jeder von euch auch.«

Das alles kommt wie aus der Pistole geschossen. Ich fühle mich wahnsinnig erleichtert, auch wenn ich noch nicht glauben kann, dass ich tatsächlich den Mut aufgebracht habe, all das zu sagen. Es ist still im Klassenzimmer. Die Schüler sehen mich wartend an. Drum schließe ich meine improvisierte Rede ab. »Ich bin fertig.«

Als ich mich zufrieden hinsetzen möchte, hält mich Gülcan am Arm fest und stellt sich zu mir. Sie schaut mich kurz an, dann zu den anderen und klatscht laut in ihre Hände. Entschlossen steht auch Neomi auf und tut es Gülcan gleich. Wie eine Kettenreaktion lassen sich die anderen davon anstecken und klatschen mir wohlgesinnt zu. Respekt und Anerkennung. Ich glaube, ich habe es geschafft. Ganz ohne Alkohol.

In der Pause zwischen Chemie und Biologie sehe ich Francesco und seine Freunde kurz auf dem Schulhof. Eigentlich will ich mich hinter einer Säule verstecken und warten, bis sie weitergehen, aber Gülcan und Neomi machen mir Mut und lassen mich die Pause über nicht alleine. Von Francesco ernte ich verachtende Blicke, die immer noch ein bisschen wehtun. Aber ein mieser Spruch bleibt mir erspart.

*

Zur Mittagszeit ist die Schule für diesen Tag endlich vorüber. Zu Hause essen wir alle zusammen Butterbrote, denn es gibt erst am Abend eine warme Mahlzeit. Karoline und ich beschließen, einen Verdauungsspaziergang zu machen. Wir genießen die Nachmittagssonne am nahe gelegenen Bach und beobachten eine Weile die orange-weißen Fische, denen wir alte Brotstücke ins Wasser werfen. Eifrig schnappen sie danach.

Hin und wieder habe ich noch das Verlangen, etwas Alkoholisches zu trinken. Dann gehe ich, wie es Frau Dr. Bach-Müller mir geraten hat, an der frischen Luft spazieren, denn es hilft mir, bei klarem Verstand zu bleiben und dem Drang entgegenzuwirken. Von Tag zu Tag gelingt das mir besser. Auch wenn es erst der dritte ist. Hauptsache, ein Anfang ist gemacht.

Außerdem habe ich angefangen, ein Gefühlstagebuch zu schreiben. Immer wenn es mir schlecht geht, bringe ich meine Gedanken zu Papier. Die Sorgen scheinen dann wie weggeschrieben zu sein und machen Platz für bessere Gedanken. Das Schreiben ist wie eine Therapie für mich …

Karoline begleitet mich, weil sie einfach Freude am Spazierengehen hat. Von dem therapeutischen Nutzen der aktiven Bewegung für mich weiß sie nichts. So können wir den Fußmarsch ohne bedrückte Gemütslage angehen.

»Ich werde nächste Woche eine Beratungsstelle für Transsexuelle aufsuchen«, erzähle ich ihr, und sie findet mein Vorhaben sehr gut.

»Ich denke, dass mir eine ausführliche Beratung helfen wird, einen guten Chirurgen zu finden.«

»Apropos Operation! Wann ist es denn so weit? Du wirst ja nächstes Jahr 18.«

Sie bringt mich zum Strahlen. Ich kann es kaum abwarten, die OP durchführen zu lassen. »Den Antrag werde ich diese Woche noch abschicken«, erzähle ich mit aufgeweckter Stimme. »Mein Therapeut, der Herr Meurer, hat mir gesagt, dass ich wahrscheinlich noch für ein Gutachten vorgeladen werde. Danach steht der geschlechtsangleichenden Operation nichts mehr im Wege.« Ich merke, wie aufgeregt ich werde, wenn ich auch nur an den Tag der Operation denke. Aber Karoline bringt mich schnell wieder runter auf den Boden der Tatsachen.

»Wenn das Gutachten zu deinen Gunsten ausfällt«, sagt sie, um mich ein wenig aufzuziehen.

»Es wäre ziemlich komisch, wenn ich die Einverständniserklärung nicht bekommen sollte. Immerhin ist mein Name bereits geändert und ich nehme seit über einem Jahr weibliche Hormone«, erinnere ich sie.

»Ich weiß. Das war ja nur Spaß.«

Sie grinst und wirft noch etwas von den Brotkrümeln in den Bach, der uns noch ein Stück begleitet.

Freitag, 21.09.2007
BESUCH BEI DAGMAR

»Warte mal.«

»Was gibt's?«

»Hast du nicht etwas vergessen?«

Ich drehe mich zu Kristin um und sehe sie mit meinem Brief in der Hand herumwedeln.

»Danke«, rufe ich ihr zu und freue mich, dass sich unser Verhältnis inzwischen intensiviert hat und Kristin mich unterstützt, wo sie nur kann.

Auf dem Weg zur Bushaltestelle werfe ich den Antrag für die geschlechtsangleichende Operation in den Briefkasten und hoffe auf baldige, positive Antwort.

Das Treffen mit der transsexuellen Dagmar, die eine Beratungsstelle für Transsexuelle und Angehörige leitet, findet in einer vornehmen Wohngegend in Bonn statt, wie sich aus den prunkvollen Häusern und perfektionierten Vorgärten leicht erschließen lässt. Auch Dagmar wohnt in einem von diesen Häusern. Es wundert mich, wenn ich ehrlich bin. Denn entweder muss sie extrem viel Geld verdienen. Was theoretisch nicht sein kann, wenn sie eine Beratungsstelle für Randgruppen wie sie und mich leitet. Vielleicht hat sie auch noch einen anderen Beruf oder hat jemand Wohlhabenden geheiratet? Aber am wahrscheinlichsten ist, dass sie das Haus vererbt bekommen hat.

Ich schaue noch einmal genau auf das Namensschild an der Klingel, um mich zu vergewissern, dass ich auch wirklich auf dem richtigen Grundstück stehe. Ich drücke die Klingel. Eine Melodie aus Glockenklängen ertönt. Ich werde ein bisschen nervös, denn ich habe mit Dagmar erst einmal kurz am Telefon kommuniziert und weiß dementsprechend nicht sehr viel über sie. Ihre Stimme klang tief, und typisch für eine Männerstimme war sie mit einem rauen Kratzen versehen. Vielleicht war sie auch nur erkältet, aber auf die Tiefe hätte eine Erkältung wohl keine Auswirkung. Dementsprechend muss sie die männliche Pubertät durchlebt haben und wird vielleicht noch einige andere männliche Merkmale aufweisen. Ich bin gespannt, habe aber auch ein bisschen Mitleid. Denn wenn meine Vermutung stimmt, so wird sie wahrscheinlich nie an der Supermarktkasse stehen können, ohne schräg angestarrt zu werden. Weil sie eine transsexuelle Frau ist, der man ihr Schicksal mehr als deutlich ansehen kann.

Die Melodie bricht ab, und die scheibenlose kastanienbraune Haustür öffnet sich. »Hallo, du bist bestimmt Hannah.«

Ich nicke und betrete das Haus. Es ist von innen genauso schick hergerichtet, wie man von außen erahnt. Doch die Kommoden und Uhren an den Wänden stammen eindeutig von vor ihrer Zeit. Dies stärkt meine Vermutung des Erbes. Aber es kann auch einfach ihr antiquierter Geschmack sein. Sie führt mich durch den Eingangsbereich in ihr Wohnzimmer. Zwei weiße platzfüllende Ledersofas sind auf den edlen schwarzen Teppich gestellt. Ein runder Glastisch in der Mitte, der einen Teller Gebäck und zwei Gläser Wasser trägt. Ich bin von dem Luxus, der mich umgibt, etwas eingeschüchtert. Und ich bin mir ganz sicher, dass sie geerbt hat.

»Setz dich, bitte.« Dagmars Stimme klingt freundlich und hat einen weiblichen Sprechfluss, obwohl sie tief ausgelegt ist.

Ihre großen maskulinen Hände, die sie mit French Nails versucht zu verweiblichen, fallen mir sofort auf, als sie nach einem Glas greift. Ihre Haare sind schulterlang und von der letzten Braunfärbung nicht ganz abgedeckt. Auch ihre gelblichen großen Zähne, die mich eher an einen männlichen Kaffeetrinker erinnern, machen sich beim Sprechen schnell bemerkbar. Dagmars Körper hat eine eindeutig männliche und große Statur. Auch ihre Bewegungen wirken ein wenig grob und nicht frauenhaft. Dennoch spüre ich ihre weibliche Aura, auch wenn man sie äußerlich leider kaum wahrnehmen kann. Es ist irgendwie traurig, jemanden zu sehen, der durch und durch in seinem Körper gefangen ist. Wieder merke ich, was für ein enormes Glück ich gehabt habe, dass mir dieses traurige Schicksal erspart bleibt. Doch in ihren hellbraunen Augen sehe ich den Stolz einer starken Frau, der ich meinen Respekt zolle. Weil sie das Beste aus ihrem Schicksal macht und zu sich steht, obwohl es gerade in ihrer Haut erheblich schwieriger ist als für mich.

»Nimm dir ein paar Kekse, wenn du magst«, bietet sie mir gastfreundlich an. Ob sie die selbst gebacken hat? Neugierig greife ich zu und beiße von einem mit Schokoladenglasur ab.

»Mmh lecker, selbst gemacht?«

»Selbst gekauft und auf den Teller gelegt«, sagt sie mit gespieltem Stolz. »Man kann leider nicht alles können«, schnauft sie und gönnt sich noch einen Schluck Wasser. »Aber was führt dich zu mir? Wie kann ich dir helfen?«

Wo soll ich da anfangen?

Ich erzähle ihr, dass ich die geschlechtsangleichende Operation nächstes Jahr durchführen lassen möchte. Dagmar erklärt, wie wichtig es ist, diese von einem erfahrenen Operateur machen zu lassen. Denn es gibt viele schwarze Schafe auf dem Markt. Ich bin etwas abgeschreckt und frage, ob sie einen kennt, an den ich mich wenden könnte.

Sie selbst hat sich vor vier Jahren unters Messer gelegt. Viele Monate intensiver Recherche waren notwendig, um diesen Operateur mit den magischen Händen zu finden, erzählt sie mir begeistert. Dagmar hat sich in Internetchatrooms mit anderen Suchenden sowie bereits operierten transsexuellen Frauen ausgetauscht und jedes Bild einer gelungenen Operation, das sie in die Finger bekam, genauestens begutachtet. Denn sie wollte sich bei dieser wichtigen Entscheidung, von der so vieles abhängt, nur in die Hände des Besten der Besten begeben.

»Was kann denn da alles schiefgehen?«, frage ich Dagmar verunsichert, aber neugierig. Solche Gedanken habe ich mir bis jetzt noch gar nicht gemacht. Ich hätte wahrscheinlich den Erstbesten genommen, der am ehesten Zeit hat. Hauptsache, ich bin von diesem Ding befreit, das mich so anekelt.

Bei so vielen missglückten Fällen, die mir Dagmar aufzählt, wird mir erst bewusst, um was für eine schwierige Operation es sich tatsächlich handelt. Es kann passieren, dass bei der Umformung der Eichel zu einer Klitoris sämtliche Nervenverbindungen abgetrennt werden und man wenig bis gar keine Gefühle mehr empfinden kann. Ich bin erstaunt und frage sie, ob das wirklich passieren kann. Dagmar versichert es mir, denn sie hat mit einigen Betroffenen gesprochen, bei denen die Operation nicht optimal verlaufen ist, weil der Arzt inkompetent war. Ich esse einen weiteren Keks, um mich etwas zu beruhigen. Außerdem erzählt Dagmar, dass es optisch unschön und unecht aussehen kann, wenn der falsche Arzt hantiert. Da gibt es viele Ärzte, die verschiedene Techniken anwenden. Doch Dagmar versichert mir, dass ihr Arzt ein wahrer Künstler ist und optisch schöne und technisch einwandfreie Ergebnisse erzielt. Sie merkt wahrscheinlich mein sorgenvolles Gesicht.

Dagmar folgt meiner Bitte, mir die Adresse von dem Arzt aufzuschreiben, damit ich mich bei ihm persönlich vorstellen und überzeugen lassen kann. »Du wirst es nicht bereuen.«

Ich vertraue Dagmar und stecke den Zettel mit der Adresse des Arztes in meine Tasche. Während sie an einem ihrer Fertigkekse knabbert und ihre Haare etwas zurechtzupft, frage ich mich, wie es bei ihr wohl angefangen hat. In der Hoffnung, dass sie über ihre Vergangenheit erzählen möchte, spreche ich Dagmar darauf an.

Überrascht schaut sie mich an und wischt sich die Krümel von ihren schmalen Lippen, die sie mit einem zarten roten Lipliner in Form zu bringen versucht. »Das interessiert dich?«

»Natürlich.« Ich habe das Gefühl, dass sie nicht sehr oft nach privaten Dingen gefragt wird. Wahrscheinlich freut sie sich deshalb umso mehr. Etwas zurückhaltend erzählt sie über ihre nicht gehabte Kindheit in Bulgarien, denn dort ist Dagmar geboren und aufgewachsen. Ihre Eltern waren sehr streng, hatten kaum Geld und wussten nicht, wie sie die kleine Farm und Viehzucht über Wasser halten sollten. Dagmar musste jeden Tag mit anpacken, von früh bis spät. Zur Schule konnte sie bis zu ihrem zehnten Lebensjahr nicht gehen. Denn für ihre Bildung blieb kein Cent übrig.

»Es war der schönste Tag meiner Kindheit, als ich das erste Mal zur Schule gehen durfte«, erinnert sie sich. »Unsere Viehzucht warf nach Jahren der roten Zahlen endlich Geld ab.«

Ich bin baff. Für mich ist es immer selbstverständlich gewesen, zur Schule zu gehen. Und manchmal hatte ich überhaupt keine Lust drauf. Dass viele Kinder in anderen Ländern noch nicht einmal die Chance bekommen, etwas Sinnvolles aus ihrem Leben zu machen, ist wirklich erschreckend. Doch Dagmar spült diesen Teil ihrer aufkommenden Erinnerung mit einem großen Schluck Wasser hinunter und erzählt lebhaft weiter.

Dass sie mit 18 geheiratet hat, erstaunt mich. Denn ein Ehering ist an ihrer Hand nicht zu sehen. Ihre Geschichte wird stetig spannender und trauriger zugleich. Es war eine Zwangsheirat. Ihre Eltern setzten sie massiv unter Druck, das junge Mädchen aus ihrem Nachbardorf zu heiraten. Dagmar wurde damals noch Veron genannt und war ein prächtiger, maskuliner Bursche, wie sie mir erzählt. Veron hatte eigentlich vor, sein Heimatland zu verlassen und in Deutschland ein neues Leben als Dagmar zu beginnen.

»Hauptsache weg«, ergänzt sie bitter ihre bildhafte Erzählung.

Und ich habe das Gefühl, auf ihrer Reise in vergangene Zeiten hautnah dabei zu sein. Dagmars Eltern wollten schnell Enkelkinder. Eine ganze Handvoll. Doch dann hielt Veron es nicht länger aus.

»Ich habe schon, seit ich klein war, gemerkt, dass ich lieber ein Mädchen wäre.« Dagmar klingt traurig, und das, was sie mir anschließend anvertraut, lässt mir die Kinnlade bis zum Fußboden hinunterklappen.

»Es war Sommer. Ich muss so ungefähr sechs Jahre alt gewesen sein. Ich habe mir ein Kleid aus dem Schrank meiner Mutter genommen und es angezogen. Strahlend bin ich durchs Haus gelaufen, zum Stall hin. Mein Vater war gerade mit einem Kunden am Verhandeln, als ich in Mutters Kleid dazustieß.« Sie hält inne. Es muss sie immer noch sehr belasten, was damals geschehen war.

»Er hat mich vor den Augen seines Geschäftspartners mit der Faust ins Gesicht geschlagen, mich angeschrien. Ich solle nie wieder etwas derart Obszönes tun. Sonst sei ich dem Teufel verschrieben und er würde mich verstoßen.«

Ich bin sprachlos. Ich habe die Bilder vor meinem inneren Auge, wie der kleine Veron zu sich selbst findet und dafür von seinem Vater geächtet wird.

»Das ist ja furchtbar«, ist das Einzige, was ich gerade sagen kann.

»Na ja, die Zeiten sind ja jetzt vorbei«, mit ihrer starken Stimme versucht sie, die Traurigkeit in sich zu unterdrücken. »Mit 20 habe ich mich schließlich geoutet. Ich habe es in diesem abartigen männlichen Körper nicht mehr ausgehalten.«

Meine Frage, ob sie sich ihrer Frau schließlich anvertraut hat, verneint sie.

»Ich habe versucht, mich mit Tabletten umzubringen.« Noch ein Schock, der in meinen Augen abzulesen ist.

»Keine Bange. Wie du siehst, lebe ich ja.«

Das kann ich sehen, aber der Schock bleibt. Wie verzweifelt muss ein Mensch sein, um sich freiwillig das Leben zu nehmen?

»Ich bin im Krankenhaus wieder aufgewacht. Statt Mitleid bekam ich eine Ladung Vorwürfe von meinen Eltern und meiner damaligen Frau. Dann platzte mir endgültig der Kragen. Ich erzählte ihnen, dass ich von nun an als Frau leben werde und es mir egal sei, was sie davon halten.«

»Und wie haben sie reagiert?«, frage ich vorsichtig nach.

»Das war das letzte Mal, dass ich jemanden aus meiner Familie gesehen habe.«

Auch wenn sie es vermutlich nie zugeben würde, merke ich, dass sie sich nichts sehnlicher wünscht als eine verständnisvolle Familie.

Der Rest ihrer beeindruckenden Vita liest sich wie ein tragisches Abenteuerbuch. Sie fängt in Deutschland ein Jurastudium an. Denn sie möchte anderen Menschen, die zu Unrecht verspottet werden, helfen.

Doch leider will sie bislang keine Anwaltskanzlei einstellen. Der Grund, auch wenn es niemand eingesteht, ist ihr männlicher Körper, für den sie keine Schuld trägt. Deshalb arbeitet sie von ihrem Mietshaus aus als Übersetzerin. Also doch kein Erbe …

So muss sie ihren Kunden nicht persönlich gegenüberstehen, und unangenehme Begegnungen bleiben ihr erspart. Denn am Telefon, wenn sie die Anträge annimmt, gibt sie sich stets als Veron aus, der streng genommen nie existiert hat. Außerdem hat sie sich eine sichere Wohnsiedlung gesucht, in der sie unbehelligt und zurückgezogen leben kann. Auch wenn sie dafür einen höheren finanziellen Preis zahlen muss.

Bei ihrer Lebensgeschichte bleibt mir der Speichel zum Keks-hinunterspülen weg. Ich weiß gar nicht, was ich sagen soll. Ich bin während der Schilderung ihrer grausamen Vergangenheit mucks-mäuschenstill geworden und von ihrem gesamten bislang gelebten Leben mehr als erstaunt.

Wahrlich eine beachtliche Vita.

Mittwoch, 12.12.2007
DAS GESPRÄCH MIT DEM CHIRURGEN

Ich sitze vor dem Sprechzimmer von Herrn Dr. Nickelmann. Zwei Stunden bin ich mit dem Zug hierhergefahren, um pünktlich um 11.30 Uhr zum Termin zu erscheinen. Die Nacht über habe ich kaum schlafen können, denn ich war viel zu aufgeregt. Gleich wer-de ich den Operateur kennenlernen, der meinen Körper an mein Seelenleben angleichen kann.

Nervös wippe ich mit den Füßen, ich kann kaum stillhalten. In wenigen Augenblicken erfahre ich, wie der Eingriff, der ein höchs-tes Maß an Können voraussetzt, vonstattengeht.

»Kommen Sie herein«, bittet mich Herr Dr. Nickelmann freund-lich in sein Sprechzimmer, das mit vielen Akten und Medizin-büchern vollgestellt ist.

Wir setzen uns an seinen Schreibtisch. Herr Dr. Nickelmann ist jünger, als ich dachte. Vermutlich Anfang 40. Sein leichter Grauansatz kommt bestimmt vom vielen Arbeiten, was ihn sehr seriös wirken lässt. Auch sein offenes und selbstsicheres Auftreten gibt mir das Gefühl, in guten Händen zu sein. Nicht zuletzt durch seine jahrzehntelange Erfahrung bei geschlechtsangleichenden Operationen von Mann zu Frau. Durchschnittlich vier derartige Operationen führt er wöchentlich durch. Eine beachtliche Menge – die Patienten kommen sogar extra aus dem Ausland, um sich bei ihm operieren zu lassen. Er muss wirklich sehr kompetent sein.

Herr Dr. Nickelmann erklärt mir seine Operationsmethode: Als Erstes setzt er einen Schnitt am Hodensack, um die Hoden mit einem speziellen Serum komplett zu lösen. Anschließend wird der gesamte Schwellkörper am Penisschaft vollständig entfernt. Die Penishaut wird zur Auskleidung eines geschaffenen Körperhohlraums verwendet und bildet so die Vagina. Komplikationen treten dabei nur in seltenen Fällen auf. Zum Beispiel kann es passieren, dass der Darm angeschnitten wird. Deshalb ist ein Abführmittel zur Entleerung des Darmtraktes von äußerster Wichtigkeit. Denn wenn die Darmsubstanz ausbricht, kann es zu gefährlichen Infektionen kommen. Deshalb solle ich mich genau an die Anweisungen halten, die mir die Krankenschwestern bei einer Aufnahme mitteilen, sagt Herr Dr. Nickelmann.

Als Nächstes wird die Eichel mitsamt der Blutgefäße und Nerven vom Penis gelöst, zu einer Klitoris umgeformt und dementsprechend platziert. Dadurch ist das Erhalten der meisten Nerven für ein sexuelles Empfinden möglich.

Dennoch gibt er mir mit auf den Weg, dass sexuelle Lust und Befriedigung viel mit dem Kopf zu tun habe. Die Patientinnen bräuchten viel Zeit nach der Operation, um eine neue, weibliche Sexualität zu entdecken und zu leben. Aber die meisten würden diese nach einiger Zeit finden.

Die Harnröhre wird ebenfalls gelöst und auf weibliche Verhältnisse gekürzt sowie neu verlegt. Zum Schluss werden die Schamlippen aus der Hodensackhaut gebildet.

Die gesamte Operation würde ungefähr vier Stunden beanspru-chen, sagt Herr Dr. Nickelmann, und nach 14 Tagen würde ich dann in der Regel wieder entlassen werden. Wichtig sei, dass ich schon am Abend nach der Operation versuche, mich zumindest aufzusetzen, damit mein Kreislauf in Schwung käme. Nach drei Tagen würde ich dann zur ersten Nachuntersuchung kommen. Im Normalfall werde ich dann bei der zweiten Untersuchung lernen, mit dem Platzhalter umzugehen.

An dieser Stelle werde ich hellhörig. »Was genau ist das?«

»Dazu kommen wir jetzt«, sagt er. »Der Platzhalter ist in den ers-ten Monaten sehr wichtig. Diesen müssen Sie die ersten sechs Wo-chen permanent in der Vagina lassen und täglich reinigen. Das ma-chen Sie am besten mit klarem Wasser. An einem kleinen Schlauch, der vorne angebracht ist, können Sie ihn vorsichtig herausziehen, gründlich abspülen und mit etwas Gleitgel wieder einführen.«

Ich schaue ihn mit großen Augen an. Das klingt ziemlich kom-pliziert.

»Machen Sie sich keine Sorgen. Wir werden diesen Vorgang regelmäßig zusammen wiederholen, bis Sie es nach den 14 Tagen problemlos eigenständig hinkriegen. Nach ungefähr sechs Wochen müssen Sie den Platzhalter nur noch abends tragen. Wenn alles so weit abgeheilt ist, folgt eine kleinere Nachoperation, bei der die Schamlippen etwas gekürzt werden und kosmetische Korrekturen vorgenommen werden. Dies ist aber wirklich nur ein kleiner Ein-griff. Die Ergebnisse sind nach Abheilung äußerlich nicht von der Vagina einer biologisch geborenen Frau zu unterscheiden. Das Ein-zige, was Sie machen sollten, ist Gleitgel beim Geschlechtsverkehr zu benutzen, der ein bis zwei Monate nach der Operation durchaus möglich ist. Denn die meisten transsexuellen Frauen produzieren zu wenig Scheidensekret, um ein Eindringen in die neue Vagina zu ermöglichen. Von wenigen Patientinnen habe ich allerdings erfah-ren, dass sie bei ausreichender Erregung auf das Gleitgel verzichten können. Dies bleibt aber eher die Ausnahme.«

Das waren reichliche Informationen. Ich bin dankbar, dass mir Dr. Nickelmann eine Informationsbroschüre überreicht, in der alles noch einmal detailliert beschrieben steht.

»Sie sind bei uns in besten Händen«, bestätigt er mir noch einmal und bietet mir ausreichend Zeit, um eine Entscheidung zu fällen. Doch die brauche ich nicht. Ich möchte mich, so schnell es nur irgendwie möglich ist, unters Messer legen und dieses ekelhafte Ding zwischen meinen Beinen für immer weg haben.

Er versteht meinen enormen Druck, nicht noch länger warten zu können, und erklärt, dass mir von seiner Sekretärin binnen der nächsten Woche ein Termin zugeschickt wird. Vermutlich wird es Frühjahr des kommenden Jahres. Acht Monate des Wartens. Aber was sind schon acht Monate im Gegensatz zu einem Restleben als komplette Frau?

Mit einem freudigen Lächeln verabschiede ich mich von ihm und verlasse die Klinik Richtung Bahnhof. Ich habe eine zweistündige Zugfahrt vor mir, die ich mit viel Vorfreude genießen werde. Denn ein fünfjähriger Kampf um das Recht, in meinem tatsächlichen Körper leben zu dürfen, hat nun endlich ein Ende gefunden.

KAPITEL 9

Verweiblichung

Wir sind da. Noch etwas müde in den Knochen von der zweistündigen Fahrt, betreten meine Betreuerin Kristin und ich die ästhetisch angeordneten Marmorfliesen der hoch angesehenen Klinik, die zu einem raffinierten Muster zusammenfließen. Neben mir her schiebe ich einen gut gefüllten Rollkoffer, den mir mein Vater bereitgestellt hat und dessen Inhalt für die nächsten zwei Wochen ausreichen muss. Aber da mache ich mir keine Sorgen. Denn nach der Operation werde ich außer meiner Krankenhausrobe höchstens weit geschnittene Jogginghosen tragen dürfen, die ich in rauen Mengen mit eingepackt habe.

Mittig der Eingangshalle ist eine kleine Pflanzenoase angelegt, die eher ein Urlaubsfeeling verbreitet als die Aussicht, in wenigen Tagen mit einem Skalpell aufgeschnitten zu werden. Sogar eine interne Bibliothek und ein Kiosk sind auf dem Weg zur Anmeldung zu finden, welche ich wahrscheinlich des Öfteren aufsuchen werde. Die Lichter strahlen in warmen Tönen von der hohen Decke herab, und ich fühle mich trotz Anspannung wohl. Kristin und ich stellen uns an die Anmeldung und warten, bis sich die junge brünette Frau zu uns dreht und uns mit einem freundlichen Lächeln begrüßt.

Nachdem ich ihr geschildert habe, warum wir hier sind, gibt sie mir einen Fragebogen, den ich auf einem der bequemen Stühle neben dem Anmeldeschalter ausfülle. Gut, dass Kristin einen Antrag beim Jugendamt eingereicht hat, mich am Einweisungstag begleiten zu dürfen, und dieser bewilligt wurde. Die Fahrtkosten und Begleitung eines Betreuers werden bezahlt. Ich bin sehr froh darüber, denn alleine wäre mir sehr unwohl zumute. Immerhin steht eine 180-Grad-Änderung bevor. Deshalb beruhigt es mich, Kristin dabei zu wissen.

Nach zehn Minuten ist der Fragebogen, der sich hauptsächlich um meine körperliche Gesundheit dreht, ausgefüllt. Wir geben ihn ab und machen uns auf den Weg ins zweite Stockwerk, zur Station für Transsexuelle. Mit einem lauten Bling öffnet sich die Fahrstuhltür und eine Schwester nimmt uns auch gleich in Empfang. Kristin und ich folgen ihr den endlos langen Flur entlang, vorbei an den anderen Patientenzimmern.

Ich erhasche ein paar wenige Blicke hinein. Viel erkenne ich nicht, aber die wenigen Patientinnen, die ich durch die offenen Türspalte erspähe, scheinen alle bereits um die 30 bis 40 Jahre alt zu sein.

Irgendwie scheint es von den jungen Transsexuellen nicht so viele zu geben. Zumindest habe ich bis jetzt leider noch keine einzige angetroffen. Aber ich gebe die Hoffnung nicht auf.

Im letzten Drittel des Ganges öffnet die Schwester ein Zimmer, welches für die nächsten 14 Tage meines sein wird. Es ist für Krankenhausverhältnisse schön und komfortabel eingerichtet. Das Bad besitzt eine großzügige Dusche, was mir sehr zusagt. Bilder von Karibikinseln hängen an den Wänden, die einem das Gefühl geben, mittendrin zu sein, und wehmütig dazu einladen, ins türkisfarbene Meer einzutauchen. Auch ein Telefon ist vorhanden, die Kosten der Telefonate muss ich allerdings selbst tragen. Kleiner Minuspunkt, aber verständlich, denn sonst würden fast alle Patientinnen auf Krankenhauskosten die Nächte durchtelefonieren. Und die Tage natürlich auch. Den LCD-Fernseher an der Wand kann ich dafür kostenlos benutzen. Dafür gibt es in meiner Gedankenliste ein riesiges Plus.

Schwester Gabriele, wie sie sich uns vorstellt, ist die Stationsoberschwester. Sie gibt mir einen Zettel, der auf dem Tisch unter dem Fernseher liegt, in die Hand und erklärt mir meine heutigen Aufgaben, die auf diesem aufgelistet sind: Ich muss in einer Stunde zum Anästhesisten, der mich über die Narkose und deren Risiken aufklären wird. Jetzt wird es langsam ernst. Ein mulmiges Gefühl macht sich breit. Man sollte eine Operation nicht auf die leichte Schulter nehmen.

Anschließend wird ein EKG durchgeführt, um die Gesundheit meines Herzens zu prüfen. Aber das Schlimmste, was ich ertragen muss, steht bereits wartend auf dem Tisch.

»Das sind drei Liter Wasser.« So weit, so gut. »Gemischt mit Abführmittel.« Meine Augen weiten sich. »Die musst du täglich ab jetzt bis zum Operationstag in drei Tagen trinken. Das ist sehr wichtig!«, betont sie.

»Warum?«, frage ich Schwester Gabriele etwas angewidert. Muss das denn wirklich sein?

»Weil der Darm bei der Operation komplett leer und gereinigt sein muss«, erklärt sie mir. »Es kann in seltenen Fällen passieren, dass man versehentlich mit dem Skalpell in den Darm schneidet. Wenn sich auch nur eine Kleinigkeit darin befindet und ausläuft, dann kann das durchaus tödlich enden.« Ich schaue sie wie ein aufgeschrecktes Reh an. »Also nicht vergessen zu trinken«, sagt sie bestimmend und hält einen der drei Liter Brühe hoch, die einem durchaus das Leben retten könnte. Auch wenn sie mit Sicherheit nicht angenehm schmecken wird. »Jetzt lass ich Sie in Ruhe ankommen und Ihre Sachen auspacken.« Gabriele schließt die Tür geräuschlos hinter sich.

»Okay, meine Liebe. Ich muss jetzt auch wieder zurück zur Gruppe. Habe nämlich um zehn Uhr Dienst.«

»Danke, dass du mitgekommen bist.« Kristin umarmt mich und entschuldigt sich noch einmal, weil sie schon aufbrechen muss.

»Ich hab noch etwas für dich.« Aus ihrer Handtasche kramt sie eine Tüte Salzheringe hervor. Meine Lieblingsnascherei. »Aber ich weiß nicht, ob das eine gute Idee ist«, sagt sie und schaut zum Abführmittel.

»Bitte.« Ich schiebe meine Unterlippe nach vorne, sodass sie nicht anders kann und mir die Tüte zögerlich rüberreicht.

»Aber erst nach der Operation essen«, fordert sie mich auf.

»Mach dir keine Sorgen. Drei Tage kann ich auch ohne etwas Süßes überleben«, beschwichtige ich sie, obwohl sie genauso gut weiß wie ich, dass dieses Versprechen für mich kaum einzuhalten ist. Denn ein Tag ohne Schokolade oder Weingummi ist in meinen Augen nicht machbar. Dafür liebe ich es viel zu sehr. Dennoch scheint Kristin mir glauben zu wollen und verlässt mein Zimmer. »Ich rufe dich spätestens morgen Abend an und frage, ob die Packung noch zu ist.«

Sobald Kristin das Zimmer verlassen hat, reiße ich die Verpackung auf und lege mir direkt einen genussvoll auf die Zunge. Ich nehme mir vor, so viele Heringe zu essen, wie es mir innerhalb der nächsten Stunde möglich ist. Danach wäre mein Verlangen fürs Erste gestillt und ich könnte mit dem Trinken von drei Litern Abführmittel beginnen. Theoretisch müssten dann alle Salzheringe aus meinem Körper gespült werden. Hoffentlich funktioniert meine etwas riskante Theorie auch in der Praxis …

Während ich mir einen Lakritzfisch nach dem anderen in den Mund schiebe, packe ich meine Jogginghosen und Oberteile in den dafür vorgesehenen Schrank neben meinem Bett. Dass ich nicht allzu viel Krimskrams eingepackt habe, erweist sich als Vorteil, denn die Kapazitäten sind mehr als beschränkt. Mit ein bisschen Geschick gelingt es mir, alles unterzubringen, meine Pflege- und Kosmetikartikel stelle ich anschließend ins Bad.

Nachdem also das Wesentliche erledigt ist, gönne ich mir noch einen letzten großzügigen Griff in die Tüte. Aber es sind keine Fische mehr vorhanden. Ich bin leicht verdutzt, normalerweise hält so eine 200-Gramm-Packung etwas länger. Na ja, ab in den Müll damit.

Jetzt muss ich mich langsam mit dem Trunk auf dem Tisch befassen. Mit Unbehagen drehe ich die Kappe der Flasche auf und rieche vorsichtig dran.

Es müffelt ziemlich medizinisch. Aber was tut man nicht alles. Vorsichtig nippe ich daran. Igitt, der Geschmack ist unbeschreiblich widerlich. Und davon insgesamt neun Liter während der nächsten 72 Stunden!

Widerwillig nehme ich die bereits geöffnete Flasche mit zum Termin beim Anästhesisten und zwinge mich, hin und wieder einen Schluck runterzuwürgen.

*

Unbeholfen suche ich den richtigen Weg durch das große Krankenhaus. Mit dem Aufzug geht es ins Untergeschoss. Von dort aus ist nach kurzem Orientieren der Raum zügig gefunden.

Herr Dr. Lindenberg, der Anästhesist, wartet bereits auf mich und fängt nach kurzer Vorstellung seiner Tätigkeit an, mich ausführlich über den Vorgang der Narkose während der Operation aufzuklären. Je mehr er mir erzählt, desto nervöser werde ich. Ich hatte noch nie eine Narkose und dann gleich eine vierstündige. Das ist viel. Unsicher frage ich ihn, ob bereits jemand bei einer Operation zu Tode gekommen ist. Zu meiner Erleichterung verneint er und versucht, mir meine Ängste in Bezug auf das Bevorstehende zu nehmen. Solche Eingriffe seien in diesem Krankenhaus Routine. Er selbst sei ein erfahrener Anästhesist mit 25 Jahren Berufserfahrung. Die heutigen Narkosemittel seien für den Körper viel verträglicher und harmloser geworden als zu früheren Zeiten. Das Gespräch mit ihm beruhigt mich. Dennoch bleibt ein gesundes Maß an Angst und Respekt vor dem Eingriff.

Zurück auf der Station, suche ich Schwester Gabriele auf, die mir mit einer Kanne voll Kaffee entgegenkommt. »Ach, Schwester Gabriele«, halte ich sie auf. »Kann ich Sie kurz etwas fragen?«

Sie stellt die Kanne noch schnell im Schwesternzimmer ab und nimmt sich dann etwas Zeit für mich. Ich frage sie, ob es vielleicht eine Transsexuelle auf der Station gibt, die etwa in meinem Alter ist. Schwester Gabriele überlegt einen Moment lang und massiert nachdenklich ihre Schläfen.

»Aber natürlich. Schau doch mal in Zimmer 145 nach. Klarissa müsste so alt sein wie du.«

Erstaunt über diesen positiven Zufall, mache ich mich gleich auf den Weg zu ihr. Das Zimmer liegt im selben Flur wie meines, nur drei Zimmer weiter auf der gegenüberliegenden Seite.

Zaghaft klopfe ich an die Tür und hoffe, dass sie da ist. Nach kurzem Warten höre ich eine glasklare Stimme mich hereinbitten. Ihre Stimmfarbe klingt sehr weiblich. Auch als ich sie mit einem Buch in der Hand auf ihrem Bett sitzen sehe, erscheint sie mir grazil und zweifellos mädchenhaft.

»Hi, entschuldige. Ich bin Hannah«, sage ich schließlich, nachdem ich ihre langen leicht gewellten kastanienbraunen Haare bestaunt habe. Sie haben eine beachtliche Dichte und der beeindruckenden Länge nach zu urteilen, muss sie diese schon ihr ganzes Leben lang haben wachsen lassen. Ihre Haare sehen so gesund und geschmeidig aus, dass ich vermute, dass sie diese noch nie gefärbt hat. Zumindest ist kein Ansatz zu sehen.

»Hi, komm rein. Ich bin Klarissa.«

Eine aufregende Situation, denn sie ist erst die zweite Transsexuelle, die ich kennenlerne. Und die erste in meinem Alter.

Nachdem wir rasch warm geworden sind, erzählt sie mir, dass sie die Operation schon hinter sich hat und voraussichtlich in fünf Tagen entlassen wird. Neugierig befrage ich sie wie eine Journalistin. Klarissa lächelt. Sie scheint sehr glücklich mit dem Ergebnis zu sein und freut sich ungemein auf ihr richtiges Leben als komplette junge Frau. Sie versichert mir, dass ich den richtigen Arzt aufgesucht habe und mir keine Sorgen zu machen brauche. Etwas beruhigt von ihren Erfahrungen, lehne ich mich zurück an die Wand.

»Und, wann ist es bei dir so weit?«

»Am Montag. Ich werde gegen 7.30 Uhr in meinem Zimmer abgeholt«, erzähle ich ihr aufgeregt. Ich kann es nicht mehr abwarten.

»Wenn du magst, dann leiste ich dir Montag früh Gesellschaft, bist du abgeholt wirst. Ich weiß ja, wie nervös man kurz zuvor wird.«

Dankend nehme ich ihr Angebot an, denn Besuch bekomme ich frühestens am Nachmittag. Dann kommt Kristin noch mal vorbei, und auch Karoline hat mir versprochen, mitzukommen.

Etwas angewidert schaue ich auf die Flasche in meiner Hand und drehe sie widerwillig auf, um den Inhalt allmählich zu leeren. Aber es ist grad mal Mittag. Also bleibt noch ausreichend Zeit, die mittlerweile nur noch zweieinhalb Liter Abführmittel – wohl bekomm's – zu trinken. Bin gespannt, wann sich die Auswirkungen bemerkbar machen …

Nachdem ich Klarissa einiges über mich und meinen transsexuellen Werdegang erzählt habe, erfahre ich auch von ihren Anfängen und Erfahrungen. Mit sechs Jahren war ihr bereits bewusst, dass sie ein Mädchen ist. Durch die Toleranz und Unterstützung ihrer Eltern durfte sie ihre Anfänge als Klarissa leben. Zweimal hatte sie wegen fiesen Mobbingattacken die Schule wechseln müssen. Sie wurde von vielen ihrer Mitschüler als abartig und gestört abgestempelt. Einmal wollte ihr sogar ein Klassenkamerad während des Unterrichts die Haare abschneiden. Doch die dritte Schule, auf die sie wechselte, nahm sie schließlich als transsexuelles Mädchen auf, und sie wurde vom größten Teil der Schüler akzeptiert und ins Schulleben integriert. Einfach war dies aber nicht, betont sie. Ein ausführliches Gespräch mit Lehrern und auch der Klasse waren essenziell, um Klarissas Situation zwischen den Geschlechtern zu erklären und Verständnis zu erhalten. Zwölf Jahre hat sie insgesamt warten müssen, bis sie vor neun Tagen die geschlechtsangleichende Operation durchführen lassen durfte.

»Es ist so unsinnig, bis zum 18. Lebensjahr warten zu müssen«, sagt sie stöhnend und lässt ihrem aufgestauten Frust freien Lauf.

»Ich lebe seit meinem sechsten Lebensjahr als Mädchen, habe mit elf Jahren pubertätshemmende Mittel gespritzt bekommen und mit 13 dann die weiblichen Hormone. Ich hätte die Operation schon gerne früher machen lassen. Dann hätte ich wie die anderen Mädchen in meiner Klasse ins Schwimmbad gehen können und mich beim Sportunterricht nicht in einer separaten Umkleidekabine umziehen müssen. Außerdem hätte ich die gleichen Erfahrungen sammeln und mit Jungs ausgehen können und so. Aber bis jetzt wollten die Jungs verständlicherweise nicht mit mir ausgehen. Höchstens aus Freundschaft mal ins Kino. Aber das Wichtigste ist, dass ich über ein Jahrzehnt unter meinem Körper habe leiden müssen.«

Ich bin beeindruckt, dass Klarissa schon mit sechs Jahren so klar in ihrer Entscheidung war, und ich merke, dass wir die gleiche Sichtweise auf die unserer Meinung nach veralteten und längst überholten Gesetze für Transsexuelle haben.

Ich erzähle ihr von einem Forscher, der davon überzeugt ist, dass Transsexualität schon in der Schwangerschaft entsteht. Also dass gleich viele weibliche sowie männliche Hormone ausgeschüttet werden. Er verdeutlicht in seiner Arbeit, dass das Gehirn beispielsweise weiblich geprägt wird, während sich der Rest des Körpers in die entgegengesetzte Richtung entwickelt. Auch in diesem Punkt sind Klarissa und ich uns einig. Transsexualität ist keine Erziehungssache. Für uns Transsexuelle ist es völlig klar, dass wir nicht krank oder verrückt sind, auch wenn es leider immer noch genug Menschen gibt, die sich gegen diese Tatsachen aussprechen.

»Weil das einzig Unnormale an der ganzen Sache die Ablehnung und Diskriminierung durch die Gesellschaftsmehrheit ist.« Wieder stimme ich ihr zu. Denn davon können nicht nur wir beide ein Liedchen singen.

»Weißt du, Hannah, was mich richtig aufregt?«, fragt sie mich, und ich bin auf die Antwort gespannt.

»Ich werde von vielen Mitstudierenden in meinem Fach oft gefragt, warum ich denn lieber ein Mädchen wäre statt ein Junge. Dass ich nie ein Junge gewesen bin, scheinen die Fragenden nicht verstehen zu wollen. Ich sage dann immer: Es gibt ein körperliches und ein psychisches Geschlecht. Und manchmal stimmen diese halt nicht überein.«

»Was studierst du denn?«, frage ich sie interessiert.

»Ich studiere Gesang an der Musikhochschule in Köln. Ich möchte Musicaldarstellerin werden.«

Wow, wieder bin ich von ihrem starken Charakter und ihrem offensichtlichen Talent mehr als begeistert. »Magst du mir vielleicht eine kleine Kostprobe geben?«, frage ich und hoffe, dass sie sich dazu bereit erklärt.

Klarissa nickt und holt tief Luft. Sie konzentriert sich, und ich warte gebannt, bis sie beginnt. Sie singt einen der schönsten Musicalklassiker und eines meiner Lieblingslieder, *Memories*.

Ihre Gesangsstimme ist hell und trägt etwas Besonderes in sich, was jede Sängerin insgeheim in ihrer Stimme wiederzufinden hofft. Sie singt mit Gefühl und Leidenschaft. Klarissas melodischer warmer Gesang lässt mich von einem harmonischen Strandspaziergang an einem milden Sommerabend träumen. Einfach wunderbar.

Montag, 18.02.2008

DER TAG DER OPERATION

»Gleich ist es so weit.« Klarissa hört sich genauso aufgeregt an, wie ich mich fühle. Ich bin hin- und hergerissen zwischen den verschiedensten Emotionen, zwischen enthusiastischer Freude und der bitterlichen Angst, dass irgendetwas schiefgehen könnte. Ich bin sehr froh, dass Klarissa um sechs Uhr am Morgen zu mir über den Flur in mein Zimmer gekommen ist und mich unter anderem mit leisem Gesang, um die anderen Patientinnen nicht zu wecken, ablenkt. Doch so richtig klappt es nicht. Drum laufe ich seit einer halben Stunde die acht Quadratmeter auf und ab, habe mir die Zähne ein zweites Mal geputzt und drei verschiedene Jogginghosen anprobiert, bis Schwester Gabriele vor einer Viertelstunde hereinkam und mir einen frischen OP-Kittel reichte, den ich während der Umformung tragen muss. Damit hat sich die Frage, welche Hose ich anziehe, erledigt. Um mich zu beruhigen, hat sie mir eine Tablette gegeben, aber sie scheint nicht zu wirken. Aufgeregt schaue ich abwechselnd zur Funkuhranzeige und zu Klarissa. Es sind noch acht Minuten und sechsunddreißig, nein fünfund..., vier...

»Es wird alles reibungslos verlaufen«, versucht sie, mich zu beruhigen, und lächelt, so gut es um diese frühe Uhrzeit möglich ist. Dass Klarissa müde ist, verbirgt sie hinter ihrem Strahlen. Ich dagegen bin ein Wrack, weiß nicht wohin mit mir und möchte diesen Tag einfach hinter mich bringen. Drei Tage habe ich nichts essen dürfen und fühle mich dementsprechend leer. Gleichzeitig bin ich wiederum gefüllt mit beflügelnden Glücksgefühlen, denn endlich steht die lebensverändernde Operation bevor. Ich kann es mir kaum vorstellen, dass mein körperliches Geschlecht nach all den Jahren des erbitterten Kämpfens endlich meinem weiblichen Seelenleben angepasst wird.

Mir entfährt ein leichter Freudenschrei. Nur noch fünf Minuten.

»Du meine Güte!«

»Was ist los?«, fragt Klarissa überrascht.

»Es ist fast so weit!«

»Oh ja!«

Das Klopfen muss ich im Rausch der Gefühle überhört haben, denn als ich meinen Dauerspaziergang durch mein Zimmer fortsetze, sehe ich Schwester Gabriele in der Tür stehen, um mich abzuholen.

»Sie sind zu früh«, sage ich etwas überfordert, werde ich doch gleich vier Stunden bewusstlos sein und als vollständige Frau wieder aufwachen.

»Sind Sie bereit für Ihren großen Tag?«, fragt die Krankenschwester mich und löst die Bremsen vom Bett.

Ich versuche, nicht zu hyperventilieren, und schnappe nach Luft, mit der ich in wenigen Minuten künstlich versorgt werde.

»Ich denke schon.« Wie ein kleines Mäuschen, das Angst hat, aus seinem Versteck zu kommen, schlüpfe ich zurück unter die Bettdecke.

»Los geht's.« Ehe ich mich versehe, schiebt mich Gabriele aus meinem Zimmer zu den Fahrstühlen. Klarissa geht an meiner Seite und hält mir treu die Hand.

Mit einer herzlichen, Mut machenden Umarmung verabschiedet sie sich, als der Fahrstuhl sich öffnet, und wünscht mir, was man sich vor so einem Eingriff mit auf den Weg gibt: Hals- und Beinbruch …

Jetzt, wo Klarissa weg ist, fühle ich mich ziemlich allein und etwas verängstigt. Gabriele versucht unermüdlich, mich mit Geschichten aus dem Krankenschwesternleben abzulenken, doch mehr als halbherzig zuzuhören, kriege ich beim besten Willen nicht hin. Je näher ich dem Operationssaal komme, desto eigenartiger empfinde ich.

Es ist, als ob ich gar nicht mehr selbst diese Situation erlebe. Als ob ich wach wäre und im selben Moment schlafe. Die Gedanken verfliegen und ich denke nur noch an die letzten Jahre und Monate, in denen ich in Praxen von Psychiatern saß und unermüdlich auf diesen einen Tag hingearbeitet habe. Die schweren Anfänge als Teenager, die vielen Hänseleien und die enorme Ablehnung von Menschen, die mit Transsexualismus überhaupt nicht vertraut sind und immer wieder negative Äußerungen von sich geben. Doch das alles scheint nicht mehr wichtig zu sein. Es zählt nur dieser eine Augenblick, die wenigen Stunden, welche die seelischen Schmerzen nichtig machen. Als ich im Saal angekommen bin, sind die Lichter hell, mein Körper kribbelt ungewohnt, aber angenehm, und mir wird ganz warm ums Herz. Ich höre ein leises Piepen im Hintergrund, welches mich durch seine Gleichmäßigkeit sanft in den Schlaf wiegt.

Dass Herr Dr. Nickelmann das Skalpell in die Hand nimmt und den ersten Schnitt setzt, bekomme ich schon lange nicht mehr mit.

*

Nach ungefähr vier Stunden im künstlichen Tiefschlaf wache ich benommen auf. Das Erste, was ich sehe, ist Klarissas hübsches Gesicht, das sich zu mir beugt.

»Bin ich schon operiert?«, frage ich benommen und etwas orientierungslos. Aber ich scheine wieder in meinem Zimmer zu sein.

»Ja, das bist du!«, sagt Karoline lächelnd und streicht mir sanft durchs Haar. Zur endgültigen Gewissheit taste ich mich unter der Decke zum operierten Gebiet. Ich fühle mehrere Verbandslagen und Thrombosestrümpfe, die stramm an meinen Beinen kleben. Jetzt bin auch ich mir sicher, dass die Operation durchgeführt wurde.

Unaufhaltsam beginne ich zu schluchzen. Ich kann es nicht glauben, aber es ist wahr. Endlich bin ich am Ziel meines Weges angekommen. Das Leben scheint nun bereit. Auch die ersten Tränen kullern meine Wangen hinunter. Dieser Moment der größten Freude ist so ergreifend, dass ich meinen Emotionen freien Lauf lasse. Kristin und Klarissa habe ich ebenfalls mit meinem Gefühlsausbruch angesteckt, sie strahlen mit mir um die Wette.

»Wir haben dir ein paar Leckereien mitgebracht.« Kristin hebt eine Plastiktüte, die ich noch nicht entdeckt habe, vom Boden auf und zeigt mir deren Inhalt.

»Oh, wie toll!«, freue ich mich, denn es sind unzählige köstliche Kalorienbomben aus Schokolade sowie Weingummi und vieles mehr, was das Naschkatzenherz höher schlagen lässt.

»Und damit du auf dem Laufenden bleibst«, fährt Karoline fort und breitet die neuesten Trendmagazine auf meinem Bett aus.

Ich bedanke mich bei den beiden und weiß die herzlichen Aufmerksamkeiten sehr zu schätzen.

Es klopft an der Tür. Herr Dr. Nickelmann betritt das Zimmer und gesellt sich zu uns ans Bett. Freundlich teilt er mir mit, dass die Operation ohne Komplikationen verlaufen sei und in drei Tagen der Verbandswechsel vorgenommen werde. Dann werde ich auch das Ergebnis zum ersten Mal sehen. Wie gespannt ich bin. Der

Katheter, der an einer Bettseite hängt und den ich noch gar nicht richtig wahrgenommen habe, wird in den nächsten sieben Tagen mein ständiger Begleiter sein.

Macht nichts, denke ich mir. So spare ich mir den lästigen Weg zur Toilette. Immerhin fühle ich mich noch ziemlich geschwächt. Nach Einschätzung des Arztes sollte ich frühestens am Abend versuchen, mich auf dem Bett für einige Minuten aufrecht hinzusetzen, um den Kreislauf anzukurbeln. Ab morgen könne ich dann unter Beaufsichtigung und Mithilfe einer Krankenschwester langsam ein paar Gehversuche wagen. Ich versichere ihm, vorsichtig zu sein und nichts zu überstürzen, bevor er sich den anderen Patientinnen auf der Station widmet.

»Hat jemand von der Gruppe Verdacht geschöpft?«, frage ich Kristin und Karoline neugierig. Denn ich hatte den anderen erzählt, dass ich eine Operation am Knie hätte, um mein zweiwöchiges Fehlen zu erklären.

»Mach dir darüber keine Sorgen«, beschwichtigt mich Kristin.

»Sie würden dich zwar gerne besuchen, aber ich habe ihnen gesagt, dass du viel Ruhe brauchst.«

»Danke.« Es tut gut zu wissen, dass ich mich auf die beiden verlassen kann.

»Bevor ich es vergesse.« Kristin kramt einige Momente in ihrer schwarzen Handtasche und sucht nach etwas, was wohl in dem Durcheinander im Inneren der Tasche schwer zu finden ist. »Da ist sie.« Sie reicht mir eine bunt gepunktete Postkarte, die von allen Betreuern mit herzlichen Grüßen beschriftet wurde.

»Ist das lieb. Vielen Dank.« Ich lächle. So glücklich bin ich über den Moment, dass mein Herz lauter pocht denn je.

Wir unterhalten uns noch eine Weile angeregt über die Veränderung in meinem Leben und was sie für mich bedeutet. Bis ihre Stimmen allmählich leiser werden, ich sie nur noch schwach im Hintergrund höre und von den Nachwirkungen des Narkosemittels langsam in den Schlaf dämmere.

Loslassen, nicht begehren, frei sein.
Innere Zufriedenheit und ein Ankommen bei sich selbst verspüren.
Kleine Glücksmomente, die Großes bereithalten.
Ich tauche ein in die Unendlichkeit des Augenblicks.
Es wird nie wieder so sein, wie es einmal war!
Ein Sonnenstrahl, der sanft auf der Haut kitzelt. Genießen ist die
*   Kunst, die ich erlerne.*
Der Stern am Horizont ist für mich, allein für mich.
Darum fürchte ich mich nicht in dieser Zeit.
Das Leben ist einzigartig, wunderbar, sonderbar.
Ich lerne, es zu genießen.
Ich bin ein Teil des Ganzen und ich gehöre dazu.

Donnerstag, 21.02.2008
ERSTER VERBANDSWECHSEL

»Wenn Sie Schmerzen verspüren, einfach schreien.« Vorsichtig schneidet Dr. Nickelmann den Verband auf und löst ihn sachte von der Haut.

»Das sieht alles sehr gut aus«, beteuert er und desinfiziert den bislang abgedeckten Teil meines Körpers behutsam mit einem Wattepad. Ich liege auf einem klassischen Frauenarztstuhl in üblicher Position im Behandlungsraum 2. Dr. Nickelmann reicht mir einen Handspiegel, den er einer Schublade entnimmt, und lässt mir ausreichend Zeit, mein neues Geschlecht zu entdecken.

Es sieht noch frisch operiert aus. Also viele violett gefärbte Stellen und angeschwollen. Einige Fäden sind zu sehen, die das gesamte Werk zusammenhalten. Aber ansonsten ist ein erstaunliches Ergebnis zu sehen.

Es ist einer dieser seltenen Momente, in denen man sich rundum wohlfühlt. Diese innere Ruhe und das Gefühl, angekommen zu sein, dominieren seit Tagen meine Gemütslage. Und jetzt, wo ich das gelungene, täuschend echte Ergebnis einer Neovagina sehe, intensiviert dies mein Gefühl. So viele Glücksmomente in so wenigen Tagen zu erleben scheint irgendwie unwirklich, deshalb versuche ich, jeden einzelnen Moment so bewusst, wie es mir nur möglich ist, zu genießen.

»Sehen Sie den Stent hier?«, fragt mich Dr. Nickelmann, und ich folge seinem deutenden Finger mit dem Spiegel. »Diesen Platzhalter werden Sie in der nächsten Zeit permanent in der Scheide lassen müssen. Er sorgt dafür, dass die eingestülpte Haut des Penisschafts, die das Innere der Neovagina ausfüllt, nicht zusammenfällt. Das ist sehr wichtig. Vor allem nach der Abheilung für den Geschlechtsverkehr. Von Zeit zu Zeit werden Sie ihn weniger tragen müssen, und nach einigen Monaten kann man dann ganz auf ihn verzichten. Ich werde Ihnen beim nächsten Verbandswechsel in drei Tagen zeigen, wie man den Stent desinfiziert und in die Scheide einführt. Damit Sie es auch zu Hause problemlos hinbekommen. Die Desinfektion ist sehr wichtig, damit sich nichts entzünden kann.«

Er legt noch einen neuen Verband an und entlässt mich für heute.

Eine geraume Zeit muss ich in meinem Bett vor Zimmer 2 warten, bis eine Krankenschwester mich zurück auf Station schiebt. Denn ich darf bislang nur wenige Minuten am Stück und nur in Begleitung gehen. Zu groß ist noch die Gefahr, dass ich stürzen könnte und die Fäden aufreißen und ich mir wehtue.

Ich zappe durch das Fernsehprogramm. Nach dem dritten Durchlauf durch die Kanäle habe ich keine Lust mehr und schalte den Apparat aus. Um diese Uhrzeit scheint nichts Ansprechendes zu laufen. Weil Klarissa gestern entlassen wurde, fällt mir die kahle Decke langsam auf den Kopf. Ich beschließe, mich sinnvoll zu beschäftigen. Wenn ich schon nicht körperlich aktiv sein kann, dann doch wenigstens geistig. Darum greife ich nach dem Schreibblock und dem angehefteten Kugelschreiber auf der beweglichen Ablage, die an meinem Bett angebracht ist, und fange an zu schreiben. Ich beginne eine Art Tagebuch über den Krankenhausaufenthalt. Als ich damit so weit fertig bin, schreibe ich auch noch frühere Erlebnisse auf und beginne mit der turbulenten Reise nach Italien. Wer weiß, vielleicht wird daraus ja mal ein Buch …

Na ja, gewöhnlich ist dafür Talent Voraussetzung, und ich bin mir nicht sicher, ob ich dieses besitze. Denn bis jetzt habe ich, abgesehen von meinem Gefühlstagebuch, noch wenig Erfahrung mit dem Schreiben gesammelt. Es macht mir jedoch überraschend viel Spaß, und ich staune nicht schlecht, wie schnell die Zeit dabei vergeht, denn plötzlich stehen mein Vater und mein Bruder mit einem bunten Blumenstrauß in der Tür.

*

»Wie geht es dir?«, fragen mich mein Vater und mein Bruder.

»Überraschend gut, kaum Schmerzen«, antworte ich. Etwas unbeholfen liegen und stehen wir herum. Ich frage sie, ob sie mit mir ein bisschen über die Station gehen, denn ich habe Lust, mich zu bewegen. Die beiden würden ja schließlich aufpassen, dass nichts passiert.

Vorsichtig richte ich mich auf und warte, bis sich mein Kreislauf normalisiert hat. Manchmal wird mir noch etwas schwindelig, wenn ich mich zu ruckartig aufsetze. Mit dem Katheter in meiner rechten Hand gehen wir mit angepassten kleinen Schritten an den Krankenzimmern vorbei. Die unangenehme Stille zwischen uns legt sich allmählich. Vater berichtet über seine aufregende sechswöchige Afrikareise mit ein paar seiner Kollegen, von der er erst seit wenigen Tagen zurück ist.

Wie sie gemeinsam auf dem Kilimandscharo-Massiv waren, zeitweise in Wüstenorten gewohnt haben und sich an das Leben dort anpassten. Wie sie mit einem Ranger durch das größte Naturschutzgebiet fuhren und Löwen, Gorillas und die Tiervielfalt des afrikanischen Kontinents erlebt haben, die man in freier Wildbahn wohl nirgendwo anders zu Gesicht bekommt. Sogar ein paar Bilder hat er mir mitgebracht, die ich behalten darf. Darauf kann man wunderschöne farbintensive Sonnenuntergänge bestaunen, eine Elefantenmutter mit ihrem Kind und natürlich meinen Vater mit seinen Kollegen, wie sie mitten auf einem Berg stehen und die Aussicht auf die grüne Steppe 1000 Fuß unter ihnen festgehalten haben.

Mein Bruder erzählt mir, nachdem Hannes seine Abenteuergeschichte vom wilden Afrika beendet hat, dass er nächstes Semester sein Master-Studium in Bonn beginnt und dadurch auch mehr Zeit hat, mal etwas mit mir zu unternehmen. Gerne nehme ich sein Angebot an.

Auch wenn es sich noch etwas eigenartig anfühlt, dass wir drei uns allmählich wieder annähern, so ist es doch gut zu wissen, dass sie mich anzunehmen scheinen, so wie ich bin. Es wird sicher noch einige Zeit beanspruchen, bis das Verhältnis wieder ein normales Niveau erreicht, aber der Anfang ist heute gesetzt worden. Und damit bin ich fürs Erste auch zufrieden.

Schwester Gabriele erlaubt mir, Hannes und meinen Bruder zum Abschied bis zur Eingangshalle zu bringen. Hannes gibt mir noch zehn Euro, damit ich mir etwas anderes gönnen kann als die Schonkost aus Suppe und Zwieback, die ich seit drei Tagen zu mir nehmen muss. Bis sich mein Verdauungssystem wieder normalisiert hat, wird sich daran auch nichts ändern. Trotzdem kaufe ich mir am Kiosk sämtliche Süßigkeiten, die man für das Geld bekommen kann. Darunter Chips, Weingummi, Schokolade ... Ein leckerer Ansporn für meinen Körper, bald wieder normal zu funktionieren.

KAPITEL 10

Auf dem Weg ins Leben

SCHULABSCHLUSSFEIER

Leise schließe ich die Tür hinter mir und laufe los, um die richtige Buslinie zu bekommen. Ich schaffe es gerade noch so, den Bus zu erwischen, und erreiche pünktlich die Schule. Vorsichtig öffne ich die Tür zur Schulaula, die für das Abschlusstreffen der Abiturienten eindrucksvoll umgestaltet wurde.

Geschickt umgehe ich die unzähligen Luftschlangen und Luftballons, die überall angebracht sind, und bahne mir einen Weg durch die Sekt trinkende Menschenmenge. Ich komme kurz in Versuchung, am Getränkestand anzuhalten und mir ebenfalls einen Sekt zu genehmigen. Aus Erfahrung weiß ich aber, dass es nicht bei einem bleiben wird. Deshalb belasse ich es bei einer Cola.

Mit meinem Glas in der Hand setze ich mich zwischen Neomi und Gülcan, die in eine hitzige Diskussion vertieft sind, in die hintere Reihe. Nachdem sie den bestaussehenden Jungen in diesem Raum ausfindig gemacht haben, stoßen sie mit mir auf die erfolgreichen drei Jahre an und dass diese nun endlich vorbei sind. Ich nippe einige Male eifrig an meinem Glas.

Um mich bis zur Zeugnisverteilung ein wenig zu beschäftigen, lausche ich angestrengt der vom DJ aufgelegten Technomusik. Da mir diese ganz und gar nicht zusagt, versuche ich, mich mit Gedanken an die kommende Freizeit abzulenken, zu der wir als Intensivgruppe gemeinsam am Nachmittag hinfahren.

Die diesjährige Freizeit ist ein Zusammentreffen von Jugendlichen und jungen Erwachsenen mit schwierigem finanziellen Hintergrund, die aber dennoch ein paar schöne Tage in den Ferien verleben möchten. Organisiert und betreut wird das Ganze von Studenten, die sich über Monate hinweg ein siebentägiges Freizeitprogramm einfallen lassen und gestaltet haben. Man darf gespannt sein. Ich freue mich auf jeden Fall. Denn seit den wenigen Monaten nach der Operation erlebe ich viele erste Male als vollständige Frau.

Zum Beispiel die erste Tafel Schokolade im Krankenhaus. Wie gut diese geschmeckt hat. Ganz anders als davor. Aber vielleicht lag es auch daran, dass ich eine Woche lang keine essen durfte und selbst das pappige Brot umwerfend schmeckte.

Na ja, dies wird zumindest meine erste Freizeit als junge geschlechtsangeglichene Frau mit Abitur. Endlich kann ich mit Karoline und den anderen ohne Probleme an den Strand gehen und mich frei bewegen. Alles ist geschafft. Ich trage meinen Namen seit zwei Jahren offiziell, auch wurde das M im Reisepass und in meiner Geburtsurkunde in F geändert. Wenige Wochen nach der geschlechtsangleichenden Operation bin ich mit einem Schreiben von Herrn Meurer, das die Personenstandsänderung bewilligt, zum Standesamt gefahren und habe um eine Umschreibung meiner Geburtsurkunde gebeten. Wie stolz ich war, meine neuen Papiere in den Händen zu halten. Jetzt bin ich auch offiziell als Frau eingetragen. Auch wenn es nicht nötig ist, trage ich die Urkunde zusammengefaltet in meinem Portemonnaie ständig bei mir, um mir stets vor Augen zu halten, dass ich am Ziel angekommen bin! Mein Körper ist der einer Frau, und ich fühle mich weiblicher und glücklicher denn je.

Die dröhnende Musik kommt zu meiner Erleichterung zu ihrem Schluss, und unser Klassenlehrer Herr Schneider betritt die mit Blumen aufwendig verzierte Bühne. Er begrüßt die ungefähr 60 Abiturienten der drei Abschlussgänge mit seiner leicht überdrehten Art, und ich kann mir ein leises Kichern nicht verkneifen. Eine knappe halbe Stunde vergeht, gefüllt mit lahmen Witzen und schlappen Musikeinlagen.

Schließlich ist es so weit. Die Ausgabe der Abschlusszeugnisse beginnt, und die besten der anwesenden Abgänger werden einzeln auf die Bühne gebeten. Langsam wird es Zeit, dass der Jahrgangsbeste verkündet wird. Herr Schneider will es hoch feierlich machen. Mit ausgewählten Worten lobt er die diesjährige Jahrgangsbeste »Hannah«.

Zu meinem Erstaunen werde ich auf die Bühne gerufen. Schüchtern nehme ich mein Zeugnis sowie einen CD-Gutschein und einen Strauß farbenfroher Blumen entgegen und hoffe inständig, auf dem glatten Boden nicht auszurutschen. Zu meiner Freude wird mir großzügig applaudiert. Leicht lächelnd entziehe ich mich der unangenehmen, auf mich gerichteten Aufmerksamkeit und gehe entlang der mit Schülern besetzten Bänke zurück zu meinem Platz.

»Gut gemacht«, loben mich Gülcan und Neomi und geben mir einen Schmatzer auf die Wange.

»Danke.«

Mann, bin ich baff. Zusammen mit meinen beiden Freundinnen, die mir knapp drei Jahre lang Verständnis und ihre Freundschaft entgegengebracht haben, bestaune ich meine Noten. Abgesehen von einer Zwei in Mathematik, die durch die letzte verhauene Klausur fast eine Drei geworden wäre, nur Einser. Aber Mathematik zählt nicht. Denn dies ist kein Schulfach, sondern mit all diesen verwirrenden Formeln reiner Hokuspokus.

Auch Gülcan und Neomi bekommen wenig später ihre Zeugnisse ausgeteilt. Auch sie glänzen mit einem fabelhaften Durchschnitt.

Wir beschließen gut gelaunt und in Partystimmung, die kleine Tanzfläche unsicher zu machen. Viele von den Anwesenden tragen festliche Anzüge und Kleider. Wir drei sind hier schon so was wie Exoten, mit unseren All Stars und der Freizeitkleidung. Jeder feiert eben auf seine Art. Hauptsache, die Musik ist laut und gut. Der DJ hat Missy Elliott aufgelegt und wir versuchen uns in Rap-Posen. Ausgelassen tanzen wir durch den Saal, stoßen hin und wieder gegen ein paar im Weg stehende und knutschende Pärchen, die die ruckige Unterbrechung nicht so lustig finden wie wir. Aber davon lassen wir uns nicht beirren und schütteln uns noch eine ganze Weile zu immerzu wechselnden Musikrichtungen.

Aber langsam wird es für mich Zeit zu gehen, sonst muss ich den anderen mit öffentlichen Verkehrsmitteln ins kleine Städtchen bei Hamburg folgen, wo die Freizeit stattfindet.

»Melde dich.«

»Ganz bestimmt.«

»Viel Spaß in der Türkei euch beiden.«

Mit einer langen Umarmung und drei Küsschen auf die Wange verabschieden wir uns und versprechen, nach dem Sommer etwas Gemeinsames zu unternehmen.

Jetzt muss ich mich beeilen. Auf dem Weg nach draußen sage ich noch den bekannten Gesichtern Auf Wiedersehen und komme mit dem Bus gerade noch pünktlich bei der Gruppe an. Eilig, damit die anderen nicht so lange warten müssen, hole ich den Koffer aus meinem Zimmer und packe ihn in den Kofferraum des Kleinbusses. Wir fahren los.

ERSTER TAG IN DEN FERIEN

Etwas gequetscht sitze ich am Fenster. Neben mir Karoline, die sich über mein Zeugnis genauso zu freuen scheint wie über ihres. Auch wenn Karolines Noten deutlich schlechter sind, ist ihre Freude ungebremst. Denn eine Vier ist immer noch besser als eine Fünf, wie sie mich immer zu belehren pflegte, wenn sie mit einer nach Hause kam. Die Schule ist schnell vergessen, denn wir alle freuen uns auf die sechswöchigen Ferien und die Urlaubswoche an der Nordsee.

Bastian, ein Junge im Emo-Stil und einer der Jüngsten im Heim, sitzt vorne bei den zwei Betreuern und schiebt einen seiner CD-Remixe in den Player, dann dreht er diesen voll auf.

Kristin und Stefan, für die unser Urlaub Arbeit bedeutet, haben nichts dagegen und lassen uns den Spaß. Von draußen sehen wir für die anderen Autofahrer wahrscheinlich aus wie grölende Hooligans, die auf dem Weg zu einem Fußballspiel sind.

Mit guter Laune kommen wir nach zweieinhalb Stunden Fahrt mit leichten Ohrenschmerzen auf dem Gelände der riesengroßen Anlage an, die wie eine sanierte Jugendherberge wirkt und Strandfeeling in mir aufkommen lässt. Viel Holz und helle satte Farben. Wir parken neben den bislang Angekommenen und holen unsere Taschen aus dem Kofferraum.

»Ist das cool hier!«, staunt Bastian.

Um das Gebäude herum erheben sich kleine und größere Hügel, die von Gras bedeckt sind. Schaukeln sind vorhanden und es gibt einen Abenteuerspielplatz, der inmitten eines kleinen Naturparadieses liegt. Nicht weit von hier muss der Strand sein, denn ich habe das Gefühl, die salzige Meeresluft bereits riechen zu können.

Es ist herrlich hier. Die Sonne scheint, es ist warm und genau der richtige Ort, um sich zu erholen und auszutoben.

Das wird eine tolle Woche, denke ich mir und folge den anderen ins Gebäude, wo wir bereits von einer Studentin abgefangen und in einen großen Raum geführt werden. Dort sitzen auch schon viele der angekommenen Jugendlichen und jungen Erwachsenen. Sie quatschen wild durcheinander. Unsere kleine Gruppe, bestehend aus acht Jugendlichen und zwei Betreuern, setzt sich auf die wenigen freien Plätze am Rand. Wir schauen uns neugierig um und kommen mit einem 16-jährigen Mädchen aus Hamburg ins Gespräch. Sie ist bereits zum dritten Mal dabei. Noch bevor uns Jana mehr erzählen kann, werden wir vom Pult aus um Ruhe gebeten. Davor stehen zwölf Studenten und teilen sich ein Mikrofon. Nacheinander stellen sie sich kurz vor.

Tom fällt mir besonders auf. Er ist 23 Jahre alt, studiert Pädagogik in Köln und ist der Ansprechpartner für die Jugendlichen zwischen 14 und 17. Dass er leuchtende blaue Augen hat, so tief wie das Meer, ist offensichtlich, sie sagen mehr, als eine ausführliche Beschreibung je könnte. Auch seine natürliche männliche Statur ist durchaus erwähnenswert, und dass seine braun gebrannten, wohldefinierten Oberarme durch sein hellblaues T-Shirt perfekt betont werden …

Was hab ich denn da für Gedanken?! Um mich wieder auf das Wesentliche zu konzentrieren, versuche ich, den anderen zuzuhören, aber so richtig gelingen tut mir das nicht. Umso schöner ist es, dass das Mikrofon wieder an Tom weitergegeben wird und ich seiner warmen Stimme zuhören kann. Aber irgendwie scheine ich mit meinen Gedanken schon wieder weit abzudriften. Was für ein Mann …

»Hannah, kommst du?«, rüttelt mich Karoline wach. »Na, komm schon, du Tagträumerin.« Ehe ich mich versehe, drängt sie mich auch schon von meinem Platz, und ich stelle erstaunt fest, dass wir mittlerweile die Einzigen im Raum sind.

Mit zwei Koffern an unserer Seite suchen wir am schwarzen Brett unsere Zimmernummer. Wir müssen in den ersten Stock. Unser Zweibettzimmer ist im Westtrakt. Die Flure sind etwas eng, und die Koffer lassen sich nur schwer über den grünen gewölbten Teppich ziehen. Nachdem wir uns einmal im Trakt vertan haben, finden wir endlich unser Zimmer. Der Schlüssel steckt von außen im Schloss. Karoline dreht ihn zweimal nach links und drückt die Klinke runter.

Klein, aber fein, denken wir uns, als wir feststellen, dass weniger Platz vorhanden ist als gehofft. Die einfachen Holzbetten sind nebeneinandergestellt. Am Fenster steht ein Tisch mit Stuhl und einem kleinen Spiegel, den man ganz gut zum Schminken benutzen kann. Der Kleiderschrank ist groß genug, nimmt aber leider fast den ganzen Platz im Zimmer ein.

Aber was soll's. Irgendwie gefällt mir diese rustikale Einrichtung. Sie erinnert mich ein bisschen an Italien. Gerade jetzt im Sommer. Wo die Sonne draußen die Luft erhitzt und ich die Grillen hören kann, die wie in den italienischen Kornfeldern laut zirpen. Karoline betrachtet das Zimmer weniger träumerisch.

Spätestens bei der Begehung des integrierten Badezimmers hat es sich aber auch für mich ausgeträumt. Klein, dunkel, versifft. Mehr braucht man dazu nicht zu sagen.

»Also lange werde ich mich nicht da drin aufhalten«, sagt Karoline bestimmt und flüchtet aus dem kleinen Raum.

»Wenigstens gibt es keine Sammelduschen«, beschwichtige ich sie. Denn selbst nach der Operation ist mir eine Einzelkabine lieber.

Karoline und ich setzen uns auf die zusammengestellten Betten, die eher wie ein Ehebett ausschauen, und lassen die vier Wände um uns herum einige Zeit auf uns wirken. Aber besser wird es davon nicht. Darum packen wir unsere Koffer aus und befördern den Inhalt ungefaltet in den Schrank. Denn mit Ordnung-Halten wollen wir uns die nächsten sieben Tage nicht aufhalten. Solange sich keine Kakerlaken oder sonstiges Krabbelndes unter den zukünftigen Klamottenbergen auf dem Boden befinden, sind wir sehr tolerant, was das angeht.

Nachdem der Schrank bis zur obersten Schublade gefüllt ist und wir uns im Anschluss frisch gemacht und den Lipgloss nachgestrichen haben, schließen wir die Zimmertür hinter uns ab und begeben uns nach draußen.

»Komm, lass uns die Gegend ein bisschen erkunden«, bittet mich Karoline.

Wir gehen durch das Eingangstor, das mit einem bunt gemalten »Herzlich Willkommen« beschriftet ist, und laufen über das Kopfsteinpflaster des beschaulichen Ortes. Es ist sehr idyllisch und ruhig. Auf unserem Weg kommen uns ein paar Fahrradfahrer entgegen und grüßen uns nett. So, wie es auf dem Land noch üblich ist. Die Häuser sind alle von einem beachtlichen Stück Land umgeben, ganz anders als in der Stadt, wo ein Hochhaus an das andere gereiht ist. Die leuchtenden Sonnenstrahlen, die sich in alle Richtungen ausbreiten, lassen diesen Ort wie das schönste Stückchen Erde erscheinen. Am liebsten würde ich für immer hier bleiben …

»Ach, sieh mal, Hannah. Da ist ein kleines Geschäft mit diversem Schnickschnack. Lass uns da mal reingehen.« Wie gesagt, so schnell auch getan.

Als wir die Tür öffnen, bimmelt ein Glöckchen über uns, das der Verkäuferin mitteilt, dass potenzielle Kunden da sind. Prompt eilt sie aus einem der hinteren Räume, die für Kunden unzugänglich sind, herbei und begrüßt uns herzlich. Geschickt wickelt sie uns mit ihrem Charme ein und zeigt uns holzgeschnitzte Schiffe, die in kleinen Fläschchen eingearbeitet worden sind. Karoline und ich sind sehr angetan und lassen uns zu einem Kauf überreden. Kosten ja auch nicht sehr viel. Meins hat einen lila Anstrich. Karolines ist moosgrün.

Nach einem Fußmarsch durchs Grüne kommen wir auf die Hauptstraße des beschaulichen Ortes.

»Was für eine Einöde!«, nörgelt Karoline, doch ich finde es herrlich. Kein dichter Verkehr, die Straßen sind breit gebaut und bieten dementsprechend viel mehr Platz, und man muss sich nicht von Geschäft zu Geschäft drängen. Allein schon aufgrund der Tatsache, dass es hier kaum welche gibt.

Es scheint, als ob die Zeit hier stehen geblieben ist oder zumindest langsamer und ruhiger vergeht als in der Stadt. Es sind hauptsächlich ältere Menschen zu sehen, die uns interessiert anschauen. Für sie sind wir ja eine kleine Abwechslung, wir Stadtmenschen. Freundlich lächeln wir immer wieder zurück, was auf Dauer leichte Kieferschmerzen verursacht. Wir biegen in eine schmale unebene Gasse ein. Sie führt zu einer kleinen, und ich meine wirklich kleinen, Grünanlage, die zum Betreten freigegeben ist. Wir sprechen hier von einer ungefähr 25 Quadratmeter großen Fläche, die mit Sträuchern und Sommerblumen bepflanzt ist.

Bevor Karoline und ich uns wieder auf den Weg machen, den wir uns hoffentlich gemerkt haben, gönnen wir uns noch ein leckeres Eis an der einzigen Eisdiele des Ortes. Dafür schmeckt es aber auch wirklich köstlich. Auch wenn es mit dem Perugia-Eis niemals in Konkurrenz treten kann. Aber der Euro ist gut investiert.

Noch mit dem Hörnchen in der Hand, kommen wir wieder auf dem Gelände an. Wir kommen gerade in das Haus 2, in den Speisesaal, als eine laute Glocke zweimal zum Abendessen läutet.

»Jetzt schon?« Karoline guckt mich etwas irritiert an.

»Schau mal auf die Uhr, schon sechs.«

Erstaunt machen wir uns auf den Weg. Halten vor der offen stehenden Tür aber kurz an.

»Sieh mal, hier können wir uns für verschiedene Aktivitäten eintragen.« Ich folge Karoline zu der extragroßen Tafel vor dem Saal, die mit Freizeitangeboten für den morgigen Tag wirbt.

Nach zögerlichem Hin und Her, denn es gibt eine Menge an Angeboten, tragen wir uns für den Strandausflug mit anschließendem Lagerfeuer ein. Mögliche Alternativen wären Wandern, Stadtbummel, den wir gerade hinter uns haben, und eine Reihe an Sportangeboten. Ich glaube, wir haben uns richtig entschieden.

Wir betreten den Essensraum, welchen wir insgesamt 21 Mal in dieser Woche aufsuchen werden, und schauen uns nach unserer Gruppe um, die sich an den bereits gedeckten Tischen verteilt hat. Bastian hat uns zwei Stühle freigehalten und winkt uns hastig zu sich.

Wenige Minuten nach dem Gong sind alle Plätze besetzt und es ist erschreckend voll. Nur gut, dass wir genügend Brot und Aufstrich an unseren Tischen haben und uns nicht bis zur Küche am anderen Ende durchschlängeln müssen. Zu Karolines und meiner Erleichterung gibt es auch eine breite Auswahl an vegetarischen Nahrungsmitteln. Von Nutella bis hin zu Frischkäse und Marmelade ist alles vorhanden, womit man sich genussvoll sättigen kann.

»'Nen Guten«, schmatzt uns Bastian entgegen und kaut so hastig auf seinem Käsebrötchen, als ob er Angst hätte, dass nicht genug zu essen da ist, weshalb er gleich noch ein zweites Brötchen hinterherschlingt.

Neben uns drei sitzen noch zwei andere Jugendliche an unserem Tisch. Jana, die uns gerade freundlich zuschmunzelt, haben wir ja bereits vorhin bei der Eröffnung kurz kennengelernt. Kevin, wie er sich vorstellt, ist 17 Jahre alt und mit Jana seit neun Monaten zusammen.

»Wie süß!«, babbeln Karoline und ich gleichzeitig mit vollem Mund, sodass wir kaum zu verstehen sind. Aber sie scheinen uns verstanden zu haben, zumindest unsere Geste, indem wir eine Hand angetan auf Herzhöhe halten. Sie wohnen gemeinsam in einem Heim in Berlin.

Karoline und ich sind sofort Feuer und Flamme und wollen alles über die Hauptstadt und Metropole wissen. Auch Bastian lauscht Janas »Berliner Geschichten«, wenn er nicht gerade mit lautem Schmatzen beschäftigt ist. Es ist aber sehr traurig, was sie uns über ihr Leben so erzählt. Ihr Vater ist Alkoholiker, die Mutter vollkommen überfordert. Jana hielt es zu Hause nicht mehr aus und flüchtete mit 15 auf die Straße. Vier Monate später kam sie ins Heim, wo sie ihren Kevin kennen- und lieben lernte. Noch dieses Jahr wollen sie in eine gemeinsame Wohnung ziehen. Ihren Realschulabschluss haben sie, eine Arbeit oder Ausbildung leider noch nicht.

Ich überlasse mich meinen eigenen Gedanken, stelle mir ihr Schicksal bildlich vor. Wie schrecklich das Leben wohl auf der Straße sein muss? Ohne Geld und ohne ein Dach über dem Kopf, mit einer Zukunft, die alles andere als einfach ist. Aber sie scheint es geschafft zu haben. Ich schaue, versunken in diesen Vorstellungen, über die Köpfe im Raum hinweg. Da sehe ich ihn fünf Tische von unserem entfernt sitzen und an seinem Orangensaft nippen.

Wie süß er ist. Sein strahlendes Lachen. Wie er mich anschaut.

Ach du meine Güte … Er schaut mich an!

Überfordert von seiner Aufmerksamkeit, senke ich blitzartig meinen Kopf und beschäftige mich mit meinen schwitzigen Händen. Mein Herz klopft kräftig gegen meinen Brustkorb, und auch mein Kopf glüht etwas.

Was ist bloß los? Werde ich krank? Bitte nicht, ich habe doch Ferien. Ich schaue ihn noch einmal kurz an, und er erwidert meinen Blick. Ich tue so, als würde ich nach etwas hinter ihm suchen, denn es ist mir ein bisschen peinlich, ihn immer wieder ansehen zu müssen.

Bin ich froh, als wir das Abendbrot beenden und Karoline und ich es uns in einer Ecke des Aufenthaltsraums mit Jana und Kevin gemütlich machen. Wir stellen bei einem angeregten Gespräch fest, dass auch sie sich für den Strandausflug eingetragen haben. Dann genießen wir morgen den wunderschönen, hoffentlich sonnigen

Tag zu viert. Und zugleich wird es mein erstes Mal als Frau im Bikini am Meer sein. Wie ich mich freue.

Doch jetzt fordern uns Jana und Kevin zum Standkicker auf, und ich versuche, das Spiel zu nutzen, um die verwirrenden immer wiederkehrenden Gedanken an Tom abzuschütteln. Bis zur Bettruhe am Abend leider vergebens …

ZWEITER TAG

Mit zwei Studenten, die uns Strandgänger im Auge behalten, starten wir pünktlich zur Mittagsstunde den Fußmarsch zum Meer. Einer der beiden ist Tom!

Über die Dünen entlang erreichen wir unser Ziel. Ich ziehe meine Flip-Flops aus und lasse den weißen, feinen Sand meine Füße bedecken. Schnell ist für jeden von uns gezählten 22 ein geeigneter Platz gefunden. Denn viele Strandbesucher gibt es heute nicht.

Ich streife mein Top ab und lege es in Karolines und meine Strandtasche, die mit Sonnenmilch und diversen Zeitschriften gefüllt ist. Meine rosa-weiß karierte Mädchenshorts, die ich mir extra für den Urlaub gekauft habe, ziehe ich behutsam aus. Denn ich will ja nicht aus Versehen das Bikinihöschen mit runterziehen. Da stehe ich nun, inmitten eines weitläufigen Strandes, nur mit einem weißen Triangelbikinioberteil und einer passenden klassischen Hüftpanty bekleidet. Ich fühle mich so unsagbar frei! Kein Versteckspiel mehr, endlich bin ich ich. Gut ist auch, dass ich den Platzhalter nur noch nachts tragen muss. Kurz gesagt, ich brauche keine Angst zu haben, dass er aus Versehen rausrutscht oder Abdrücke hinterlässt. Bald brauche ich ihn gar nicht mehr zu tragen.

»Kommst du mit ins Wasser?«, fragt Karoline.

»Geht nicht.« Fragend guckt sie mich an. Ich winke sie zu mir. Es muss ja nicht gleich jeder mitbekommen. »Die zweite Operation, also die Nachkorrektur, ist doch erst wenige Wochen her. Ich darf noch nicht.«

Karoline überlegt, ob sie lieber bei mir bleiben sollte.

»Nun geh schon, ich kann mich schon beschäftigen.« Ehe ich mich versehe, ist sie auch schon bei den anderen, die sich von den seichten Wellen treiben lassen.

Ich mache es mir auf meinem Strandtuch gemütlich und genieße die warme Brise. So schön ruhig. Nur die rauschenden Wellen im Hintergrund, die sanft den Sand berühren und sich wieder zurückziehen, um es kurz darauf noch einmal zu versuchen. Und der angenehme Geruch von Salz. Mmh, hier gefällt es mir.

»Magst du denn gar nicht schwimmen gehen?«, höre ich eine mir vertraut klingende Stimme. Das ist doch nicht … Tom!

»Ähm, ich genieße lieber die Sonne, solange sie da ist.«

»Kann ich verstehen«, antwortet er mir und streift sein dunkles T-Shirt ab.

WOW! Ich traue mich gar nicht, richtig hinzugucken. Was für ein netter Anblick. Wohl geformt, aber nicht künstlich aufgepumpt. Etwas gebräunt und ein paar Sommersprossen auf seiner Brust. Wie süß. Nicht schon wieder diese Bauchschmerzen. Ich beschließe, Muscheln sammeln zu gehen, um mich ein bisschen abzulenken. Denn insgeheim will ich mir nicht eingestehen, dass ich mich ein klitzekleines bisschen in Tom verguckt habe. Solche Gefühle sind an sich schon kompliziert. Aber wie ist es erst, wenn sich eine Transsexuelle in einen normalen Heteromann verguckt. Ich will gar nicht darüber nachdenken. Ich könnte ja ganz locker auf ihn zugehen und sagen: »Hey Tom. Ich finde dich süß. Hast du mal etwas mit mir zu unternehmen? Ach übrigens, ich war mal ein Kerl, zumindest körperlich.«

Nein, das käme nicht gut. Aber verleugnen will ich mich auch nicht. Dafür bin ich viel zu stolz auf meinen gegangenen Weg, und es gibt nichts, wofür ich mich schämen müsste. Einfacher macht es die Situation dennoch nicht. Vielleicht aber steht er überhaupt nicht auf mich. Dann wären meine Gefühle sowieso egal. Und in einer Woche ist die Freizeit vorbei und ich sehe ihn niemals wieder. Wie traurig.

Komm schon, jetzt konzentriere dich aufs Muschelsuchen.

Alle paar Meter werde ich fündig. Mal große, mal kleinere Exemplare hebe ich auf und nehme die schönsten mit zurück zu meinem Platz, um sie neben mir in den Sand zu legen. Tom ist weit und breit nicht zu sehen. Darum kann ich endlich mal an etwas anderes denken und blättere in den Zeitschriften. Kein interessanter Artikel dabei. Bei den neuen Lipgloss-Farben für den Sommer bleibe ich dann doch hängen. Eine von denen habe ich sogar. Allerdings von einer günstigeren Marke.

Die Zeit vergeht, während ich abwechselnd die Zeitschriften durchforste und immer mal wieder kurz einnicke. Nachdem ich auch das letzte Modemagazin zugeklappt habe, sehe ich Karoline mit Jana und Kevin aus dem Wasser kommen. Deren Finger sind vom langen Aufenthalt im Wasser ganz verschrumpelt.

Wir spielen mit den anderen eine Runde Beachvolleyball, was ohne Netz ziemlich unbeholfen wirkt. Vielleicht fehlt uns aber auch schlichtweg die Erfahrung. Deshalb werfen wir den Ball nach einer Weile nur noch zum Spaß hin und her, bis uns dieser vergeht und wir uns träge den Sand auf die Beine rieseln lassen. Fühlt sich an wie eine leichte Massage.

Als der Wind etwas kühler wird, beschließen einige aus der Gruppe, doch abends im Saal zu essen, und packen ihre Sachen allmählich ein. Am Ende sind es nur noch acht Leute, die das »Lagerfeuer-Highlight« nicht missen wollen. Karoline und ich helfen Bernhard, dem Studenten, die künftige Feuerstelle mit Steinen zu sichern. Jana und Kevin suchen mit Tom zusammen geeignete Äste zum Anzünden. Die Zwillingsbrüder Mario und Marko, die sich in allem so ähnlich sind, dass sie ebenso gut eine Person sein könnten, tragen die Kartoffeln und das Stockbrot aus der kühlen Ecke bei den Dünen zu uns.

Weil es kälter geworden ist, ziehen wir unsere Klamotten wieder an, bevor wir uns um die Feuerstelle versammeln und die Jungs das Feuer entzünden. Tom hat sich neben mich gesetzt. Ob er absichtlich den Platz neben mir beansprucht? Mir gefällt es jedenfalls. Aber aufgeregt bin ich schon etwas. Schließlich will ich nichts falsch machen.

Die Folienkartoffeln werden herumgereicht, bis sich jeder ausreichend genommen und sie auf die Stöcke gespießt hat. Anschließend drehen wir sie gleichmäßig mehrere Minuten über den Flammen, bis sie bereit zum Verzehren sind. Dabei herrscht eine angenehme Ruhe. Nachdem wir unseren Appetit allmählich gestillt haben, durchbricht einer nach dem anderen die entstandene Stille und erzählt aus seinem Leben.

»Was ist mit dir, Hannah?«, fragt Tom interessiert und gibt mir mit seiner Schulter einen kleinen Stups. Wie gut sich seine Haut an meiner anfühlt …

»Ähm.« Da muss ich erst mal überlegen. Die letzten Jahre habe ich nicht viel Zeit gehabt, um über eine berufliche Karriere nachzudenken. Mein Ziel ist es gewesen, Frau zu werden, und dafür habe ich meine ganzen Kräfte eingesetzt. Vielleicht ist es nun an der Zeit, über die Zukunft nach der Schule nachzugrübeln. Gar nicht so leicht. Schließlich fällt mir doch noch ein Berufswunsch ein.

»Ich schreibe seit einiger Zeit. Und das sehr gerne.«

»Dann versuch es doch als Schriftstellerin oder Journalistin.«

»Ich weiß nicht. Mein Traum ist es seit Kindheitstagen, Schauspielerin zu sein«, gebe ich betrübt zu. »Aber ich weiß nicht, ob ich gut genug bin.«

»Ich glaube schon.« Dass Tom mich ernst nimmt und mir Mut macht, schmeichelt mir sehr.

Seit ich klein war und meine Eltern mit mir das erste Mal in einem Stück waren, hat mich das Theater in seinen magischen Bann gezogen. Ich kann es nicht beschreiben, aber diese Welt, die aus dem letzten Kern der Wahrheit eines jeden Bühnenmenschen lebendig gemacht wird – ich sehne mich nach dieser wundervollen Welt des

Scheins. Ich möchte, nein ich muss, irgendwann dieser Sehnsucht in mir nachgehen und mich dem Theater ganz verschreiben. Nur dann fühle ich mich frei und voller Leben. Mann, wie philosophisch ich auf einmal werde.

»Ich habe große Angst zu versagen«, gebe ich kleinlaut zu und merke, dass ich mich schon ganz in meinen Gedanken an ein Leben am Theater verloren habe.

»So wie deine Augen strahlen, wenn du davon erzählst, glaube ich nicht, dass du scheitern wirst. Und die spürbare Wehmut in deiner Stimme lässt mich erahnen, wie sehr du an deinem Traum bislang festgehalten hast. Egal, ob es für eine Profikarriere reicht oder nicht. Du solltest alles daransetzen, es wenigstens zu versuchen. In Köln gibt es eine sehr gute Schauspielschule. Bewirb dich doch einfach mal!«

Von seinen aufbauenden Worten werde ich ganz rot im Gesicht und senke meinen Blick. Er ist so nett. Schließlich breche ich das kurze Schweigen und frage ihn nach seinem Studium in Pädagogik. Angeregt erzählt er mir davon, und ich spüre, dass er weiß, wovon er gerade gesprochen hat. Dass man für seine Ziele und Träume kämpfen muss.

Tom studiert bereits im dritten Semester in Köln. Er lebt mit zwei Freunden in einer WG, wobei Eduardo aus Argentinien kommt und nächstes Jahr zurück in seine Heimat geht. Wegen des Pädagogikstudiums ist Tom hier. Durch diese Möglichkeit kann er sein Wissen praktisch umsetzen und sich ausprobieren. Zumal die Arbeit später einmal auch eine tolle Referenz sein wird, wenn er ins Berufsleben einsteigt.

»Leute, wir müssen langsam aufbrechen. Es ist schon ziemlich spät geworden«, sagt Bernhard.

Doch bevor wir das Feuer löschen und uns auf den Weg zurück machen, genießen wir den wunderschönen Anblick, wie die Sonne im tiefblauen Wasser versinkt und die silberne Oberfläche zum Schimmern bringt.

Zum dritten Mal versuchen Karoline und ich, uns gegenseitig verruchte Smokey Eyes zu schminken. Nach jedem gescheiterten Versuch wird es sichtbar besser.

»Schau, ob es dir gefällt«, bitte ich sie und warte gespannt, bis sie das Ergebnis gründlich im Spiegel betrachtet hat. Endlich, sie nickt mir zufrieden zu. Als sich Karoline ihre Haare zu einer fransigen Frisur toupiert und sich das Omakleid aus altem Vorhangstoff anzieht, bin ich wirklich erstaunt, wie furchtbar es doch tatsächlich aussieht.

»Du wirst bestimmt die beste schlechtestangezogene Person sein«, grinse ich ihr zu, und sie fühlt sich mehr als geschmeichelt.

»Danke«, sagt sie und versucht sich in einem eleganten Knicks. »Du siehst aber auch nicht gerade gut aus«, kommentiert sie mein scheußliches bunt gepunktetes bauchfreies Spaghettitop und die stylishe goldene Stretchhose aus den 70ern. Die rote Perücke, die ich ebenfalls im Kleiderfundus der Anlage gefunden habe, unterstreicht das lebendige Gefühl der 70er, das ich in mir aufkommen spüre.

Wir ziehen uns noch die Pornobrillen auf, die wie riesige Fliegenaugen wirken, und machen uns mit flippigen Tanzeinlagen auf den Weg zur »Bad-Taste-Party« unten im Veranstaltungskeller.

Unterwegs begegnen wir den lustigsten und schrägsten Kombinationen. Ein Junge aus Süddeutschland trägt nicht mehr als einen Lendenschurz, den er eigenhändig aus Blättern zusammengestellt hat. Es ist nur zu hoffen, dass dieser den Abend überlebt, sonst wird es nicht nur für den Träger eine unangenehme Situation. Sogar eine Aliengruppe ganz in Alufolie kommt uns entgegen. Weil das Licht im Partykeller gedimmt ist, folgen wir der glänzenden Alufolie zur Bar und bestellen zwei Cola. Es ist bereits ziemlich voll und es herrscht schon ein leichtes Gedränge. Deshalb suchen wir uns zwei Plätze, wo etwas weniger los ist. Karoline und ich quetschen uns durch die bunt und skurril geschminkten Tanzwütigen. Einer schräger und extremer als der andere. Schließlich sehen wir

Bastian, verkleidet als farbenfrohe Glitzerkugel, an einem Tisch in der hinteren Ecke sitzen. Da die meisten den Modern-Talking-Klassiker *Cheri Cheri Lady* mitgrölen und amüsiert mittanzen, bleibt ausreichend Platz für Karoline und mich am Tisch.

»Ihr seht ja schräg aus«, prustet Bastian, der als menschliche Glitzerkugel perfekt zu uns passt. »Kommt, wir zeigen denen mal, was Tanzen bedeutet«, fordert Bastian uns auf und drängt uns auf die Tanzfläche. Eigentlich einer der Momente, in denen ich etwas trinken würde, um die Schüchternheit abzuschütteln. Aber diese Zeiten sind vorbei. Stattdessen genehmige ich mir noch einen großen Schluck Cola und stürme mit meinen wilden, groovy Tanzschritten, die ich aus den Filmen der Siebziger nachahme, zu den anderen. Karoline und Bastian passen sich mir an und lassen die Hüften zu den alten Klassikern schwingen.

Bei der mitreißenden Musik von Bananarama ist schnell vergessen, dass wir mit unserem eigenwilligen Stil im Mittelpunkt stehen. Überraschenderweise kopieren sogar einige Tänzer unsere Bewegungen und verbinden sie mit eigenen lustigen Elementen. Nach dem sechsten Lied komme ich ins Schwitzen und lege eine Pause ein. Der Raum ist noch voller geworden und dementsprechend heiß und stickig. Auf dem Weg an die frische Luft ziehe ich die Perücke ab und lasse meine verschwitzten Haare etwas abkühlen.

Wie dunkel es schon wieder ist. Vereinzelt kommen mir noch wahre Verkleidungskünstler entgegen, die mit einer vornehmen Verspätung auf die Party kommen. Darunter überzeugende Dragqueens und ein Harry Potter ohne Narbe, der den Sinn hinter dem Motto wohl nicht ganz beherzigt hat. Aber vielleicht hat er auch kein schlechteres Kostüm abbekommen?!

Ich genieße den frischen Wind und die Stille des Abends, nur die Musik aus dem Saal ist entfernt und leise zu hören. Doch allein bin ich nicht, denn ich sehe jemanden in meine Richtung kommen. Anfangs kann ich nur schwer etwas erkennen, doch es scheint ein Mann zu sein. Vielleicht Bastian?

»Richtig fieses Outfit«, höre ich aus der Dunkelheit sagen.

»Das Kompliment gebe ich gerne zurück.« Viel sehe ich zwar noch nicht, aber ehe ich mich versehe, steht er auch schon vor mir. Albert Einstein im Körper von Tom. Steht ihm eigentlich ganz gut.

Wieder pocht mein Herz wie wild drauflos.

»Wieso bist du nicht auf der Party?«, fragt er mich.

»Das Gleiche könnte ich dich auch fragen.«

Er grinst. »Lust, noch 'ne Runde zu drehen?«

Ob ich Lust hätte? Und ob! Das erste Mal, dass ich nach Francesco mit einem Jungen alleine bin. Wie aufregend.

Da ich mir nichts anmerken lassen will, gebe ich ein nüchternes »Okay« zurück und hoffe, dass meine Stimme vor Aufregung nicht allzu sehr zittert.

Während der ersten schweigsamen Meter lächeln wir uns verlegen an und starren abwechselnd in den sternenklaren Himmel und auf den Boden. Ist er genauso aufgeregt wie ich?

Wir lassen uns auf einem der Hügel nieder und legen uns ins Gras. Die Sterne funkeln über uns und spenden ein schönes Licht. Anfangs reden wir noch etwas befangen über die lustige Party und diskutieren, wer denn nun der schlechtestangezogene Gast sei. Erstaunlicherweise einigen wir uns auf Harry Potter. Denn er lag mit seinem Aufzug so daneben, dass er den ersten Platz verdient hat. Noch nicht mal eine Narbe hatte er. Also schlechter geht es wirklich nicht. Mittlerweile sitzen wir dicht nebeneinander.

»Du zitterst ja ein bisschen.«

»Ach was, gar nicht«, doch meine angeschlagene Stimme verrät mich. Sofort zieht Tom Albert Einsteins Mantel aus und legt ihn mir sachte über die Schultern.

»Besser so?«, fragt er mich lächelnd, und ich lächle zurück.

Ohne zu zögern, legt er seinen Arm um mich, und ich lege meinen Kopf gedankenverloren auf seine Schulter. Ich fühle mich so behütet und wohl, dass ich in seinen starken Armen dahinschmelze. Ganz sanft streicht er mir eine Strähne aus dem Gesicht.

»Du bist wirklich sehr hübsch.« Seine Augen treffen auf meine. So ein inniger Blick, dass ich es kaum aushalten kann. Auch ich berühre seine Wange und streiche ihm langsam über die Bartstoppeln. Sie piksen ein bisschen auf meiner Haut. Tom drückt mich vorsichtig an seine warme Brust und trifft ganz behutsam mit seinen Lippen auf meine.

Mein Bauch kribbelt und lässt das Gefühl durch meinen ganzen Körper fahren. Seine feuchten Lippen lösen sich allmählich, doch er bleibt ganz nah bei mir, sodass ich seinen warmen Atem, der mir einen wohltuenden Schauer bereitet, in meinem Nacken spüren kann. Ich muss ihn noch einmal berühren, ihn ganz nah spüren. Während er mich noch einmal zärtlich küsst und durch meine Haare streicht, kann ich nicht anders, als mich diesem atemberaubenden Moment hinzugeben. Diese Leidenschaft in seinem Kuss, mein pochendes Herz, das jeden Augenblick auseinanderspringen könnte. Seine warmen Hände in meinem Nacken, und dieses aufkommende Verlangen, ihm ganz nah sein zu wollen. Nein, zu müssen. Es dringt unaufhaltsam in mir hoch. Und ich spüre, dass es ihm genauso geht wie mir.

VIERTER TAG

»Ich muss dir etwas sagen.« Angespannt sitze ich auf meinem Bett und warte, dass Karoline aus dem Bad rauskommt und sich zu mir setzt.

Mit einem Handtuch um den Kopf schaut sie mich aufgeregt an. »Was gibt es denn so Wichtiges?«

Wie soll ich bloß anfangen?

»Ich glaube, ich habe gestern Abend einen Fehler gemacht«, gebe ich mit Unbehagen zu.

»Wegen deiner Kostümauswahl? Ich fand es super.«

Ich schüttele den Kopf. Karoline merkt, dass es sich um etwas Ernsteres handeln muss, und setzt sich neben mich. Ich suche nach den richtigen Worten, aber die scheint es nicht zu geben. Deshalb sage ich einfach, wie es ist.

»Tom und ich, wir haben uns gestern geküsst.« Allein von der schönen Erinnerung werde ich ganz rot im Gesicht. Vielleicht aber auch, weil Karoline mich mit geweiteten Augen anschaut.

»Und, wie war es?«, fragt sie mich aufgeregt und scheint mein Problem noch gar nicht realisiert zu haben.

»Das spielt doch jetzt keine Rolle.« Ich werde ernst.

Karoline versteht langsam meine Bedenken und spricht mich vorsichtig darauf an. »Du hast es ihm noch nicht erzählt, stimmt's?« Ich nicke ihr gedankenverloren zu.

»Es ging alles so schnell. Eins führte zum anderen. Und dann habe ich mich nicht mehr getraut«, gebe ich betrübt zu.

»Möchtest du es ihm sagen?« Ich denke über ihre Frage kurz nach.

»Ich möchte ehrlich zu ihm sein und ich möchte, dass er weiß, wer ich bin. Aber ich habe auch ziemliche Angst davor.«

»Wenn er dich wirklich mag, dann klappt das schon«, versucht sie, mich zu trösten und gleichzeitig aufzumuntern. Karoline nimmt mich noch einmal ermutigend in den Arm, bevor wir uns für das Grillfest auf der Wiese zurechtmachen:

Meine Haare trage ich glatt und offen. So gefallen sie mir am besten. Ich habe mich für ein weißes Sommerkleid entschieden. Hoffentlich ist dies bei einem Grillfest mit reichlich Ketchup und Senf kein Fehler. Aber es gefällt mir einfach zu gut, um es wieder auszuziehen. Es hat dünne Träger und schmiegt sich perfekt an Dekolleté und Taille, während es von der Hüfte locker bis zu den Knien geht und beim Gehen leicht von einer Seite zur anderen gleitet. Noch etwas Mascara und Lipgloss auftragen, dann bin ich fertig. Karoline hingegen kämpft mit ihrem »Haardesaster«, wie sie es nennt. Schließlich entscheidet sie sich für einen einfachen Dutt. Auch wenn sie mit ihrer Frisur nicht ganz zufrieden ist, so bringt diese ihr schwarzes eng anliegendes Kleid perfekt zur Geltung. Trotzdem betrachtet sie sich skeptisch im Spiegel.

»Du siehst gut aus«, bestätige ich ihr.

»Das sagst du nur, damit wir endlich gehen können«, jammert sie und zupft an ihrem Kleid herum.

»Und«, füge ich hinzu, »weil dem so ist.«

Der überdachte Weg zur Wiese, wo schon die Mehrheit der Anwesenden fleißig Würstchen isst, ist mit blauen, grünen und gelben Laternen geschmückt. Denn die dunklen Wolken, die am Himmel aufziehen, verdecken heute den kleinsten Sonnenstrahl. Während Karoline und ich uns zum Beilagenstand durchschlängeln, halte ich nach Tom Ausschau. Doch ich kann ihn nirgends entdecken. Karoline hält mir einen Plastikteller hin, den ich mit knusprigen Baguettescheiben belege. Verschiedene Dipsaucen gebe ich ebenfalls auf den Teller. Karoline kleckst mir noch eine große Portion Nudelsalat dazu. Nachdem wir uns mit Essen versorgt haben, suchen wir uns einen geeigneten Platz etwas abseits der mit Ketchup bewaffneten Menge und genießen die kalten Speisen an diesem schwülen Sommerabend.

Dann sehe ich ihn ganz plötzlich in der Menge auftauchen. Ich lege meinen Plastikteller auf der Wiese ab und gehe mit schnellen Schritten direkt auf Tom zu. Karoline schaut mir irritiert nach. Sie hat ihn wohl noch nicht bemerkt.

»Tom«, rufe ich mehrmals, bis er mich endlich hört und zu mir kommt. Wir stehen mitten im Geschehen. Es ist ziemlich laut, wozu die Countrymusik von Taylor Swift maßgeblich beiträgt. Ich nehme Tom sachte an die Hand und führe ihn von den Boxen weg, damit wir etwas Ruhe haben.

Wie nervös ich bin. Ich möchte, muss es ihm sagen. Was auch immer zwischen Tom und mir eventuell entstehen könnte, es soll auf einer ehrlichen Basis aufbauen – auch wenn mein Herz vor Aufregung fast zerspringen will und ich mich krampfhaft dazu bringen muss, ein Wort herauszubringen.

»Was gibt es denn?«, fragt er mich und sieht mich mit seinen großen blauen Augen an, die meine Knie zum Zittern bringen.

Angespannt fahre ich mir durch das Haar, bis ich schließlich so weit bin, es ihm zu sagen. Zumindest glaube ich das. Ich atme tief aus, schnappe nach Luft und will es in einem Atemzug aussprechen, als ich eine vertraute Stimme höre.

»Hannah, komm. Wir wollen Federball spielen«, ruft mir Jana zu und winkt mich zu sich. Eine unverhoffte Rettung in letzter Minute, denke ich und bin froh, dass das Thema erst mal aufgeschoben ist. Wenn auch nicht aufgehoben.

Karoline und ein weiteres Mädchen, welches ich bisher nur vom Sehen her kenne, spielen mit uns. Yvonne heißt sie und kommt aus Sachsen, was man nicht zuletzt an ihrem starken Dialekt erkennen kann. Lustig klingt es, wenn sie den Ball nicht trifft und sich deswegen künstlich aufplustert. Wir spielen hinter dem Haus, sodass wir das Grillfest nicht stören und genug Platz haben zum Spielen.

Jana und ich spielen in einer Mannschaft. Obwohl wir ohne Punkte spielen, ist jedem klar, dass wir beide das stärkere Team sind. Karoline scheint dies nicht zu kümmern, und ich kann mir ein weiteres Kichern kaum verkneifen, als Yvonne wieder mal danebenhaut und ihr Schläger in hohem Bogen in die Luft befördert wird. Yvonne jedoch findet ihre Unzugänglichkeit in diesem Spiel nicht sonderlich amüsant und setzt sich bockig in die Wiese. Mit Janas und meinem heimlichen Sieg geben wir uns zufrieden und lenken Yvonne von ihrer Misere ab. Wir quatschen über Jungs und tauschen wichtige Schminktipps aus. So erklärt uns Yvonne, dass der Lipgloss länger auf den Lippen hält, wenn man ihn nach dem Auftragen mit einem Stück Zewa-Rolle abtupft. Am Ende zeigen wir ihr noch mit Janas mitgebrachtem SOS-Schminketui, wie man Rouge vorteilhaft auf die Wangen aufträgt. Denn ihre Technik erinnert an die roten Kreise auf Heidis Wangen. Natürlich sagen wir ihr das nicht so direkt …

»Siehst du, das bringt dein hübsches Gesicht viel besser zur Geltung«, sagt Jana überzeugend und hält ihr den kleinen Spiegel im Rouge-Set hin. Yvonne nickt zufrieden und pudert sich ihre glänzende Haut etwas ab.

»Hast du es ihm schon gesagt?«, fragt mich Karoline auf dem Weg zurück zum Fest. Ich schüttele nur den Kopf und schaue bedrückt zu Boden.

»Ich habe wirklich Angst, es ihm zu sagen. Was ist, wenn er mich deshalb verachtet oder nicht mehr mag.«

»Dann ist er auch nicht der Richtige«, beschwichtigt sie mich und legt ihren Arm um meine Schulter.

»Wer nicht wagt, der nicht gewinnt. Außerdem ist dies eine gute Möglichkeit, die Frösche von den Prinzen zu unterscheiden. Da hast du einen großen Vorteil gegenüber mir und manch anderen Frauen, die es immer erst viel später merken.« Sie grinst mich breit an, dennoch meint sie jedes Wort, wie sie es gesagt hat.

»Ach Karoline, was würde ich nur ohne dich machen.« Wir müssen lachen. Aber um das gefürchtete Gespräch werde ich wohl nicht herumkommen, wenn ich Tom und mir eine Chance geben möchte.

*

Es ist so weit. Ich bitte Tom erneut, ein Stück mit mir zu gehen. Er nimmt meine Hand in seine, und mir wird ganz warm ums Herz.

Nichtsdestotrotz muss ich es ihm nun endlich sagen. Wir stehen am Eingang der Anlage, weit weg von den anderen. Jetzt gibt es nur noch Tom und mich und die Wahrheit, die im Nu die Nähe zwischen uns beiden unwiderruflich trennen könnte.

»Tom, es gibt da etwas, was ich dir sagen möchte«, beginne ich stockend. Mein Kopf tut schon weh, und mir wird ein bisschen schwindelig.

»Hey, was ist denn los«, einfühlsam streicht er mir über die Wange und schaut mir in die Augen.

»Ich … ich bin eine transsexuelle Frau«, überwinde ich mich schließlich.

Abrupt löst sich seine Hand aus der meinen. Ungläubig und entsetzt starrt er mich an. Er geht ein paar Schritte zurück und signalisiert damit eine gewisse Distanz, die plötzlich zwischen uns steht.

»Das heißt, du bist oder warst mal ein Junge?« Tom klingt mehr als irritiert, fast schon ein bisschen verängstigt. Seine Abneigung dieser heiklen Situation gegenüber ist deutlich zu spüren.

»Zumindest war ich das körperlich«, antworte ich ihm. Doch er scheint meinen Worten nicht länger folgen zu wollen oder zu können. Er ist aufgebracht, und wenn ich ehrlich bin, sieht er ziemlich schockiert aus. Damit hat er wohl nicht gerechnet.

Ich versuche erneut, es ihm zu erklären. Doch nach wenigen Worten bricht er ab: »Nein, es … es tut mir leid. Aber ich kann das nicht.« Seine Stimme ist ruhiger geworden, dennoch hört man seine Überforderung deutlich heraus.

Tom schaut mir noch einmal in die Augen. Egal, wie lange ich suche, aber sein warmer Blick ist nicht mehr zu finden. Schließlich lässt er mich alleine und geht zurück zum Fest. Ich stehe angelehnt an der Laterne, die ihr dumpfes Licht bereits auf mich gerichtet hat, und schaue ihm mit Tränen in den Augen nach. Ich hatte befürchtet, dass es so enden würde. Dennoch habe ich gehofft, dass er anders reagieren würde. Jetzt ist vorbei, was noch gar nicht richtig begonnen hat. Warum fühle ich mich dann so verlassen und leer, als ob ich etwas Wichtiges verloren hätte? War er mir in dieser kurzen Zeit so nah gekommen, dass seine Ablehnung mich so schmerzt? Immerhin war er der erste Mann, der sich für mich interessiert und mich liebevoll in seinen Arm genommen hat. Wieder muss ich weinen. Da steh ich nun. Abgelehnt und allein. Mit der Angst, einfach keinen Platz für mich zu finden. Dabei bin ich doch genauso viel wert wie jede andere auch, oder nicht?

DIE ABREISE

Ich habe nur noch fünf Minuten Zeit, um Tom doch noch zu finden, bevor wir zurück nach Hause fahren. Ich habe ihn seit gestern Abend nicht mehr gesehen und möchte noch einmal versuchen, mit ihm zu reden. Doch ich scheine kein Glück zu haben. Eilig begebe ich mich in den Aufenthaltsraum. Ich habe das ganze Gebäude schon zweimal abgesucht, doch er ist wie vom Erdboden verschluckt. Vielleicht will er auch einfach nicht gefunden werden?

Ich laufe noch einmal in den zweiten Stock. Die letzten Abreisenden kommen mir mit ihren Koffern entgegen und schauen die keuchende Sprinterin verwundert an, die an ihnen vorbeisaust. Mein Herz pocht wie wild. Ich klopfe gegen seine Zimmertür und warte einige Momente. Doch scheint niemand mehr da zu sein.

Schließlich muss ich die Suche aufgeben, denn die anderen warten bereits auf mich im Kleinbus. Dass die Sache zwischen Tom und mir mit so vielen Bauchschmerzen endet, das habe ich nicht gedacht. Auch sein Handy ist ausgeschaltet. Ich muss seine Entscheidung akzeptieren, auch wenn es mich verletzt. Denn meine Gefühle für ihn sind ungebrochen.

Traurig gehe ich durch das Treppenhaus nach draußen und schaue noch einmal zurück auf die Ferienanlage, die nicht nur für mich mit Herzschmerz verbunden ist. Robert und Chantall haben sich hier kennen- und lieben gelernt. Auch sie können ihre Traurigkeit kaum verbergen und werfen sich innige Luftküsse entgegen, während sie in verschiedene Autos steigen und in zwei völlig verschiedene Richtungen abfahren werden. Wenigstens können die beiden in Kontakt bleiben. Auch wenn eine Fernbeziehung nicht viel weniger schmerzhaft ist als eine Trennung. Denn oft sehen werden sie sich wahrscheinlich nicht in nächster Zeit.

Karoline rutscht einen Platz weiter, sodass ich wie schon bei der Hinfahrt am Fenster sitze.

»Hast du ihn nicht gefunden?«, fragt sie mich zaghaft.

Ich schüttele den Kopf und versuche, nicht an das Geschehene zu denken, was mir äußerst schwerfällt. Denn alles um mich herum erinnert mich an ihn. Langsam fahren wir vor und verlassen den Parkplatz. Karoline und ich winken Jana und Kevin zu, die mit ihrem Gruppenbus gerade an uns vorbeisausen und zum Abschied die schrille Hupe mehrmals betätigen.

Schön war die Zeit, denke ich wehmütig, auch wenn das Ende der Freizeit eine traurige Wendung genommen hat. Während wir über die kleineren und größeren Steine auf der Landstraße holpern und die Sonne ohne die kleinste Wolke am Himmel steht, präge ich mir die facettenreichen Bilder der weiten Landschaft des Nordens gut ein. Wer weiß, wann ich noch einmal so viel Harmonie erleben werde. Trotz meiner inneren Aufgewühltheit wirkt die Natur beruhigend auf mich, was mir im Moment sehr entgegenkommt. So wie in der Natur etwas Neues erblüht, so wird etwas anderes im gleichen Moment verwelken. Vielleicht ist es auch so mit Tom. Durch sein Desinteresse an mir ist eventuell der Weg für jemand anderen geebnet worden. Denn auch ich als transsexuelle Frau bin es wert, geliebt zu werden.

Auch wenn ich nicht mehr dran glaube, dass Tom sich noch melden wird, halte ich mein Handy ununterbrochen in der Hand. Doch er wird sich weder in den nächsten Stunden noch Tagen bei mir melden. Auch wenn ich diese erschütternde Tatsache nicht wahrhaben will und vergeblich auf einen Anruf oder wenigstens eine SMS hoffe. Dass er sich doch noch mal mit mir aussprechen möchte und uns vielleicht sogar eine Chance gibt. Aber dieser Tag wird wohl niemals kommen, egal wie sehr ich mich danach sehne.

GEFÜHLE TUN WEH!

Die Sehnsucht brennt in meinem Herzen, als wenn ich am
lebendigen Leib verbrenne.
Ich sehe, fühle, rieche und atme dich klar und intensiv in meinen
Träumen. So nah an meiner Seele war noch keiner vor dir.
Du erfüllst mich mit Liebe.
Du errettest mich vor meinem Schicksal, vor der Einsamkeit.
Tagsüber, wenn mein Traum nicht existieren kann, bin ich vol-
ler Melancholie. Ich bin zerrissen zwischen der Realität und
meinen Träumen.
In dieser Welt kann ich nicht sein. In meinen Träumen werde
ich nie real sein.
Ich weiß, du bist irgendwo da draußen, glücklich und zufrieden
in den Armen einer anderen. Für mich gibt es keinen Platz in
deiner Welt. Doch deine Welt, das ist auch meine, und wenn
ich dort nicht sein kann, bin ich nichts! Und doch bin ich hier,
den Grund erkenn ich nicht. Ich werde dich niemals sehen,
fühlen, riechen und atmen, außer in meinen Träumen.
Darum kehre ich zu ihnen zurück, in der Hoffnung, dich irgend-
wo dort zu finden, sehen, fühlen, riechen, atmen …

*

Einige Wochen ist es jetzt her, dass ich Tom das letzte Mal gesehen
habe. Seitdem habe ich auch nichts von ihm gehört. Ich bin noch
immer niedergeschlagen, dass die kurze, aber schöne Zeit mit ihm
vorüber ist und er sich nicht zu einem weiteren Treffen durchringen
konnte. Aber ich muss seine Entscheidung akzeptieren. Auch wenn
es mir nicht leichtfällt.

Trotz seiner Ablehnung mir gegenüber habe ich dennoch etwas
Wichtiges mitgenommen, was er mir beim Lagerfeuer ans Herz

gelegt hat: meine Träume nicht zu vergessen! Tom gab mir den Anstoß, dieses Wahnsinnsgefühl des Verliebtseins, das wunderbare Kribbeln im Bauch wieder zuzulassen. Und auch wenn er nicht der Richtige ist, so wird es irgendwo da draußen jemanden geben, der mich annimmt und liebt, genauso wie ich bin. Wer weiß, vielleicht ist dieser Jemand mir bereits näher als gedacht?

Eigentlich müsste ich wütend oder zumindest enttäuscht von Tom sein, dass er mich einfach hat stehen lassen. Doch das bin ich nicht. Irgendwie eigenartig, aber ich empfinde Dankbarkeit. Mein Herz ist wieder geöffnet, und jetzt liegt es an mir, dass ich es niemals wieder verschließe. Ich bin bereit, und das Leben wartet schon sehnsüchtig auf mich.

Es ist nicht ausgeschlossen, dass ich auf Grund meiner Transsexualität missverstanden oder diskriminiert werde, aber es gibt zum Glück Menschen wie Karoline, Neomi und Gülcan, bei denen ich einfach ich sein kann.

Wichtig ist, dass ich gelernt habe, auch ohne Alkohol meine Probleme zu lösen. Denn außer ein zusätzliches Problem hat es mir nichts gebracht.

*

Ich bin gerade am Briefkasten in der Nähe der Intensivgruppe angekommen. In meinen Händen halte ich ein Bewerbungsschreiben für die Journalistenschule in Köln. Ich öffne die Klappe und schiebe den braunen Umschlag hinein. Ich bin erleichtert. Lange hatte ich es aufgeschoben, mich zu bewerben. Denn ich hatte zu große Angst, nicht genommen zu werden. Vielleicht aber erfüllt sich auch dieser Traum einer journalistischen Laufbahn? Denn ein Wunsch ist bereits wahr geworden, ohne dass ich es gleich gemerkt habe. Ich bin als transsexuelle Frau endlich im Einklang mit mir. Zumindest größtenteils. Aber welche Frau hadert nicht manchmal mit sich selbst?

Ich weiß zwar nicht, was die Zukunft für mich noch alles bereithält. Aber ich freue mich schon, es herauszufinden. Schließlich hat mein Leben als vollständige Frau gerade erst richtig angefangen.

Samstag, 01.02.2013
WIEDERSEHEN MACHT FREUDE

Der frühe Abend ist frisch. Karoline und ich stehen am Bahnsteig und warten auf die Ankunft des Zuges, der uns nach Köln bringen soll. Um die Warterei in der Kälte etwas erträglicher zu machen, stehen wir dicht beieinander und spenden uns gegenseitig etwas Wärme. Nichtsdestotrotz sucht sich die kühle Luft ihre Wege, und findet sie. Leicht bibbernd erblicke ich den einfahrenden Zug.

Zufrieden, endlich in ein gemütliches Abteil zu kommen, steigen wir in den Zug und machen es uns auf den Sitzen bequem. Voller Vorfreude auf eine aufregende Nacht, zumindest haben wir uns vorgenommen, eine solche zu erleben, kramen wir unser Make-up aus unseren Taschen und legen noch einmal etwas Schminke auf.

Jetzt, da ich seit einigen Jahren volljährig bin und die angleichende Operation hinter mir liegt, wollen wir Spaß haben und haben uns dazu verabredet, miteinander tanzen zu gehen. Ein Erlebnis, das ich nun seit einiger Zeit als vollwertige Frau genießen darf. Ich brauche keine Sorge mehr zu haben, dass das Toilettenpapier aus dem ausgestopften BH fällt, oder dass mir jemand beim Tanzen zu nahe kommt und schockiert das bemerkt, was dort nichts zu suchen hat. Dank der Hormonbehandlung mit Östrogenen ist mein Körper im Laufe der Jahre stetig weiblicher geworden. Stolz trage ich mein neues lavendelfarbenes Kleid, das meinen weiblichen Rundungen schmeichelt. Dazu passende Stiefel mit leichtem Absatz und eine schlichte schwarze Kette.

Zufrieden schaue ich in mein blasses Abbild im großen Zug-fenster und lasse die letzten Jahre Revue passieren. Die ganzen Strapazen der letzten Jahre gehören der Vergangenheit an. Ich habe es geschafft. Ich habe alle Steine beiseite gerollt, die man mir in den Weg gelegt hat, habe zu meinem wahren Ich gefunden, all meine vorhandenen Kräfte eingesetzt, um schließlich auch äußerlich das leben zu können, was oder besser wer ich seit Anbeginn meines Lebens war. Ich glaube nicht, so denke ich mir gerade, dass ich ein besonders starker Mensch bin. Im Gegenteil! Ich habe viele Schwä-chen, bin, wenn es um Männer geht, zurückhaltend und schüchtern und habe ab und zu auch meine traurigen Momente.

Die Kraft, die letzten Jahre überstanden zu haben, habe ich aus der Hoffnung und dem Glauben an eine endlose Liebe, die uns alle umgibt, geschöpft. Daraus, dass ich eines Tages das Leben führen würde, das ich mir als kleines, im Jungenkörper steckendes Mäd-chen in meinen schönsten Träumen vorgestellt habe! Und es ist sogar noch schöner als gedacht …

Eine weitere Kraftquelle war, um ehrlich zu sein, die Angst! Angst vor der männlichen Pubertät, Angst vor dem Einsetzen der Behaa-rung, des Stimmbruchs, der unwiderruflichen Vermännlichung meines Körpers. Gar nicht zu reden vom strengen Geruch heran-wachsender junger Männer und dem Übel, mit großen Männerfüßen passende Damenschuhe zu finden, ohne auszusehen wie ein Clown.

Wäre auch nur eines dieser Szenarien eingetroffen, hätte ich nicht gewusst, wie ich hätte weiterleben sollen. Das Einzige, was ich wollte, war ein zufriedenes Leben als Frau, als ganz normale Frau, wie ich sie früher als Kind immer bewundert hatte. Damals hoffte ich insgeheim, eines Morgens aufzuwachen und auch eine dieser hübschen jungen und aufgeschlossenen, herzlichen Frauen zu sein.

Nun, ich glaube, ich bin erwacht …

»Na komm schon, du Tagträumerin«, sagt Karoline und rüttelt mich etwas ruppig an der Schulter. Wie schnell eine Zugfahrt vor-beigehen kann, wenn man seinen Gedanken Raum gibt …

Es geht aus dem warmen Zug raus in die abendliche Kälte. Selbst inmitten der Menschenmassen im Bahnhof, die einen unwillkürlich anrempeln, wird es einem nicht sonderlich warm, erst recht nicht ums Herz. Aber dafür ist ja Karoline dabei, die immer einen lustigen Spruch auf den Lippen hat. Und so verlassen wir, kichernd über die kuriosen Nachtgestalten, die man so tagsüber nur selten zu Gesicht bekommt, den Bahnhof Richtung Nachtleben.

Nach einer Weile lassen wir die Menschenmassen endlich hinter uns und biegen in eine kleine Nebenstraße ein. Das Ziel klar vor Augen: eine Cocktailbar mit Tanzfläche und … – Achtung, ich werde mich jetzt outen – Schlagermusik! Ja, Schlager. Aber nicht dieser Discoschlager à la Wendler, sondern Schlager angefangen bei Helene Fischer über Semino Rossi bis hin zu den Amigos und den Geschwistern Hofmann. Der ein oder andere wird sicher verständnislos den Kopf schütteln, aber so ist es, und ich stehe dazu! Karoline mag amerikanische Musik sehr gerne. Mir zuliebe hat sie sich dennoch dazu bereit erklärt, diese seltene Kombination aus Cocktails und Andrea Berg mitzumachen. Danke, Karo! Welch Opfer du doch an diesem Abend für mich bringst.

In der Bar angekommen, suchen wir uns erst einmal einen freien Tisch in einer ruhigen Ecke und legen unsere Mäntel und Taschen über den Stuhllehnen ab. Wenige Minuten später kommt auch schon ein junger, muskelbepackter Kellner zu uns herüber und nimmt unsere Bestellung auf. Karoline, die den Schlager nur im Vollrausch zu ertragen scheint, genehmigt sich einen Sex on the Beach und anschließend einen weiteren Cocktail …

»Hihi«, kichere ich, als Karoline den südländischen Kellner plump angräbt. Amüsiert über die zweideutige Bestellung nimmt er nun auch meine Bestellung auf. Weil Alkohol nach wie vor nicht für mich infrage kommt, bestelle ich einen fruchtigen, alkoholfreien Cocktail mit Schirmchen. Ich glaube, dass der Alkohol und ich keine guten Freunde mehr werden … Aber das ist schon okay. Ich genieße das Leben lieber mit vollem Bewusstsein als im halbtrunkenen Zustand.

Unsere Cocktailgläser klirren und Karoline und ich stoßen auf die Zukunft an, die sicher noch einiges für uns bereithält. Es ist schön, nach langer Zeit wieder mit Karoline feiern zu gehen. Seit fünf Jahren lebt und studiert sie in Heidelberg Kunstgeschichte. Wie sie mir bei unseren wöchentlichen Telefonaten erzählt, hat sie sehr viel Spaß in der Studentenstadt. Eine feste Freundin hat sie auch seit einiger Zeit. Sie haben sich auf einer Unifeier kennen- und wenig später lieben gelernt. Sie, drei Jahre älter als Karoline, studiert einen Berufszweig, den ich nicht sonderlich interessant finde und deshalb vergessen habe. Die wesentlichen Punkte, auf die es in einer Beziehung ankommt, weiß ich ja. Sie liebt Karoline über alles und trägt sie auf Händen. Das könnte sie sogar wortwörtlich tun, denn laut Karoline verfügt sie über überaus große Hände.

Ich habe mein Liebesglück leider noch nicht gefunden. Je älter ich werde, desto mehr verspüre ich das Verlangen nach einer harmonischen Partnerschaft. Es wäre schön, sein Leben mit einem Seelenverwandten zu teilen und zu bereichern. Als Frau mit vielen Besonderheiten ist es ehrlich gesagt ziemlich schwierig, einen passenden Deckel für seine Sondertopfform zu finden. Viele haben, wenn sie an Transsexuelle denken, das Bild im Kopf, dass wir gestört und pervers seien, weil wir uns nicht mit unseren gegebenen Genitalien abfinden können. Letztlich sind wir in den Augen dieser Menschen Männer in Frauenklamotten. Ein No-Go für 99 Prozent aller Männer.

Solange dieses falsche Bild von Transsexuellen in den Medien Platz findet, wird sich an der Einstellung der Gesellschaft nur wenig ändern. Ich bin nicht gewillt, mich kampflos diesem Schubladendenken zu ergeben. Aus diesem Grund werde ich alles daransetzen und meine ganze Kraft dafür aufzubringen, nach Menschenwürde und Anerkennung unseres Seins zu kämpfen.

Ich glaube fest daran, eines Tages meinem Traumprinzen zu begegnen. Auf das Abenteuer der Liebe werde ich mich voller Erwartung einlassen. Aber dies ist eine andere Geschichte …

Karoline und ich schreiten geradewegs zur kleinen Tanzfläche des Lokals und lassen uns auf den Rhythmus der Musik ein. Wir genießen den Moment und bewegen unsere Körper wenig ästhetisch zu den Hits von Matthias Reim und Michelle. Ich schüttel die Sorgen, die Strapazen von mir ab, lächel und lasse den Frohsinn, der mich auf einmal überkommt, zu. Hach, fühl ich mich gut!

Warum muss im Leben immer alles so kompliziert sein? Ich bin eine Frau, und das nicht erst seit meinem 18. Lebensjahr, sondern schon immer. Es brauchte 18 Jahre voller Pein und Schmerz, und eine, im Vergleich dazu, kurze vierstündige Operation, um meinem Leiden ein Ende zu setzen. Ein entzündeter Blinddarm wäre sofort entfernt worden, ohne zig Gutachten von Blinddarm-Spezialisten.

Den steinigen Weg der Angleichung hätte ich ohne einen Ort für meine Seele niemals überstanden. Ich widmete mich der Schauspielerei. Ich gebe zu, dass meine Anfänge in die Theaterwelt etwas ungeschickt und holprig waren, aber sie haben mich immerhin bis zu dem Punkt gebracht, mich an einer Schauspielschule zu bewerben.

Die ersten Erfahrungen sammelte ich bereits auf der Bühne meiner damaligen Grundschule. Etwas unbeholfen stand ich während der alljährlichen Weihnachtsaufführung auf der Bühne und schaute überfordert in das Publikum. Ja, ich erinnere mich mit einem leichten Schmunzeln an die Anfänge zurück. Die Bühnenluft war mir fremd, und obwohl ich mich in einigen Momenten, in denen die Scheinwerfer noch aus waren, sehr wohl fühlte, ist es doch etwas anderes, wenn dir ein paar Hundert Menschen zugucken, wie du dich auf der Bühne abstrampelst. Zumindest fühlte es sich so an. Applaus gab es in unserem Alter immer, egal wie schlecht wir waren.

Das nächste große Theaterprojekt, bei dem ich mitspielte, war in der siebten Klasse in der Theatergruppe. Ich stand am Anfang meiner Angleichung und fühlte mich sehr unwohl im Mittelpunkt. Ich war angefüllt mit Selbstzweifeln und Unsicherheit. Würde ich überhaupt ernst genommen, oder würden meine Mitschüler über mich lachen und mit dem Finger auf mich zeigen, weil ich in ihren Augen ein Freak war?!

Die Angst vor der Angst vergrößerte sich leider in den Probemonaten. Ich weiß noch, dass ich nach einer Probe schweißgebadet auf den Schulhof lief und mir schwor, diese Bühne nie wieder zu betreten. Zu groß war der Hass auf mich selbst und meine Situation, dass ich die Konfrontation mit dem Publikum niemals hätte durchstehen können. Wie sollten mich die Leute mögen, wenn ich es zur damaligen Zeit ja selbst nicht schaffte? So blieben die Bretter sämtlicher Bühnen in meiner Umgebung von mir unberührt.

Doch immer, wenn ich mich dazu entschloss, die Bühne zu meiden, zerbrach etwas in mir. Ich fühlte mich schlecht und ich wurde noch depressiver, als ich ohnehin schon war. Ich brauchte das Theater wie die Luft zum Atmen, gleichzeitig erstickte ich aber auch daran. Ich versuchte mich in den folgenden Jahren immer mal wieder in verschiedenen Laientheatergruppen, bis ich einige durchhatte und mich dennoch nicht auf die Bühne traute.

Es ist schmerzlich, wenn man so nah an etwas für einen so Wichtigem dran ist und ständig merkt, dass man gegen eine unsichtbare Wand läuft und einfach nicht drüber kommt. Ich wusste, dass ich Schauspielerin werden wollte, mehr als alles andere. Nichts anderes erfüllt mich so sehr, nichts lässt mich lebendiger sein als die Schauspielerei.

Ich spüre einfach, ja, genau das ist mein Weg. Ich habe ihn mir nicht ausgesucht. Ich musste auf vieles verzichten, auf den ersten Freund aus der Schule, den ersten Liebeskummer wegen des Freundes aus der Schule, auf ein normales Leben wie das der Familie von nebenan. Dafür habe ich etwas ganz Besonderes geschenkt bekommen: die Liebe zur Schauspielerei!

Inzwischen habe ich meinen lang gehegten Traum wahr werden lassen und den Ausbildungsplatz an einer renommierten Schauspielschule in Köln mit Freuden angenommen …

Es war nicht leicht, das Vorsprechen erfolgreich zu bestehen, aber ich habe es geschafft, worauf ich sehr stolz bin. Ich habe für diesen Tag drei Monologe aus der Theaterliteratur auswendig gelernt und mich einer mehrstündigen Aufnahmeprüfung unterzogen, in der ich mein Talent in Improvisation, Gesang, Tanz und Schauspiel unter Beweis stellen musste. Ich kann euch sagen, dass ich vor Adrenalin fast geplatzt wäre. Die anderen Bewerber waren wirklich außerordentlich gut, und ich habe mich das ein oder andere Mal gefragt, ob ich neben ihnen überhaupt bestehen kann …

Doch ich habe all meinen Mut und meine Begeisterung zusammengenommen und mein Bestes gegeben. Am Ende des Tages fühlte ich mich vollkommen leer und dennoch erfüllt mit Glückseligkeit. Nach einer schlaflosen Nacht voller Grübeleien kam am nächsten Morgen endlich der Anruf der Schulleiterin, die mir mitteilte, dass ich die Aufnahmeprüfung bestanden hätte, und ab dem kommenden Semester mein Studium der darstellenden Künste antreten könne.

Dennoch entschied ich mich, erst zwei Jahre später das Studium zu beginnen. Auch wenn ich durch das Vorsprechen an Selbstbewusstsein dazugewonnen hatte und nichts sehnlicher machen wollte, als endlich meinen Traum beginnen zu können zu leben, spürte ich, dass der richtige Zeitpunkt noch nicht gekommen war. Während der zwei Jahre, die ich meinen Platz an der Schauspielschule aufschob, begann ich, meine Tagebucheinträge zu durchforsten und die Arbeit an diesem Buch hier. Es war mir ein innerliches Bedürfnis, meine Erfahrungen niederzuschreiben. Allein schon um alles richtig verdauen zu können und mir bewusst zu machen, dass ich es endlich geschafft hatte.

Ich wollte dieses Kapitel endlich schließen und mich ohne den Ballast der Vergangenheit der Zukunft zuwenden. Von 2009 bis 2011 arbeitete ich also fleißig an *Fe-Male* und an meiner psychischen Gesundheit, die, wie ich merkte, doch ganz schön mitgenommen war, von den Erlebnissen, die ich in Heim und Schule machen musste. Als ich mich und meine Unterlagen dann endlich sortiert hatte und bereit war, den nächsten Schritt zu gehen, nahm ich die immer noch bestehende Gelegenheit wahr, Schauspielerin zu werden.

Zeitgleich schickte ich das Manuskript an ungefähr 40 Verlage. Wie das Schicksal so spielt, schickte ich auch eine Ausfertigung an den Schwarzkopf & Schwarzkopf Verlag nach Berlin. Kurze Zeit, nachdem meine Mail den Eingangsordner meiner damaligen Lektorin erreicht hatte, bekam ich eine Antwort. Fortan arbeitete ich mit dem herzlichen Team des Verlags zusammen. Viele persönliche und vertraute Gespräche mit dem Verleger und meiner jetzigen Lektorin folgten, in denen sie mir Mut zusprachen, mein Buch zu vollenden und die dort niedergeschriebene Botschaft zu teilen: Jeder ist es wert, geliebt und so akzeptiert zu werden, wie er ist.

WIDMUNG

Dieses Buch widme ich meiner geliebten Mutter. Sie hat mir das Leben geschenkt. Ihre Liebe war bedingungslos, und auch über den Tod hinaus spüre ich sie. Ihr Kampfgeist berührt mich noch heute, und ihre Leidenschaft lebt weiter in mir und in denjenigen, die sie lieben.

Ich bin von Herzen dankbar, ein Teil von ihr zu sein. Jeden Tag vermisse ich sie, und auch wenn ich sie nicht mehr sehen kann, so bleibt ihr Klang ein Leben lang. Ich liebe dich.

DANKSAGUNG

Meinem Vater möchte ich mitteilen, dass ich sehr stolz bin, seine Tochter zu sein und ihn als Vater zu haben. Auch wenn es zwischen uns nicht immer einfach war, weiß ich doch, dass er nur das Beste für mich wollte und keine Entscheidung leichtfertig getroffen hat. Wenn man von allen Seiten unter Druck gesetzt wird und zu hören bekommt, dass das eigene Kind krank sei und man Schritte einleiten müsse, die erst mal gegen das Kindeswohl sprechen, von Ärzten aber dazu gedrängt wird, dann gerät man schnell in einen Konflikt. Mein Vater hat so entschieden, wie er es, auch angesichts des Rats vieler Experten, für richtig hielt. Mein Vater und ich pflegen eine harmonische Vater-Tochter-Beziehung und verstehen uns sehr gut. Ich danke dir, dass du für mich da bist, dass wir wieder zueinander gefunden haben und du mich respektierst und annimmst, so wie ich bin.

Meinem Bruder, dem besten auf der Welt, danke ich, dass es ihn gibt! Ein unendlicher Dank geht natürlich auch an meine ganze Familie. Ich liebe euch! Omi und Opi dürfen auch nicht vergessen werden. Meine ukrainischen, rumänisch-jüdischen Wurzeln trage ich mit Stolz.

Meine Katzen, Ratten, Meerschweinchen und alle Haustiere, die wir gehabt haben, behalte ich ihn lieblicher Erinnerung: Prudence, Lupia, Gismore, Frederike, Hadrean, Cleo, Twiti, Bruno, Linda, Chipi, Tiberius… Meinen Kater Mauzi, der seit vielen Jahren mein Leben bereichert, küsse ich ganz doll und knuddel ihn mit meiner ganzen Liebe.

Außerdem bin ich froh, in Karoline eine Freundin gefunden zu haben, die mich versteht und sich für mich und meine Besonderheit interessiert. Ein großes Dankeschön geht an meine Freunde, die ich fest in mein Herz geschlossen habe.

Ich möchte mich weiterhin ganz herzlich bei meinen Lektorinnen Annika Kühn und Maren Konrad bedanken. Ohne euer Engagement und eure zahlreichen kreativen und konstruktiven Ideen wäre dieses Buch nicht zustande gekommen. Ein ganz ehrliches und großes Dankeschön geht natürlich auch an meinen lieben Verleger Oliver Schwarzkopf. Sein Interesse und sein Glaube an eine erfolgreiche Veröffentlichung von *Fe-Male* haben maßgeblich dazu beigetragen, dass wir das Buch nun in den Händen halten können. Dem ganzen Schwarzkopf & Schwarzkopf Team danke ich für die kontinuierliche Begleitung und Unterstützung!

Der letzte Dank gilt allein Gott. Durch seine Liebe und Kraft habe ich das Leben zu lieben gelernt. Ich bin ihm für dieses einzigartige Leben überaus dankbar und freue mich jeden Tag erneut, mit ihm zusammen meinen Weg zu gehen.

In ewiger Liebe zu dir
Schalom Alechem
Hannah Winkler

DIE AUTORIN

Hannah Winkler wurde 1989 geboren und ist heute, nach geschlechts-angleichenden Operationen, das, was sie innerlich schon immer war: eine junge Frau, die selbstbewusst ihren Weg geht. Sie wohnt in Bonn, absolviert eine Schauspielausbildung, isst gern und viel (hält aber trotzdem ihre Figur), schmökert in Romanen und Sachbüchern, liebt Schlager (vor allem die von Helene Fischer und Andrea Berg) und schmust besonders gerne mit ihrem Kater Mauzi. *Fe-Male* ist ihr erstes Buch.

Hannah Winkler
FE-MALE
Hinein in den richtigen Körper

ISBN 978-3-86265-337-9
© Schwarzkopf & Schwarzkopf Verlag GmbH, Berlin 2014

Die Bilder auf Seite 1 und 15 des Bildteils sind in der Boutique *thatchers – berlin fashion* (www.thatchers.de) entstanden. Vielen Dank für die freundliche Unterstützung!

KATALOG
Wir senden Ihnen gern kostenlos unseren Katalog.
Schwarzkopf & Schwarzkopf Verlag GmbH
Kastanienallee 32, 10435 Berlin
Telefon: 030 – 44 33 63 00
Fax: 030 – 44 33 63 044

INTERNET | E-MAIL
www.schwarzkopf-schwarzkopf.de
info@schwarzkopf-schwarzkopf.de